El escuadrón del brigante (novela) Volume 1

Baroja, Pío, 1872-1956

EL ESCUADRÓN DEL BRIGANTE

OBRAS DE PIO BAROJA

LAS TRILOGIAS

MEMORIAS DE UN HOMBRE DE ACCION

PIO BAROJA

MEMORIAS DE UN HOMBRE DE ACCION

EL ESCUADRON

DEL BRIGANTE

(NOVELA)

MADRID
RENACIMIENTO
Pontejos, 3.
1913

STABLECIMIENTO TIPOGRÁFICO EDITORIAL. — PONTEJOS 3.

PRÓLOGO

AVIRANETIANA

El autor de las *Memorias de un hombre de acción*, don Pedro de Leguía y Gaztelumendi, explica en una advertencia preliminar cómo reconstruyó esta parte de la biografía de nuestro héroe, con qué datos contó y en qué fuentes pudo apagar la sed de aviranetismo que le consumía.

Suponiendo que al lector, al menos si es aviranetista convencido, no le ha de cansar la explicación de Leguía, me he tomado el trabajo de copiarla íntegra.

EN LA FONDA DE BAYONA

Una noche de otoño—dice don Pedro Leguía—estábamos reunidos Aviraneta y yo en el comedor de la fonda de Francia, en Bayona. Llevaba lloviendo monótonamente horas y horas, venteaba á ratos y, en el silencio de la ciudad desierta, sólo se oía el gemido del viento y el ruido del agua en los cristales y en las aceras.

Acabábamos de tomar café, y don Eugenio se levantó y se dirigió á su cuarto. Yo le seguí porque, desde varios meses antes, después de la comida, solíamos celebrar una conferencia, larga ó corta, según la importancia de los acontecimientos, para ponernos de acuerdo en el plan del día siguiente.

Don Eugenio ocupaba un gabinete grande con alcoba del piso principal, el número 10.

El encargado de la fonda de Francia, monsieur Durand, á pesar de su entusiasmo por los carlistas, tenía gran estimación por Aviraneta y le reservaba siempre las mejores habitaciones.

Aquella noche, después de entrar en el cuarto, Aviraneta se sentó en el sofá y yo me arrellané en una poltrona.

— ¿Hay algo que hacer, maestro?—le pregunté.

— ¿No. ¿Has mandado nuestro folleto á todos los amigos?

— Sí.

El folleto era un cuaderno de pocas páginas, que se titulaba: Apéndice á la vindicación publicada en 20 de Julio de 1838 por don Eugenio de Aviraneta, y estaba impreso en Bayona en la imprenta de Lamaignere, de la calle Bourg Neuf, hacía unas semanas.

— Pues si has mandado todos los folletos no hay nada que hacer.

— ¿Por qué no reanuda usted sus memorias, don Eugenio?—le dije—. Tengo interés en oirle contar los episodios de su vida de guerrillero con el cura Merino.

—Amigo Pello—me dijo Aviraneta—, te confieso que no tengo cabeza mas que para lo que está pasando. Aunque parezco tranquilo, me encuentro en un momento de gran ansiedad. Sueño con Maroto y con los antimarotistas. El padre Cirilo, Arias Teijeiro, el obispo de León, Iturbe, Urbiztondo, Espartero y Muñagorri me bailan en la cabeza. En esta semana me juego definitivamente el porvenir.

—Ya lo sé; pero los hombres fuertes estamos por encima de los acontecimientos.

— ¡Sí; eso se cree cuando se tiene veinte años como tú; pero cuando se acerca uno á los cincuenta...! La vida es muy dura para empezarla de viejo.

— ¡Bah! ¿Eso le preocupa á usted?

— ¡No me ha de preocupar!

— No lo creo.

—Hay que ver, amigo Pello, lo que es vivir perseguido, acusado de polizonte, de espía, de canalla y, sobre todo, de hambriento. Como le decían al conde de Mirasol en la carta que te enseñó á ti hace dos años en San Sebastián, yo soy un hombre que no tiene dónde caerse muerto. Cosa cierta, certísima.

—¿ Y qué?

—Nada: que ya no me hallo dispuesto á seguir siendo un Quijote. Si yo no hubiera pensado más que en mi vida y en mis intereses, se me.consideraría como una persona decente y digna; pero he pensado principalmente en mi país y en la libertad, y esto, sin duda, es un crimen para los que no tienen éxito. No; ya basta. En la lucha he perdido mi carrera, mi fortuna, mi salud, y, sin embargo, políticos logreros de Madrid me acusan de inmoral, de chanchullero. No, no; es bastante.

—¿De manera que, si esto sale bien, se retira usted?

—Ya lo creo.

Yo conocía con toda clase de detalles lo que estaba tramando don Eugenio, y sabía también que del éxito de nuestras intrigas dependía su porvenir y el mío.

Era en 1839. Nos encontrábamos en los días anteriores al convenio de Vergara. Aviraneta estaba preocupado; tenía el ceño que se le ponía cuando tramaba algo; su nariz corva, su ojo bizco, su labio inferior más saliente que de ordinario, su traje negro, le daban el aire de una corneja, de uno de esos pajarracos que unen la rapacidad con el aspecto clerical.

Viendo su murria, dije yo:

—Bueno, maestro, veo que está usted sin humor; me voy.

—Mira—me dijo él, cambiando de tono—, precisamente esa parte de mi vida durante la guerra de la Independencia la tengo en un cuaderno. La comencé á escribir cuando estuve preso en la Cárcel de Corte de Madrid, por los años 34 y 35, y luego he añadido alguna nota. Si encuentro ese cuaderno, te lo llevas.

EL CUADERNO DE AVIRANETA

Lo buscó entre los papeles y apareció pronto. Con él en la mano me despedí de don Eugenio, dándole las buenas noches.

Subí las escaleras; yo vivía en el piso alto de la misma fonda de Francia; entré en mi cuarto y encendí el quinqué.

Me ocupaba entonces tomando apuntes para dos libros que escribí después, y que al último, por influencia de mi sobrina, aconsejada por el párroco de Lúzaro, y con gran dolor de mi corazón, he dejado quemar. Estos libros se titulaban: «Los antecedentes vascos del maquiavelismo, estudiados y recogidos en los hechos y en la política de los secretarios vascongados de Fernando el Católico», y el «Paralelo de César Borgia é Ignacio de Loyola».

Recogí, al llegar á mi cuarto, los papeles de la mesa, y abrí el cuaderno de mi maestro.

Aviraneta tenía una letra española angulosa y clara.

La relación de su vida de guerrillero era bastante detallada, con fechas, datos y nombres de personas; pero no se contaban en ella intimidades de esas que caracterizan mejor que nada la manera de ser de un hombre.

Verdad es que Aviraneta, que manifestaba cierto cinismo en cuanto se refería á la vida pública, tenía un gran pudor en lo tocante á la vida privada.

Me pareció; después me han dicho, que, aunque no hombre de gran inteligencia ni de cultura, he tenido sagacidad diplomática; me pareció—hay que sentirse un poco orador—que, al no hablar don Eugenio apenas de su vida íntima, ocultaba algo.

Supuse que serían rivalidades, amores ó algún otro sentimiento muy personal.

Más bien me inclinaba á sospechar de un motivo amoroso, porque Aviraneta tenía siempre gran pulcritud en tales asuntos y le molestaban las historias pornográficas y los cuentos de cuerpo de guardia. Esta reserva le quedaba, sin duda, de su condición de vascongado.

Realmente, por muy patriota y guerrillero que se sea, no se vive una larga temporada pensando únicamente en combates y en emboscadas; hay siempre lugar para otras preocupaciones y sentimientos. El verle en su narración á don Eugenio guerrillero exclusivamente, me hizo pensar en lo incompleto ó fragmentario de su relato.

Supuse que, al fijar los acontecimientos de aquella época, Aviraneta había escrito la parte de vida pública escamoteando lo más íntimo y personal.

Como mis quehaceres por entonces no eran grandes y seguía lloviendo, me entretuve los días siguientes en copiar el cuaderno de Aviraneta.

La narración resultaba algo fría y descolorida, con detalles pueriles, sobre todo, acerca de caballos; preocupación absurda en un conspirador.

pero explicable en un antiguo oficial de caballería.

Iba concluyendo la tarea de la copia, cuando encontré, después de unas páginas en blanco, otras quince ó veinte escritas y fechadas en la Cárcel de Corte, con el título: La Evasión.

Se narraba en estas cuartillas una escena de novela quizá inspirada en la realidad. Me chocó que Aviraneta hubiese intentado dar á un escrito suyo carácter novelesco, porque no tenía condición literaria alguna; pero lo expliqué suponiendo que en la soledad de la cárcel se habría distraído así.

CONVERSACIÓN CON GANISCH EN EL «GLOBULILLO»

Se encontraban las memorias en un estado embrionario, cuando, unas semanas después de comenzar á copiar el cuaderno, don Eugenio me envió á San Sebastián con una carta y un recado para el secretario del Ayuntamiento, don Lorenzo de Alzate.

Me dijeron en San Juan de Luz que iba á salir un barquito de Socoa para San Sebastián, y en vez de seguir por tierra, como más fácil y menos peligroso me decidí á ir por mar.

Llegué á San Sebastián é inmediatamente me presenté en la secretaría de la Casa de la Ciudad y estuve conferenciando con Alzate.

Mientras hablábamos, entró con una carta un

cabo de chapelgorris, el cual esperó á que termi-
náramos la entrevista.

Al despedirme de don Lorenzo, éste me dijo:

— Recuerdos á Eugenio.

— De su parte.

Salí de la secretaría, bajé á la plaza, y en el
arco se me acercó el cabo de chapelgorris apre-
suradamente.

— ¿Cómo está Eugenio?—me preguntó.

— Bien. ¿Qué, le conoce usted?

— ¡Si le conozco! Desde chico. Algunas barbaridades hemos hecho juntos. Ya le habrá usted
oído hablar de mí alguna vez.

— La verdad... no sé su nombre de usted...

— Yo soy Juan Larrumbide, pero mis amigos
me llaman Ganisch.

— ¡Hombre! ¡Usted es Ganisch!

— Sí.

Era un tipo alto, de unos cincuenta años, de
muy buen aspecto, afeitado, la nariz larga, un
poco roja; los ojos algo tiernos é inyectados, como
de buen bebedor, y el aire socarrón.

Le dije á Ganisch que tendría mucho gusto en
convidarle á cualquier cosa, siempre que mi barco
no estuviese para partir, y fuimos juntos á una taberna de la calle del Puerto, frecuentada por ma
rineros, que se llamaba «el Globulillo»; nombre
inspirado, sin duda, en la medicina homeopática,
pero mal aplicado, porque en aquella taberna no
se administraba el alcohol en dosis pequeñas, ni
mucho menos.

Ganisch era hombre aficionado al vino y hablador. Le hice contar su vida en tiempo de la guerra de la Independencia. Supongo que me dijo algunas mentiras, pero, aunque así fuera, su narración me sirvió para completar las memorias de don Eugenio.

Efectivamente; el quijotesco Aviraneta eliminaba de su narración una mujer. Sin duda le parecía indigno de su carácter revolucionario el intercalar en sus acciones de guerra una historia de amores.

Lo que contó Ganisch aclaró la vida de nuestro héroe.

Por el relato del antiguo camarada pude comprender también que aquel capítulo de novela titulado La Evasión, no era realmente un capítulo de novela, sino un episodio de la vida azarosa y llena de vicisitudes de mi querido y viejo maestro Aviraneta.

LIBRO PRIMERO

NUESTRA SALIDA DE IRUN

LAMENTACION CARCELERA

Estas páginas las escribo en la Cárcel de Corte de Madrid, en el año de desgracia de 1834.

Acusado de conspirador por haber fundado la Isabelina, me he quedado solo en la cárcel; mis cómplices andan libres, gracias á mis declaraciones; yo no he querido cantar y los he salvado. No me lo han agradecido, y en los periódicos hablan de mí con desprecio y con burla.

Vivo en un agujero negro donde no tengo más compañía que las ratas. Les echo migas de pan y lo agradecen. Sin duda tienen más memoria que los hombres.

Para dar á la estancia en la trena mayor encanto, se ha declarado el cólera con una furia terrible. La iglesia de la Cárcel de Corte, habilitada de hospital, se halla atestada de enfermos y de moribundos.

El huésped del Ganges, como decimos los pe-

riodistas, da la batalla á la humanidad, si es que
es humanidad la que está presa en un estercolero. Los enfermos se mueren al pie de los altares;
los sanos se dedican á cantar, á bailar y á tocar la
guitarra. Y ande el movimiento .. el movimiento
hacia el cementerio.

Aquí vendría bien un latinajo sentencioso, de
esos que expresan con gran elegancia una vulga-
ridad conocida por todos; pero yo no recuerdo
ninguno... ni falta.

Mi hermana y su marido vienen á verme. Les
suele acompañar una viudita de la vecindad, muy
sensible, que al parecer tiene simpatía por mí y
compasión por mi estado, y eso que le han dicho,
probablemente algún fraile en el confesonario,
que yo soy muy malo, muy malo

A la viudita le hace mucha impresión lo que
cuento yo de la vida de la cárcel; así que tengo
que tranquilizarla y decirle al oido, como en esa
célebre carcelera:

> En la reja de la trena
> no te pongas á llorar;
> ya que no me quites penas,
> no me las vengas á dar.

Varias veces, mientras charlamos, me avisan
para ayudar al cura á dar los óleos y voy de acó-
lito suyo con el farol.

Un granujilla viene á llamarme.

—Don Eugenio, que vaya usted á llevar el
farol.

—Bueno, ya voy.

Me despido de mi familia y me largo.

Cuando no acudo yo va Luis Candelas, el célebre ladrón de Madrid, huésped también de la cárcel y amigo mío.

— Luisillo—le suelo decir—, creo que tú y yo somos las dos únicas personas decentes que hay en Madrid; por eso estamos en la cárcel.

— Y que es mucha verdad, don Eugenio—contesta él—, porque yo, aunque ladrón, soy un ladrón honrado y, además, un hombre muy liberal. Esto lo dice Candelas porque tomó parte muy activa en el desarme de los voluntarios realistas.

A veces, lo demasiado pintoresco del presente hace que vaya á refugiarme en mis recuerdos, cosa contraria á mi temperamento, poco amigo de lloriquear sobre el pasado.

No me gusta el melodrama del género lacrimoso.

Después de todo, ¿qué importa estar en la cárcel ó estar en la calle?

Cuando se conserva el ánimo fuerte, estos horrores carcelarios, estas atrocidades le van curtiendo á uno.

Cantaba hace unos meses la tía Matafrailes, en la taberna del hermano de Balseiro, mientras afilaba el cuchillo con el que pensaba abrir en canal á un jesuíta, esta canción:

> Tres cosas en el mundo
> causan *espante:*
> *timulto, tirrimoto,*
> y el *alifante.*

Pues, para mí, apreciable tía Matafrailes, no hay *timulto* ni *tirrimoto* que valga, y hasta al mismo *alifante* era capaz de mascarle la nuez ó la trompa si entraba en mi calabozo.

Condenar á un hombre de acción á no hacer nada es una cosa cruel.

Debo tener las entrañas más negras que la tinta... de rabia.

Estoy tan vigilado, que la única acción posible para mí es la gimnasia y llevar el farol del señor cura. ¡Maldita sea la...!

INVOCACIÓN

Oh tú, ciudadano desconocido, que encuentres este cuaderno en algún rincón de mi calabozo; carcelero ó rata de cárcel, asesino ó apóstol, católico ó librepensador, realista ó republicano, granuja ú hombre de bien, si pasas los ojos por estas líneas, sabe que el hombre que las ha escrito, encerrado aquí, ha sufrido por la libertad, ha querido que los hombres sean hombres y no sean bestias; sabe... pero, en fin, no sepas nada; me es igual.

I

EL TEOFILÁNTROPO

Casi siempre el acontecimiento es traidor é inesperado. ¿Quién lo puede prever? Aun contando con la casualidad es difícil; sin contar con ella
es imposible.

Se cree á veces dominar la situación, tener todos los hilos en la mano, conocer perfectamente
los factores de un negocio, y, de repente, surge el
hecho nuevo de la obscuridad, el hecho nuevo
que no existía, ó que existía y no lo veíamos, y en
un instante el andamiaje entero levantado por
nosotros se viene á tierra, y la ordenación que
nos parecía una obra maestra se convierte en ar-
mazón inútil y enojoso.

Muchas veces he comprobado en mis proyectos
la quiebra producida por el acontecimiento inesperado, á veces tan decisiva, que no permitía ni aun siquiera la reconstrucción de la idea
anterior con un nuevo plan.

El año 1808 vivía en Irún. Era yo todavía un

chico, aunque bastante precoz, para soñar con empresas políticas y revolucionarias.

Como fundador del Aventino, me habían nombrado presidente de la Sociedad y estaba en relación con las logias de Bayona, con la de Bilbao, la más importante, y la de Vitoria.

Nuestra Sociedad avanzaba; hicimos gestiones cerca de los liberales vascos, algunos, como Echave, de los que trabajaron por la independencia de Guipúzcoa en 1795, y conseguimos su adhesión.

Los afiliados de Irún todos eran jóvenes, menos un señor ya viejo, organista de la iglesia, tipo bastante extraño y original, apellidado Michelena.

Michelena era alto, flaco, huesudo, de unos cincuenta años, hombre muy sentimental.

Michelena, además de pertenecer al Aventino, estaba afiliado á una secta, llamada de los Teofilantropos, que tenía su centro en París.

¿Cómo este buen organista, que apenas había salido de Irún, pertenecía á aquella Sociedad?

SANTA CRUZ

El mismo Michelena me lo contó. Unos años antes pasó por Irún un hombre humilde y andrajoso. Venía de Hendaya á pie.

El hombre se dirigió á Michelena y le preguntó dónde podría descansar allí unos días. El organista le llevó á su casa.

El tipo andrajoso se llamaba Andrés Santa

Cruz, era de un pueblo de la Alcarria y quería volver á su tierra á morir en ella.

Santa Cruz contó su vida á Michelena.

En su juventud, sintiendo mucha afición á leer, y creyéndose ahogado en el ambiente estrecho de España, salió de su pueblo á pie hacia París. Tenía un gran entusiasmo por los enciclopedistas franceses y quería conocerlos.

Al llegar á Tours, un príncipe alemán que pasaba en su carroza lo encontró tendido en la cuneta de la carretera; se acercó á él, le preguntó quién era, y quedó asombrado de los muchos conocimientos del vagabundo. El príncipe le ofreció el cargo de preceptor de sus hijos y Santa Cruz aceptó.

El alcarreño fué á vivir á Londres, pasó allí varios años, se hizo masón, conoció á Cagliostro, que le inició en el magnetismo y le dió varias recetas de elixires y sortilegios, y al comenzar la Revolución Francesa no pudo resistir la tentación y, dejando su cargo, se trasladó á París. Era en 1790.

Santa Cruz, hombre suave y de gustos sencillos, se encontraba atraído y al mismo tiempo repelido por aquellos hombres terribles y violentos de la Revolución. En París, Santa Cruz se hizo amigo íntimo de un profesor de botánica y diputado de las Constituyentes, Larreveillere-Lepaux de nombre, tipo también extraño, de ideas originales y de cuerpo igualmente original, pues era contrahecho y tenía una gran joroba en la espalda.

Durante el Terror, Larreveillere y Santa Cruz estuvieron escondidos en una guardilla. Larreveillere dibujaba láminas de botánica para un editor y Santa Cruz trabajaba como sastre. Cuando el establecimiento del Directorio fundaron entre los dos la Sociedad de los Teo-filántropos. Luego Larreveillere llegó á ser un personaje, y Santa Cruz siguió siendo un hombre obscuro.

Santa Cruz publicó el año V de la República un folleto, titulado: «El culto de la Humanidad».

Santa Cruz y Michelena se entendieron; el organista tocó en su casa, en el clavicordio, trozos de Juan Sebastián Bach y de Haydn; el vagabundo contó su vida y explicó sus ideas.

Santa Cruz había recorrido casi todas las capitales de Europa y visitado á los hombres más ilustres, de quienes conservaba vivos recuerdos.

Un día el vagabundo le indicó á su amigo que se marchaba á Bilbao, y le dejó un folleto con esta dedicatoria: «A un hombre bueno, un hombre desgraciado».

El organista había experimentado una gran sorpresa al hablar con Santa Cruz, y se sintió con vencido al leerle. Un día se le ocurrió escribir á París á Larreveillere-Lepaux y se afilió á la Sociedad de los Teofilántropos.

Michelena tenía su sistema político-social, en donde entraban la religión, la música, la teofilantropía y el magnetismo, Jesucristo, Bach y Mesmer. Sus argumentaciones las ilustraba con trozos musicales.

Algunos del Aventino le oían con mucho gusto,

Yo no tenía gran entusiasmo por aquellas lucubraciones fantasmagóricas.

El movimiento, la acción, la vida intensa, dinámica, era lo que me atraía.

II

SORPRESA

En medio de estas preocupaciones masónicas, revolucionarias y filantrópicas, recibimos el anuncio de la entrada de los franceses en nuestro país. Se decía que iban á cruzar España para intervenir en Portugal.

Efectivamente; poco después pasaron el Bidasoa Junot y luego Dupont.

Yo no me hallaba entonces bien enterado de la política de aquel tiempo, y no podría trazar un cuadro completo del estado de España en 1808; no conozco bastante la historia para eso, y en el fondo de esta cárcel no puedo proporcionarme libros ni datos.

Además, como hombre de acción, he vivido al día, y el recuerdo de tanto acontecimiento favorable y adverso, más adversos que favorables, batallas, matanzas, epidemias, unido á los sufrimientos de la cárcel, han llevado la confusión á mi memoria.

Contaré, pues, las cosas conforme las vaya re-
cordando.

Yo, como digo, vivía pensando en el Aventino
y en las discusiones masónicas y teofilantrópicas
que teníamos unos y otros.

De cuando en cuando hablaba con mi tío del
viaje á Méjico, que por una serie de dilaciones no
había podido realizar.

En esto se presentó en Irún mi amigo de la in-
fancia Ignacio Arteaga. Ignacio venía de ayudante del general don Pedro Rodríguez de la Buria,
el cual traía una misión diplomática, al parecer,
muy delicada. Ignacio me habló de su familia.
Consuelo se había casado con un hombre de más
de cuarenta años, persona de posición y de gran
porvenir.

Yo, desesperado por la noticia, decidí apresurar mi viaje á Méjico, y escribí á una casa de Bur-
deos pidiendo pasaje. Debió perderse la carta, porque no recibí contestación. Este pequeño detalle
cambió la dirección de mi vida por completo.

Al final de Enero de 1808 tuvimos en Irún el espectáculo de ver entrar al mariscal Moncey con
un cuerpo de ejército de veinticuatro mil hombres. Era el Cuerpo de Observación de las costas
del Océano, el tercero que pasaba la frontera.

Mi tío Fermín Esteban, que leía muchas gacetas y se enteraba de la marcha política de los im-
perios, era de los más desconfiados y más llenos de preocupación con las expediciones francesas.

¿Para qué querían los imperiales aquellos inmensos acopios de galleta en Bayona, San Sebastián y Burgos?

¿Por qué tantas vituallas en ciudades tan distantes de los puertos de Andalucía, donde los franceses iban á embarcarse para entrar en Portugal?

Por otra parte, la caballería que pasaba por Irún, necesitaba, para ser transportada, una enormidad de buques, que, según mi tío Fermín Esteban, no había.

Ignacio Arteaga venía á verme siempre que su general le dejaba libre.

EL PATRIOTISMO DE IGNACIO

Ignacio se manifestaba muy patriota, cosa que yo entonces no comprendía; porque la patria no se siente fuertemente mas que cuando se está fuera de ella y cuando se encuentra uno en peligro de perderla.

Ignacio me habló repetidas veces del Rey, de la Reina, de Godoy y del príncipe Fernando; de sus odios, de sus disputas y de sus maquinaciones.

Esta vida doméstica de los reyes y de sus serviles palaciegos, á mí, al menos, no me interesaba nada. Ignacio era enemigo del «Choricero», como llamaban á Godoy, y creía que bastaba la subida al trono del príncipe Fernando para que España fuera feliz.

Ignacio, por orden del general Buria, mandaba todos los días informes alarmantes acerca de los

propósitos de los franceses, y desde Madrid solían contestarle diciendo: «Enterado».

En Febrero se supo en Irún que el general Darmagnac se había apoderado por sorpresa de la
ciudadela de Pamplona.

Mi tío Fermín Esteban dijo:

—Esto va mal; los franceses nos están enga-
ñando.

Cuando vinieron las noticias del motín de Aranjuez contra Godoy, Ignacio Arteaga, muy enemigo del favorito, aseguró que con aquel cambio
iba á arreglarse todo.

Los aristócratas que produjeron la caída de
Godoy valían mucho menos que él; los Montijo,
los Infantado, los Orgaz, los Ayerbe eran unos
botarates ambiciosos de poca monta que querían
rivalizar en el honor de cepillar la casaca y lus-
trar las botas del monarca con otros palaciegos.

Difícilmente se puede dar un caso de ineptitud
mayor que el de la aristocracia española y el de
todas las clases pudientes en el reinado de Carlos IV y en la invasión francesa.

Sin el arranque y la genialidad del pueblo, la
época de la guerra de la Independencia hubiera sido de las más bochornosas de la historia de
España.

No se hubiera sabido qué despreciar más, si al
Rey, á los aristócratas, á los políticos ó á los generales.

Las clases directoras fueron de una esterilidad
absoluta; no salió un hombre capaz de dirigir á
los demás.

Como era natural, el motín de Aranjuez no arregló nada; las tropas francesas siguieron avanzando por España y Murat entró en Madrid.

Yo le encontraba á mi tío Fermín Esteban leyendo gacetas, consultando planos, lleno de preocupaciones. En un hombre egoísta y poltrón como aquél era extraño verle tan agitado.

FERNANDO VII Y SUS SATÉLITES

En Abril pasó el príncipe Fernando por Irún. Ignacio Arteaga le vió; según dijo, venía muy receloso. En Vitoria, para impedir su viaje, le habían cortado los tirantes del coche y en Guipúzcoa, en Astigarraga, los campesinos se acercaron á Fernando con hachas encendidas gritando:

—¡No ir á *Pransia*! ¡No ir á *Pransia*!

Este amor por un rey que recomendaba á sus vasallos no le siguiesen á mi revolucionario y jefe del Aventino me parecía algo ridículo y vergonzoso.

A la semana de la marcha del Rey se levantaba Tolosa, entonces capital de Guipúzcoa, y luego Bilbao.

Unos días más tarde se presentaron en Irún Carlos IV y María Luisa con Godoy, y pasaron á Bayona.

Una nube de aristócratas, de militares y de intrigantes aparecieron en la frontera. Entre ellos se encontraba don Juan Palafox, que luego tuvo

tanta fama de patriota por la defensa de Zaragoza, y á quien conocí más tarde y me pareció un
hombre inepto, ambicioso y de poca integridad
moral.

Palafox venía con el hijo del marqués de Castelar, y quería pasar á Bayona á olfatear lo que
allí se guisaba, aunque él dijo después que iba á
arrancar al príncipe Fernando de las garras de
Napoleón. Le preguntaron á Arteaga si podrían
entrar en Bayona, é Ignacio les contestó que serían detenidos si se presentaban de uniforme, é
igualmente si se disfrazaban, porque Bonaparte
tenía miles de espías en la frontera.

Castelar y Palafox no se determinaron á pasar,
al menos por Irún.

Arteaga, que estaba muy enterado de las mur-
muraciones de la corte, me dijo que Palafox había sido uno de los intermediarios del príncipe
Fernando con el embajador de Francia en Madrid,
Beauharnais, para concertar el matrimonio del
príncipe con una sobrina de Napoleón.

Había tomado también parte Palafox, unido con
Montijo, en el motín de Aranjuez, y aconsejado á
Fernando que marchase á Bayona.

Al ver que la cosa salía mal, Palafox se hizo el
sorprendido, y pocos meses después estaba en
Zaragoza echándoselas de héroe y dando proclamas elocuentes, que se las escribían los frailes.

La misma conducta artera ha seguido conmigo
veinticinco años después, con motivo de la conspiración Isabelina, por la que estoy preso.

Sabía lo que pasaba, dejaba que los demás se

comprometiesen. ¿Salía el movimiento bien? Pues el duque se aprovechaba. ¿Salía mal? Él no tenía nada que ver.

Este Palafox, hombre que une la ineptitud con la ambición, cuya vida pública y privada ha sido sospechosa, que hizo una salida de Zaragoza dejando abandonado el pueblo en el momento de más peligro, pasa por una de nuestras grandes figuras.

Así es la historia. En cambio, ¡cuántos hombres no han muerto haciendo verdaderas heroicidades y han quedado ignorados!

En el fondo, es igual. La inmortalidad es una poética superstición.

Como decía, ni Palafox ni Castelar fueron á Francia, por Irún.

Días más tarde el general Rodríguez de la Buria, Ignacio y yo marchamos á Bayona.

Ni el general ni Ignacio sabían bien el francés, y me llevaron como intérprete.

El general se presentó al príncipe Fernando, quien le dió la comisión de proponer á los reyes padres un acomodamiento: el cederles Mallorca ó Murcia durante sus días.

El pobre calzonazos de Carlos IV dijo que había que consultar á Godoy, á su querido Manuel, y Godoy, cuando se lo dijeron, no aceptó.

Entonces hubo una serie de conferencias secretas y de líos en Bayona y en Irún, en que intervinieron Fernando, Godoy, los dos Palafox, el conde de Belveder, el cónsul de Bayona Iparraguirre y otros.

Yo sabía algo de estas maquinaciones por Ignacio.

Un día nos encontrábamos Ignacio y yo en la fonda, en Bayona, esperando á que llegase el general Buria, cuando se presentaron unos cuantos oficiales franceses. Iban á Burgos, estaban muy contentos, pidieron café y licores y brindaron por la conquista de España.

Ignacio Arteaga se puso pálido como un muerto; me miró y no dijo nada.

Al día siguiente Rodríguez de la Buria y Arteaga pasaron á Irún y siguieron hacia Madrid.

III

VACILACIONES

Desde entonces comencé yo á preocuparme de los acontecimientos de actualidad.

Yo no sospechaba que la invasión francesa produjera el alzamiento del país y aquel incendio que acabó con una España y dió principio á otra.

Pocos años antes los españoles habían invadido el Rosellón, y los franceses, después, Guipúzcoa, Navarra y Vizcaya y no se conmovieron ninguna de las dos naciones.

Esta vez la cosa iba tomando otro carácter.

Mientras se hablaba de los arreglos y componendas de Fernando, Carlos IV y Napoleón, se supieron los sucesos del 2 de Mayo, de Madrid.

En la *Gaceta del Comercio*, que se publicaba en Bayona, en castellano, leí un relato de estos sucesos, escrito por algún afrancesado. El artículo terminaba diciendo:

«Valúase la pérdida de los franceses en 25 hombres muertos y 45 á 50 heridos; la de los sublevados asciende á varios millares de los mayores calaveras de la villa y de sus inmediaciones.»

Un comerciante de Bilbao nos contó la verdad de lo ocurrido en Madrid el día 2 de Mayo.

Tuvimos junta en el Aventino. Todos, hasta Michelena, se manifestaron patriotas y guerreros. El Teofilántropo no pudo menos de confesar que los pases magnéticos no significaban nada ante un trabuco.

La opinión general estuvo de acuerdo en abandonar por entonces las cuestiones políticas y hacer la guerra á los franceses. Los mismos enciclopedistas vascos que antes, en 1795, habían querido la separación de Guipúzcoa de España con la protección de la República Francesa, se decidían con entusiasmo por la causa española. A uno de los más significados separatistas, don Fernando de Echave, acababan de prender los franceses en Usurbil por manifestarse enemigo de los invasores.

A mí la posibilidad de una campaña anticlerical hecha por Napoleón me hacía esperar.

Me encontraba así fluctuando; mi tío, á pesar de su españolismo, me aconsejaba que me dejara de guerras y fuera cuanto antes á Méjico; mis amigos excitaban mis sentimientos patrióticos.

Yo les aconsejaba calma; que esperaran el giro de los acontecimientos...

Aquella pobre familia de los Borbones se mostró ante Napoleón ridícula y servil.

Los padres, el hijo, el favorito, todos rivalizaron en abyección y vileza.

El amo de Europa presenciaba sonriendo aquellas escenas vergonzosas, como un juez desdeñoso el escándalo de una casa de vecindad.

Los grandes de España que se encontraban en Bayona se mostraron también cobardes y sumisos.

Más que los grandes de España, parecían los enanos de España.

Yo tenía interés en ver cómo terminaba aquello. El verano se iban á celebrar Cortes en Bayona. ¿Qué podía salir de tanto enredo?

LAS ESPERANZAS DE LAZCANO

Por esta época me encontré á Lazcano y Eguía. Acababa de llegar á Irún é iba de paso para Francia.

Hablamos extensamente de los asuntos de actualidad.

Lazcano se mostró entusiasmado.

— Estamos de enhorabuena—me dijo.

— ¿Cree usted?

— Sí, sí. España entra en un nuevo período. Esto se va á transformar.

— Me parece difícil.

— A mí no. Marchena ha dicho muchas veces: Francia necesitaba de una regeneración; España no necesita mas que una renovación.

— ¿Y quién ó quiénes van á hacer esa renovación?—pregunté yo.

— Bonaparte. José Bonaparte. Es un hombre de un talento grande. El será el eje de la trans-

formación de España; hará lo que ha hecho su
hermano en Francia. La verdadera obra revolu-
cionaria ha sido la de Napoleón.

No quise discutir su aserto, con el cual no estaba conforme.

No creía tampoco en la eficacia liberal de la invasión francesa. Si el pensamiento de Napoleón
hubiera sido liberalizar á España, podía haber
dejado en Madrid un rey español, por ejemplo, á
Fernando, rodeado de bayonetas; hacer lo que
hicieron los franceses con Angulema quince años
después para asegurar la reacción; pero Napoleón
no quería liberalizar, quería reinar; nacido de la
Revolución, aspiraba á ahogarla.

Lazcano me invitó á ir con él á conocer á los
Notables que en Bayona estaban preparando el
cambio de dinastía: Azanza, Urquijo, Arribas,
Hermosilla, etc., pero no quise ir.

No creía tampoco que tuviera gran eficacia
una Constitución que, aunque se decía se estaba
elaborando en Bayona por españoles ilustres,
realmente se había redactado calcándola sobre la
francesa por un señor llamado Esmenard, que, al
parecer, conocía bien los asuntos de España.

PLANES DE GANISCH

Al proyecto de Lazcano oponían Ganisch y
Cortázar el de salir al campo á luchar con los
franceses.

A Cortázar le inspiraba el patriotismo; Ganisch tenía, más que nada, afán de aventuras.

Al final de verano se supo en Irún la noticia del triunfo de los españoles en Bailén. En todas partes se hablaba de la victoria obtenida en esta gran batalla, y como no había periódicos ni noticias oficiales, se aumentaba ó disminuía la importancia de los acontecimientos al capricho.

Ganisch y Cortázar decidieron que debíamos echarnos al campo.

Era difícil; las provincias vascas se hallaban ocupadas militarmente en su totalidad por los franceses, y aunque se hablaba de partidas de patriotas, nadie sabía con exactitud por dónde andaban.

Se citaban nombres de guerrilleros hasta entonces desconocidos. Los franceses decían que eran sólo ladrones y no patriotas. El primero que se citó en el Norte fué Javier Mina, á quien luego, cuando su tío don Francisco Espoz adquirió más fama, se le llamó Mina el Mozo ó Mina el Estudiante.

Cortázar, Ganisch y yo intentamos ir hacia Navarra; pero viendo la dificultad de pasar, nos volvimos de nuevo á Irún.

Entonces á Ganisch se le ocurrió que fingiéramos una carta diciendo que me llamaban á casa desde Madrid.

Hicimos esto y yo recibí la falsa carta. Mi tío Fermín Esteban no sospechó la superchería y me dió sesenta duros para el viaje.

Hice mis preparativos é inmediatamente Ganisch y yo nos fuimos á San Sebastián, al San Sebastián quemado por los ingleses el año 1813, que era un pueblo parecido al actual, con casas altas de cuatro ó cinco pisos, encerradas dentro de la muralla, y calles estrechas, iluminadas de noche con faroles de reverbero.

Nos hospedamos en el Parador Real, y yo tuve el capricho de comprar en una tienda nueva un anteojo de larga vista.

En San Sebastián supimos que comenzaba á haber partidas de patriotas en los puntos de paso obligados de Madrid y pensamos en reunirnos con cualquiera de ellas. Tomamos nuestro pasaporte, yo á nombre de Eugenio Echegaray, mi tercer apellido, y Ganisch con el de Juan Garmendia.

Desde San Sebastián fuimos á Vitoria en un co checito. En la ciudad alavesa estaba el rey José con su cuartel general. Allí iba á esperar á Napoleón, que pocos días después estaría en España á la cabeza de su ejército con los mariscales Soult y Lannes.

IV

ENCUENTRO

En Miranda de Ebro nos topamos con unos arrieros en el mismo puente, y en su compañía pasamos el desfiladero de Pancorbo y llegamos hasta Briviesca.

Se detuvieron ellos y nosotros á la salida del pueblo, en el mesón del Segoviano, que entonces pertenecía á un señor Ramón de Pancorbo. Los arrieros hicieron la comida aparte, y Ganisch y yo pedimos de cenar y nos sentamos á la mesa redonda.

Estaban de comensales dos militares franceses, uno de ellos capitán y el otro subteniente, hombre este de largos bigotes rubios, y dos mujeres españolas, una muchacha y una vieja.

Los militares intentaban entrar en conversación con la muchacha, pero ella, seca y desabrida, no contestaba.

Durante la cena las dos mujeres, Ganisch y yo no dijimos nada. Los oficiales franceses, atrevidos y fanfarrones, se hartaron de reirse y de insultarnos en su lengua. Ya veríamos los españoles lo que nos iba á ocurrir cuando llegara el gran Napoleón con Soult. Tendríamos que arrodillarnos todos á sus pies si no queríamos ser pasados á cuchillo.

Al levantarse los franceses el odio español estalló como una mina, y hablamos los cuatro que quedábamos en la mesa de que había que exterminar aquellos estúpidos y petulantes invasores. Al momento Ganisch y yo nos hicimos amigos de las dos mujeres.

La muchacha se llamaba Fermina, y la vieja, doña Celia.

Hasta mucho tiempo después no supe que las dos no se conocían en el momento de encontrarlas nosotros en el parador.

Fermina era una mujer bonita, de ojos negros; tenía la nariz recta, la boca pequeña, la cara ovalada, la estatura algo menos que mediana, pero erguida y esbelta de talle; la tez morena pálida. Vestía de luto; parecía una señorita de pueblo.

La vieja doña Celia era de esas viejas que cuentan desdichas y hablan constantemente de su padre el general, de su tío el oidor del Perú, y de su juventud deslizada entre condes y marqueses.

Charlamos largo rato Fermina y doña Celia, Ganisch y yo, y expusimos nuestras aspiraciones patrióticas.

La moza del mesón, que nos oía, se adhirió y fué de las más entusiastas.

Ganisch entonces confesó que él y yo nos íbamos á echar al monte, lo que produjo que las tres mujeres nos miraran con admiración y enternecimiento.

—Nada; si quieren ustedes venir, vengan con nosotros—añadió Ganisch, que tenía las grandes salidas.

—¿A dónde?

— Al monte. A matar franceses.

Fermina afirmó que ella iba; tal odio sentía por los invasores: la criada del mesón dijo que también. Estaba cansada de servir en la posada y ansiaba marcharse á recorrer tierras.

— ¿Cómo te llamas?—le pregunté yo.

— María, la Riojana.

La Riojana tenía la nariz remangada, los ojos muy claros, la boca entreabierta, como expresando una interrogación; el pelo rubio rojizo, la piel blanca y el pecho abundante.

Hablaba con mucha gracia, una gracia picante, burda; su conversación era como esos guisos de arriero salpimentados con especias fuertes.

Una sociedad como la nuestra, hecha en un mesón entre cinco personas desconocidas, no podía verificarse mas que en un momento de inquietud como aquél.

Realmente había una enorme ansiedad en toda España; en las ciudades, en las aldeas, en los rincones apartados no se hablaba mas que de la invasión francesa.

Se citaba en los pueblos la gente preparada para echarse al campo; en ninguna parte se sabía nada de cierto, y las noticias, contradictorias y absurdas, aumentaban la confusión.

En las ciudades el elemento culto se dedicaba á escribir y á publicar hojas sueltas.

Era aquél el sacudimiento de los nervios y de la inteligencia de una nación aletargada y casi moribunda.

Después de hablar en el mesón largamente, quedamos de acuerdo en que por la mañanita la vieja doña Celia, con Fermina y la Riojana, salieran en dos mulos camino de Burgos; horas después marcharíamos Ganisch y yo á reunirnos con ellas.

LA MAÑANA SIGUIENTE

De acuerdo en el plan, nos fuimos á la cama. Noté, ya medio en sueños, que Ganisch entraba y salía en el cuarto, pero no hice caso. Me figuré que andaría rondando la alcoba de la Riojana.

Al día siguiente, muy de mañana, pedimos el desayuno y la cuenta. Nos lo trajo la dueña del mesón. Concluído el refrigerio bajamos á la cuadra y vimos Ganisch y yo cómo se preparaban para la marcha las tres mujeres. Iban á montar la vieja y la Riojana en un mulo y Fermina en otro, cuando acertaron á venir el subteniente francés de los largos bigotes rubios, nuestro comensal de la noche anterior, con un sargento.

Éste, haciéndose el distraído, pasó por cerca de Fermina y le dió un pellizco en sitio blando y carnoso. Fermina se volvió como una víbora, y con el puño cerrado le pegó un golpe en la cara al francés.

Al soldadote bárbaro, que creía, sin duda, que la milicia era una institución sagrada hasta cuando pellizcaba, no se le ocurrió otra cosa mas que echar mano al sable y desenvainarlo.

Nos mezclamos Ganisch y yo con idea de apaciguar á tales brutos, y el subteniente y el sargento la tomaron con nosotros hasta atacarnos á sablazos.

Yo, con un palo que cogí de un rincón, paré varios mandobles de aquellos bárbaros; pero el subteniente me tiró una estocada que me hirió encima de la clavícula.

El mesonero, mientras tanto, echaba á correr al pueblo, y poco después volvía con un capitán muy desdeñoso y antipático.

Como el subteniente y el sargento querían tergiversar la cuestión diciendo que les habíamos insultado, y llamándonos á cada momento *brigands*, tercié yo y, en francés, expliqué al capitán lo ocurrido.

El capitán nos preguntó quiénes éramos y á qué íbamos á Burgos; mostramos nuestros pasaportes, y con aire displicente y poco amable exclamó:

—Está bien; váyanse ustedes.

Salimos del pueblo. Yo tenía la camisa empapada en sangre. Empezabaá sentir por aquellos estúpidos galos un odio que no había tenido nunca.

A los pocos minutos de Briviesca nos encontramos con un carromato cargado de pellejos de vino. Contamos al carretero lo que nos ocurría y nos invitó á montar. Puso un saco de paja y unas mantas sobre los pellejos y yo me eché encima.

Poco después, en el sitio que se llama la Lengua Negra, entre Santa Olalla de Bureba y Santa María del Invierno, encontramos á Fermina, la Riojana y la vieja; nos esperaban con ansiedad. Ganisch contó lo ocurrido y todas las atenciones de las tres mujeres fueron para mí.

Faltaban unas cuatro ó cinco leguas para Burgos, y en ocho ó diez horas llegamos al puente de Santa María.

UNA BELLA DAMA

Supusimos que en la puerta de la muralla, al verme pálido y manchado de sangre, me detendrían.

Bajé del carro, ayudado por todos, y estaba sin poder tenerme en pie, cuando llegó una señora en un coche.

—¿Qué pasa?—dijo asomando la cabeza por la ventanilla.

La vieja doña Celia, desde su mula, explicó lo ocurrido en Briviesca con los militares franceses.

— Este pobre muchacho no va á poder ir andando—advirtió la dama.

Contemplé á la señora, que era una mujer soberbia; tenía unos ojos negros preciosos, la tez pálida y la expresión trágica. Yo la miraba absorto, lleno de admiración.

No sé si en premio de mi entusiasmo la señora dijo:

— Que suba en mi coche; yo le llevaré. ¿Dónde tiene que parar?

— En la plaza.

Abrió doña Celia la ventanilla y, ayudado por Ganisch, subí al carruaje, que echó á andar y entró por el arco de Santa María.

Al pararnos en la puerta un momento se acercó al coche un oficial francés é hizo á la dama un saludo ceremonioso y le besó la mano. Seguimos adelante.

— ¿Le duele á usted la herida?—me preguntó la señora.

— Sí—contesté—, pero no me importa.

— ¿Por qué?—preguntó ella extrañada.

— Por haberla visto á usted. Es usted muy hermosa, señora.

— Y usted es un chico. ¿A qué viene usted á Burgos?

— Vengo á hacerme guerrillero contra los franceses.

Ella se quedó asombrada.

— No lo diga usted en todas partes—me dijo—. Le pueden prender á usted. Los franceses tienen muchos amigos. Yo soy amiga suya.

— ¿De verdad?

— Sí.

— Pues lo siento.

— ¿Por qué?

— Porque son unos brutos.

La señora me preguntó quién era y de qué familia; yo se lo dije, y llegamos á la plaza. El carruaje se detuvo.

—¿Podrá usted bajar solo?—me preguntó la
dama—. ¿O quiere usted que llame á alguien para
que le ayude?

— No, yo bajaré.

— Le mandaré á usted un médico esta noche.

— Muchísimas gracias, señora.

— Adiós, y no haga usted más tonterías.

Bajé del coche, y me quedé inmóvil agarrado á
la portezuela.

— ¿Qué espera usted?—me preguntó ella.

— Que me dé usted á mí también la mano á
besar.

— Es usted un muchacho insoportable—replicó
la señora riendo.

Y me alargó la mano, que yo besé con entusiasmo.

V

EN BURGOS

Mareado y medio desvanecido me acerqué á una de las columnas de la plaza y estuve así esperando hasta que llegaron Fermina, doña Celia, la Riojana y Ganisch.

Ayudado por ellos, entré en una posada de allí cerca y me metí en la cama.

Me encontraba con la cabeza débil y con fiebre. Doña Celia comenzó á preparar un bálsamo, que yo creo que era el mismísimo bálsamo de Fierabrás, y que si me aplica en la herida me produce la gangrena de todo el cuerpo, cuando llegó un señor preguntando por mí. Era un médico. Venía á verme de parte de la señora que me había llevado en su coche por la tarde.

—¿Quién es esa señora?—pregunté yo.

— La marquesa de Monte-hermoso.

El médico lavó y curó mi herida y dijo que tendría para rato.

Con este motivo se renovó en Fermina, doña

Celia y la Riojana el odio contra los franceses.

Fermina sentía por ellos una repugnancia parecida á la que se puede tener por un escorpión ó por un insecto venenoso.

El día siguiente estuve en la cama. Me dolía mucho la herida. A pesar del dolor, me sentía completamente feliz pensando en aquella mujer soberbia: la marquesa de Monte-hermoso.

¿Se llamaría asi? El título me daba la impresión de ser falso; me parecía un título de novela folletinesca por el estilo de las que después ha escrito mi amigo Aiguals de Izco. Me enteré bien, y supe que mi protectora, efectivamente, se llamaba así; que su nombre era doña María del Pilar Acedo y Sarriá, marquesa de Monte-hermoso, y condesa de Echauz y del Vado.

Su marido había sido diputado por Alava en la Asamblea de Bayona, y después le hicieron muchos honores, entre ellos el de ser marido de la querida del rey. También le nombraron á Monte-Hermoso gentilhombre de cámara y una porción de cosas más.

Mientras yo me pudría de impaciencia en la cama, Ganisch y las tres mujeres salían de casa, y al volver me traían una porción de noticias contradictorias.

Ganisch había oído decir que el Gobierno de los patriotas, establecido en Aranjuez, al acercarse Napoleón á Madrid se había instalado en Sevilla. Desde Sevilla comenzaría á organizar partidas de guerrilleros.

Doña Celia, Fermina y la Riojana contaron

una porción de historias recogidas en la calle.

Todas sus noticias me tenían á mí sin cuidado. No pensaba mas que en aquellos ojos negros y en aquella expresión dolorosa y trágica de la marquesa.

El séptimo día de estancia en Burgos, el médico me dió el alta.

— Ya está usted bien—me dijo—. No salga usted mucho de casa.

— Dele usted de mi parte muchas gracias á la señora marquesa—le dije yo.

— Ya se ha marchado—contestó el médico.

—¿A Madrid?

— ¡Cualquiera lo sabe! ¡Habrá ido á reunirse con José Bonaparte! Dicen que es la querida de Pepe Botellas.

La noticia me hizo más daño que el sable del francés de Briviesca; pero aún me molestaba más el que se hubiera ido de Burgos aquella mujer admirable sin acordarse de mí.

El pensar en esto reanimó mi actividad y mis sentimientos patrióticos.

Decidí olvidar las dos heridas: la del francés y la causada por la marquesa de Monte-hermoso.

Se me ocurrió escribir al mariscal de campo don Gabriel Mendizábal, paisano y amigo de mi padre. Mendizábal debía hallarse en esta época en Alba de Tormes, y no encontré medio de hacerle llegar la carta.

Mi desesperación y mi furor patriótico iban en aumento.

Me figuraba estar viendo á la marquesa de Mon-

te-hermoso, rodeada de oficiales franceses elegantes, llenos de oro y de bordados. Yo había de
ir entre los desarrapados á acometerlos, á acu-
chillarlos.

El furor que comenzaba á tener lo experimentaba la gente del pueblo, sin el acicate de pensar
en una bella dama.

La plebe se enardecía con el odio al invasor.

Los franceses se figuraban que iban á luchar
con un ejército y con partidas de guerrilleros;
pero, en el fondo, tenían que guerrear con una
turba de mujeres, de chicos, de viejos tenderos,
de frailes, inspirados todos en un fanatismo religioso y patriótico terrible.

EL PADRE PAJARERO

A la semana siguiente de llegar á Burgos, doña
Celia me contó que una señora en la iglesia le
había dicho que un fraile mercedario andaba hablando á los jóvenes del pueblo para reclutarlos y
formar una partida.

Le recomendé á doña Celia que se enterara en
dónde se le podría ver al mercedario, y no sólo
se enteró, sino que vino con él á la posada al
día siguiente.

El padre Pajarero era un frailuco joven, moreno, con los ojos brillantes. Llevaba hábito pardo, cerquillo y sandalias.

Se presentó en mi cuarto y habló conmigo. Yo
me encontraba de la herida casi bien.

El padre Pajarero me sometió á un interrogatorio. Yo, por la costumbre que había adquirido en el tiempo que llevaba desde que salí de Irún, le dije que me apellidaba Echegaray.

Me preguntó si estaba dispuesto á echarme al campo. Le contesté que sí.

— Bueno; pues entonces—repuso él—le voy á dar á usted un papel para que vaya á ver á cierta persona.

— Venga. Está bien.

Sacó el padre un tinterito de cuerno, escribió unas líneas, dobló el papel y, antes de dármelo, me dijo:

— ¿Sabe usted dónde está la calle de la Calera?

— No.

— ¿Y el barrio de Vega?

— Tampoco. ¿No ve usted que no he salido de casa con la herida? Pero preguntaré.

— Vale más que vaya usted sin preguntar.

—Doña Celia sabrá, quizá, dónde está esa calle.

— Sí, ella sí lo sabe.

— Entonces, doña Celia nos acompañará.

— ¿No va usted á ir solo?

— Iré con un amigo paisano y patriota como yo.

— ¿Cómo se llama su amigo?

— Garmendia. Juan Garmendia.

— ¿Cuándo van ustedes á ir?

— Iremos mañana mismo.

— Bueno. Hay que advertir que el barrio de Vega está fuera de la muralla, al otro lado del río. Cuando llegue usted á la calle de la Calera, en esa calle, á mano derecha, verá usted una casa grande con dos torreones en las dos esquinas. Empezando á contar desde esta casa, en la misma acera, en el séptimo portal llamará usted. Preguntará usted por el director, y cuando le digan de parte de quién va, contestará usted que de parte del fraile.

—¿Nada más?

—Nada más.

—Saldrán ustedes de Burgos al anochecer por el arco de Santa María, cuando vayan á cerrar la puerta de la muralla. Dan ustedes un paseo y, cuando ya esté obscuro, se presentan en la calle de la Calera.

—Muy bien.

—Luego, como no es cosa de que llamen ustedes á la guardia francesa para que les abra, irán ustedes á dormir al convento de la Merced. Doña Celia les enseñará también dónde está.

Decidimos acudir Ganisch y yo al día siguiente á la casa indicada por el fraile. Por la mañana le dije á Ganisch acompañara á doña Celia para que ésta le enseñase la calle de la Calera y el convento de la Merced, y después de cenar fuimos Ganisch y yo á ver al misterioso director.

DE PARTE DEL FRAILE

Me prestaron en la posada una capa larga hasta los talones, y, embozado en ella, en compañía de Ganisch, que iba envuelto en una manta, salimos en dirección de la calle de la Calera.

La tarde estaba horriblemente fría. El viento silbaba por los arcos de la plaza; el cielo se mostraba vagamente iluminado por las luces del crepúsculo y por la luna medio oculta entre nubarrones. Sólo alguna luz brillaba en el pueblo.

De la plaza salimos por el arco de Santa María, á la orilla del río, y esperamos en el paseo del Espolón.

Algunos vecinos, retardados, marchaban de prisa por el puente de Santa María á entrar en la ciudad; otros aguijoneaban á los borriquillos y caballerías.

Un momento después cerraron la puerta; dejaron solamente un postigo abierto y se oyeron los toques de retreta.

Había entrado la noche y las orillas del río quedaron desiertas. Sólo se oía el murmullo del agua misterioso y triste. La luna comenzaba á brillar en el cielo.

Ganisch y yo atravesamos el puente y entramos en la calle de la Calera.

No pasaba entre las dos paredes de los edificios la luz de la luna y la callejuela estaba negra y siniestra.

Nos detuvimos un momento enfrente de la casa de los torreones y la portada historiada para cerciorarnos de que era ella, y desde este punto comenzamos á contar los portales.

Ya cerca de la salida del campo, tuvimos que pararnos. Habíamos llegado.

Llamamos dos veces; se abrió la puerta desde arriba, sin duda con un cordón atado al picaporte, y pasamos á un zaguán estrecho y mal iluminado. Un farolillo colgado de una ventana pequeña alumbraba el portal y al mismo tiempo la escalera.

— Buenas noches—grité yo.

— ¿Qué quieren ustedes? — nos preguntó una voz de mujer desde una reja que daba al zaguán.

— Venimos á ver al director—contesté yo.

— ¿De parte de quién?

— De parte del fraile.

Se descorrió un cerrojo, se abrió la puerta del fondo y apareció una criada. Nos hizo pasar y subimos tras ella hasta el piso primero. Recorrimos un pasillo y llegamos á un cuarto blanqueado y bajo de techo, iluminado por un velón, con una mesa de aspas y varios sillones fraileros.

EL DIRECTOR

Esperamos un momento y apareció un señor vestido de negro, un hombre de unos cincuenta años, de facciones duras, pero expresivas, con aire clerical. Era el director. Le di la carta del padre Pajarero, la leyó y nos sometió á un nuevo interrogatorio.

Le chocó bastante mi palidez y le conté lo que nos había pasado en el mesón del Segoviano, en Briviesca.

Mi relato le interesó muchísimo y sirvió para hacerme simpático.

— ¿Pero ya está usted bien?—me dijo.

— Sí, estoy bien.

— ¿No quiere usted que le mande un médico?

— No; ya, ¿para qué?

— Bueno, pues entonces—concluyó diciendo—déjenme ustedes sus nombres y sus señas, y la semana que viene yo les avisaré. Va á venir un delegado de la Nueva Junta Central desde Sevilla para organizar la resistencia.

Como el padre Pajarero, en su nota al director, había puesto los nombres con que figurábamos en los pasaportes, seguimos llamándonos: Ganisch, Garmendia, y yo, Echegaray.

— Ahora, ¿dónde van ustedes á dormir?

— El padre Pajarero nos ha dicho que vayamos al convento de la Merced.

— ¿Saben ustedes dónde está?

— Sí, creo que lo encontraremos.

— Mi criado les acompañará.

Nos despedimos del director y salimos á la calle acompañados de un mozo envuelto en una manta.

Luchando con el viento helado salimos á la orilla del Arlanzón. La luna resplandecía en el cielo, iluminando la ciudad. Las torres de la catedral y los pináculos de la capilla del condestable brillaban como barnizados de plata. Unos caballos corrían por el cauce del río.

Siguiendo la orilla, á pocos pasos llegamos á un edificio grande. Llamó el mozo con los dedos en la puerta.

— ¡Ave María Purísima!

— Sin pecado concebida—dijo de adentro una voz suave y frailuna—. ¿Qué quieren?

— Estos señores que vienen á dormir de parte
de mi amo, el director.

Un lego nos salió al paso y nos llevó á Ganisch y á mí á una celda, donde dormimos perfectamente.

VI

LA CONJURACIÓN

Estaba deseando que nuestro alistamiento se arreglase, porque el dinero nos comenzaba á faltar. Doña Celia, Fermina, la Riojana y Ganisch gastaban del fondo común, ya tan mermado que de un momento á otro iba á dar el último suspiro.

Ganisch, enredado con la Riojana, vivía con ella como marido y mujer.

Yo ansíaba que nos llamara el director para acabar con aquella vida de posada, de chismes y disputas.

A los cinco ó seis días me avisaron que fuera á la calle de la Calera por la tarde.

Fuí en seguida. Saludé al director, quien me presentó inmediatamente al deán de Lerma, don Benito Taberner, después obispo de Solsona.

El deán era un cura de esos guapos, altos, que encantan á las mujeres; tenía el tipo romano, los ojos negros, la nariz fuerte, la frente desguarnecida el pelo con bucles y los dientes blancos.

Nos comunicó el director la noticia de haber llegado el comisario regio de la Junta Suprema Central, el presbítero Peña, el cual traía la misión de organizar la guerra de partidarios en el Norte.

Realmente, nosotros no sabíamos si esta Junta Central existía ó era un mito; pero, puesto que venía á preparar la lucha, no se tuvo inconveniente en dar su existencia como efectiva.

Discurríamos el director, el deán y yo acerca de nuestros medios, cuando se presentó Peña. Era un cura andaluz, un poco zonzo, charlatán, no muy activo ni inteligente.

Traía una carta del secretario de la Junta Central, don Martín Garay, para el director. Se leyó la carta en voz alta y se habló de las providencias que había que tomar.

Peña se quejó dos ó tres veces del frío de Burgos, cosa que al deán y al director les produjo un efecto pésimo. Un verdadero patriota no debía fijarse en estas cosas.

Cuando se fué Peña, el director nos dijo:

— Hay que prescindir de este hombre; es un inútil.

— Lo malo es si, además de inútil, es perjudicial—dijo el deán de Lerma.

—Le voy á escribir ahora mismo que los franceses le espían, que no salga de casa ni hable con nadie. Echegaray, ¿quiere usted redactar esa carta?

— Sí, señor.

Escribí la carta, que firmó el director, y seguimos tratando nuestro asunto. Se discutió la manera de organizar las guerrillas, y el deán y el director convinieron en dirigirse al cura de Villoviado, don Jerónimo Merino, el cual contaba ya con una pequeña partida de guerrilleros.

Esta partida podía ser el núcleo de otra mayor. La cuestión era engrosarla y aguerrirla todo lo posible.

— Yo supongo que el cura de Villoviado no se opondrá—dijo el director.

— ¡Qué se va á oponer!—exclamó el deán.

— Es que estos curas de pueblo son muy cerriles, y si teme que alguien le quite el mando es capaz de decir que no.

— Entonces yo, como abad mitrado de la Colegiata de Lerma y superior jerárquico, le ordenaré lo que deba hacer—dijo don Benito.

— ¿Por qué no tienen ustedes una conferencia con él?—pregunté yo.

— Es buena idea—dijo el director—. ¿No le parece á usted, deán?

— Muy bien. ¿En dónde podríamos vernos?

— En algún convento—dije yo; porque como todo se trataba entre curas y frailes, me parecía el lugar más á propósito.

— ¡En qué convento podría ser!—exclamó el deán.

— ¿No sería buen sitio el convento de San Pedro de Arlanza?—preguntó el director.

— No diga usted más. El mejor.

Quedó acordado que tendríamos una reunión en San Pedro de Arlanza con Merino.

Esta fué la primera vez que oí hablar de aquel cura cabecilla.

NOTICIAS DE MERINO

Jerónimo Merino había nacido en Villoviado, pueblo del partido de Lerma, en la provincia de Burgos.

A los siete años Jeromo era pastor. A pesar de ser cerril, y quizá por esto le hicieron estudiar para cura, y con grandes esfuerzos y la protección del párroco de Covarrubias, le ordenaron y lo enviaron á Villoviado.

Este clérigo de misa y olla no sabía una palabra de latín, ni maldita la falta que le hacía, pero, en cambio, con una escopeta y un perro era un prodigio.

La invasión francesa decidió el porvenir de Jeromo, el ex pastor, que, de cura de escopeta y perro, llegó á ser brigadier de verdad.

Un día de Enero de 1808 descansó en Villoviado una compañía de cazadores franceses.

Querían seguir por la mañana su marcha á Lerma y el jefe pidió al Ayuntamiento bagajes, y como no se pudiera reunir número de caballerías necesario, al impío francés no se le ocurrió otra cosa mas que decomisar á los vecinos del pueblo como acémilas, sin excluir al cura.

Para mayor escarnio, le cargaron á Merino con el bombo, los platillos, un cornetín y dos ó tres tambores.

Al llegar á la plaza de Lerma, Merino tiró todos los instrumentos al suelo y, con los dedos en cruz, dijo:

—Os juro por ésta que me la habéis de pagar.

Un sargento que le oyó le agarró de una oreja y, á culatazos y á puntapiés, lo echaron de allí.

Merino iba ardiendo, indignado.

¡A él! ¡á un ministro del Señor hacerle cargar con el bombo!

Merino, furioso, se fué al mesón de la Quintanilla, se quitó los hábitos, cogió una escopeta y se emboscó en los pinares. Al primer francés que pasó, ¡paf!, abajo.

Por la noche entró en Villoviado y llamó á un mozo acompañante suyo en las excursiones de caza.

Le dió una escopeta, y fueron los dos al pinar.

Cuando pasaban franceses, el cura le decía al mozo:

—Apunta á los que veas más majos, que yo haré lo mismo.

Los dos se pusieron á matar franceses como un gato á cazar ratones. Cada tiro costaba la vida á un soldado imperial.

La espesura de los matorrales y el conocimiento del terreno en todas sus sendas y vericuetos les aseguraba la impunidad.

Poco después se unió á la pareja un sobrino del cura, y esta trinidad continuó en su evangélica tarea de ir echando franceses al otro mundo.

Semanas más tarde, el cura Merino contaba con una partida de veinte hombres que le ayudó á armar el Empecinado.

Todos ellos eran serranos de los contornos, co-

nocían á palmos los pinares de Quintanar, no se
aventuraban á salir de ellos, y atacaban á los destacamentos franceses de escaso número de soldados, preparándoles emboscadas en los caminos y
desfiladeros.

VII

LERMA Y COVARRUBIAS

Dos días después de la conversación que tuvimos en casa del director, los conjurados salíamos por la mañana á caballo, camino de Lerma.

Dormimos en el palacio del abad, y al día siguiente se avisó á las personas notables del pueblo para que acudiesen á una reunión.

Se presentaron todos los citados y reinó en la junta un gran entusiasmo.

Como directores provisionales de los trabajos en Lerma se nombraron al escribano don Ramón Santillán y al abogado don Fermín Herrero; los demás congregados prometieron contribuir con su dinero y con sus hijos cuando se les llamara, y este ofrecimiento lo hicieron los representantes de las familias más importantes de la villa: los Lara, Pablos, Sancha, San Cristóbal, Páramo, etc.

A la mañana siguiente, los mismos que habíamos salido de Burgos, el director, el deán, Peña y yo nos encaminamos á Covarrubias, villa bastante importante, colocada á orillas del río Arlanza, con una iglesia antigua que en otro tiempo fué Colegiata.

Cruzamos Covarrubias, que tiene un par de plazas irregulares y una docena de calles tortuosas, y nos detuvimos delante de una antigua casa á orillas del río.

Era la casa del párroco. Subimos y el vicario del pueblo, don Cristóbal Mansilla, nos hospedó y nos trató espléndidamente.

Don Cristóbal vivía con el ama y con una sobrina verdaderamente bonita.

El párroco notó que el deán frunció el ceño al ver á las dos mujeres. A éste, sin duda, aunque no lo dijo, le pareció que don Cristóbal Mansilla era, ó un truhán, ó un hombre excesivamente virtuoso.

Don Cristóbal, al saber que pensábamos marchar al día siguiente, mandó preparar todo lo necesario para la expedición.

Habíamos salido de Burgos jinetes en caballos prestados, sin dinero ni medios de ninguna clase, y, á pesar de esto, todo se allanaba en nuestro camino.

Por la noche, en casa del párroco de Covarrubias, después de cenar, se habló de las partidas patrióticas, y vinieron varios vecinos del pueblo á ofrecerse para todo lo que hiciera falta.

Uno de ellos era un hombre seco, cetrino, de mediana estatura, de unos cuarenta años, brusco de palabras y muy velludo.

Vestía un traje raído como de hombre que anda

entre breñales y descampados, calzón de ante,
polaina antigua, levitón abrillantado por el uso,
chaleco muy cerrado por el cuello, corbata negra
de muchas vueltas y sombrero de copa cubierto
con un hule. Parecía un aldeano acomodado. Me
chocó las miradas de inteligencia que se cruzaban
entre el director y él.

Por iniciativa del deán se comenzó á hacer una
lista de suscripción; luego se discutieron varios
proyectos, y el director indicó que lo primero era
hablar con Merino, á quien veríamos al día siguiente.

VIII

LA REUNIÓN EN SAN PEDRO DE ARLANZA

Cuando se parte de Covarrubias por el camino de Salas de los Infantes á buscar Lerma, siguiendo por la carretera y bordeando el río, á una hora ú hora y media de marcha se encuentra el convento de benedictinos de San Pedro de Arlanza.

Es aquél un sitio grave, solitario, triste; no hay en él más población que los monjes; alrededor, soledad, silencio, ruido de las fuentes, murmullo de cascadas oopumooao en que se precipita el Arlanza.

Muy temprano, al amanecer, fuimos al monasterio.

Recuerdo aquel día de nuestra llegada al convento. Un cielo azul, con unas nubes muy blancas alumbraba la tierra.

Perdimos la vista de los tejados rojos, torcidos y llenos de piedras de Covarrubias, y nos encaminamos hacia el monasterio.

Un amante de la naturaleza se hubiera quedado absorto contemplando el ruinoso convento, próximo al riachuelo espumoso, con su torreón cuadrado, su fuente en medio y sus viejas tumbas de guerreros.

Yo confieso que á mí estas cosas no me han entusiasmado nunca. El contemplar pasivamente no está en mi temperamento.

El deán, el director, Peña y yo íbamos impulsados por una idea de guerra, de violencia, y no nos fijamos en los primores arqueológicos del convento ni en la belleza del paisaje.

Entramos en el claustro. El criado que nos salió al encuentro fué á llamar al superior y nos condujo á la sala capitular. Había pocos frailes en el monasterio: un abad, ocho ó diez clérigos y cuatro ó cinco legos. Todos llevaban hábito negro.

Esperamos unos minutos, y poco después entró el abad de los benedictinos. Era un hombre imponente, con la barba entrecana, la mirada brillante y fuerte.

Sabía de antemano el objeto de nuestra visita, pues le habían escrito el director y el deán de Lerma.

El abad de los benedictinos nos dijo:

— Merino está avisado; dentro de un momento se presentará aquí.

Preguntó el deán al abad si podría contar con algunas personas de su confianza, y el abad dió una lista de nombres que aseguró contribuirían á la suscripción.

Yo fuí escribiendo los nombres en un papel.

Se habló de las probabilidades de éxito del levantamiento contra los franceses, y cuando se debatía este punto entró un lego á decir que don Jerónimo Merino se encontraba en el claustro.

LA ESTAMPA DEL CURA

El abad mandó que le hicieran pasar á la sala. Reconocí en el guerrillero el comensal de la noche anterior, el hombre cetrino de gran levitón y sombrero de hule. Al entrar el cabecilla nos levantamos todos; se sentó luego el abad y volvimos á sentarnos los demás. Siguió la plática.

Yo estuve observando al guerrillero. Era Merino hombre de facciones duras, de pelo negro y cerdoso de piel muy atezada y velluda.

Fijándose en él era feo, más que feo, poco simpático: tenía los ojos vivos y brillantes de animal salvaje; la nariz, saliente y porruda; la boca, de campesino, con las comisuras para abajo, una boca de maestro de escuela ó de dómine tiránico. Llevaba sotabarba y algo de patillas de tono rojizo.

No miraba cara á cara, sino siempre al suelo ó de través.

El que le contemplasen le molestaba.

Al primer golpe de vista me pareció un hombre astuto, pero no fuerte y valiente.

El cabecilla daba muestras de inquietud mirando á derecha é izquierda.

El abad explicó á Merino de qué se trataba, y

éste contestó haciendo señales de asentimiento.

El cabecilla tenía una voz metálica, aguda, poco agradable. El deán, como superior jerárquico del cura, le exhortó á que defendiera la Religión y la Patria.

Después el comisario regio, Peña, leyó el decreto de la Junta Central. Concluída la lectura, el director tomó la palabra é hizo estas proposiciones, que sometió al juicio de los demás:

Primera, que se eligiese una junta permanente en Burgos y en las cabezas de partido para allegar recursos; segunda, que el comisario Peña indicase al señor don Martín Garay la conveniencia de nombrar teniente coronel de la partida de guerrillas de la Sierra de Burgos y Soria á don Jerónimo Merino, y tercera, que enviaran desde Sevilla en comisión un comandante de caballería de ejército que fuera buen táctico en el arma, un capitán y varios sargentos instructores para formar una academia de oficiales y clases en la Sierra.

Aceptadas las proposiciones del director, el abad de Lerma se levantó, y sacando el crucifijo de cobre colgado de su cuello y enarbolándolo en el aire, nos hizo jurar guardar el secreto.

Nos levantamos todos para jurar. Cuando miré de nuevo alrededor, ya Merino había desaparecido.

Después el abad del convento nos llevó á la iglesia, donde iba á decir misa.

Doce guerrilleros de Merino se pusieron al pie del altar con la bayoneta calada; luego nos arrodillamos nosotros, que tuvimos que estar durante toda la misa de rodillas.

Oficiaba un fraile viejo y le acompañaba el sonido del órgano y las voces de los frailes dominadoras en el coro.

Tenía aquello un aire verdaderamente imponente.

Después de la misa tomamos cada uno un pocillo de chocolate con bizcochos, vimos los alrededores del convento antes de comer, y á las primeras horas de la tarde marchábamos de vuelta camino de Burgos.

Peña se fué á Sevilla con una corta memoria dirigida á don Martín Garay, en la cual se especificaban los deseos de los patriotas castellanos, y el director y yo comenzamos á hacer gestiones para nombrar la Junta Permanente con que arbitrar recursos.

IX

LOS PREPARATIVOS

Durante varios días fui á casa del director á trabajar con él en la organización de las juntas. Se pensaba establecerlas en toda la provincia, principalmente en las cabezas de partido. Las gestiones se hacían con exquisita precaución para no comprometerse.

Muchas cosas el director no me las comunicaba, pues, aunque tenía bastante confianza conmigo, temía una imprudencia.

La primera junta patriótica que se constituyó en Burgos la formaron tres personas: don Eulogio Josef de Muro, persona muy rica; un fraile mercedario, superior del padre Pajarero, y un capellán del hospital de la Concepción, á quien sustituyó después don Pedro Gordo, cura de Santibáñez.

El director no quiso decir á nadie los nombres de estas personas que trabajarían en silencio, y sólo pasado algún tiempo me enteré yo de sus nombres.

Además de la junta permanente de Burgos se organizaron otras en Roa, Aranda de Duero, Lerma, Salas de los Infantes, Castrojeriz y Belorado.

La junta de Lerma fué la que trabajó con más entusiasmo; la formaban el escribano don Ramón Santillán, el abogado don Fermín Herrero y el abad mitrado de Lerma don Benito Taberner.

Estos tres junteros no gastaban nada; todo lo hacían con sus manos: escribían cartas, llevaban la contabilidad y pagaban los sellos. Su organización era verdaderamente generosa y admirable.

El director me dictó varias cartas excitando á las juntas á que se dirigieran á todo el mundo pidiendo prestado para comprar armas y caballos, porque no había un maravedí.

Los tiempos eran muy miserables, y el dinero iba convirtiéndose para los españoles en algo mitológico y legendario.

A pesar de la pobreza general, los labradores, los curas, los tenderos, los campesinos más desvalidos contribuyeron á la suscripción con verdadera largueza.

La junta de Burgos reunió en unos días veinticinco mil duros, el director dió de su bolsillo diez mil reales, y el presidente, don Eulogio, cuarenta mil.

Las otras juntas reunieron entre todas en el mismo tiempo veinte mil duros.

Se hizo una clasificación para el empleo del dinero, y más de la mitad se dedicó á comprar caballos.

EL ALBÉITAR FRANCÉS

Nos avistamos el director y yo con un albéitar que se llamaba Arija, hermano de un sombrerero que en 1821 se levantó con Merino, Cuevillas y otros realistas contra el Gobierno constitucional. Arija, el albéitar, era hombre activo, y á él se le encomendó la compra del ganado.

Muchos caballos se adquirieron en las ferias de los pueblos próximos, y algunos los regalaron los mismos propietarios.

De primera intención se hizo un envío de cincuenta con sus respectivas monturas á los pinares.

En esta expedición marcharon Ganisch, Fermina y la Riojana.

Después, Arija y yo, fuimos 'al valle de Burón de Riaño y á las provincias de Valladolid y Segovia. Allí nos hicimos amigos de un albéitar gascón, legitimista, llamado Hipólito Montgiscard, que había ido á aquellos puntos á comprar mulas para el ejército francés.

Montgiscard era un tipo extraño, uno de esos tipos que, teniendo todos los instintos y la manera de ser de sus paisanos, los odian sin motivo.

Esto sucede rara vez en Europa, y con mucha frecuencia en América, en donde un español ó un italiano comienza de pronto á sentir un rencor por su país verdaderamente frenético.

A Montgiscard le había dado por ahí; no quería nada con los franceses, constantemente hablaba

mal de ellos, calificándolos de franchutes, gaba-
chos, etc.

Napoleón, el gran Napoleón, era su pesadilla.
Tenía por el emperador una inquina personal un
tanto cómica.

Montgiscard era tan antibonapartista que accedió á entenderse con nosotros en cuanto conclu-
yera su comisión.

Entre Arija, Montgiscard y yo compramos más
de cien cabezas de ganado caballar, que se enviaron con sus monturas en pequeñas secciones á
la Sierra.

Volvíamos los tres hacia Burgos, cuando supimos á poca distancia de la ciudad, en la Venta de
la Horca, que una división española, al mando del
general Belveder, había sido atacada y dispersada
por los franceses en la carretera, entre Villafría y
el Gamonal. Los franceses habían entrado en la
ciudad, entregándola al saqueo, y Napoleón había instalado allí su cuartel general y publicado
un decreto de amnistía y una lista de proscripción.

Entramos en Burgos; las violencias de los franceses habían exacerbado al pueblo. Los pobres se
marchaban al campo y las personas pudientes
emigraban hacia el Mediodía.

Nosotros, el Director, Arija y yo, con la complicidad de Montgiscard el gascón, seguimos en
nuestros preparativos.

Se compraron muchos caballos de desecho del
ejército francés, vendidos por defectos de poca
monta.

Cuando llegó el tiempo de ir al campo, Arija se

negó; en cambio el albéitar gascón, decidió desertar de las tropas imperiales y unirse con los guerrilleros que peleaban contra su patria.

Son los contrastes de la vida. El español no
quiso ir y el francés sí. Montgiscard sacrificaba la
patria á sus ideas legitimistas y antibonapartistas;
en cambio, yo ponía la patria por encima de mis
ideas revolucionarias, viviendo entre curas y frailes y demás morralla molesta y desagradable.

EN LA SIERRA

Montgiscard y yo salimos de Burgos llevando
una carga de herraduras en un carro cubierto de
paja, expuestos los dos, principalmente él, á ser
fusilados sobre la marcha, y fuimos á Hontoria del
Pinar, donde se hallaba por entonces don Jerónimo Merino.

Merino nos recibió muy bien. El director le había dado buenos informes de mí. Don Jerónimo
deseaba que yo quedara adscripto á la parte bu-
rocrática de su partida, de intendente.

—Bueno, sí, señor—dije yo—; pero yo quiero,
cuando venga la ocasión, pelear como todos.

—Bien, hijo, bien; pelearás como todos. ¿Sabes
montar á caballo?

— Sí.

— ¿Manejas bien las armas?

— Sé algo de esgrima.

— Pues á los húsares. Ahora, que al principio
vas á tener que hacer las dos cosas, hacer cuen-

tas y al mismo tiempo andar en las maniobras.

— Bueno.

— Así me gusta á mí la gente, trabajadora.

Me llevó don Jerónimo á mi oficina, y al día siguiente comencé á ocuparme de mis dos cargos.

Estaba todo sin organizar aún. Las Juntas seguían enviándonos voluntarios, y era indispensable tomar su filiación, interrogarlos, uniformarlos y armarlos.

LOS JÓVENES DE LERMA

De la parte de Lerma vinieron sesenta muchachos de la villa y de los alrededores, algunos con su caballo enjaezado, el sable y dos pistolas cada uno.

El escribano Santillán, presidente de la Junta de este pueblo, se presentó con su hijo Ramón, que ansiaba alistarse como voluntario en la partida y dejar la facultad de Derecho de Valladolid, en donde estudiaba. Santillán, hijo, fué luego ayudante mayor del regimiento de húsares de Burgos.

Al mismo tiempo llegaron al campamento varios jóvenes de Lerma: Julián de Pablos, Eustaquio de San Cristóbal, Fermín Sancha, Miguel de Lara, Ricardo Páramo y otros, que, en su mayoría, fueron luego capitanes distinguidos del regimiento de Burgos, en que se convirtió andando el tiempo parte de la guerrilla de Merino.

De los oficiales suyos, más de cuatro peleamos contra el cura después de la guerra de la Independencia: yo, con una partida suelta, en 1821;

Páramo, en 1823, y Julián de Pablos, siendo coronel, en la guerra civil actual.

Yo, al principio, trabajé mucho. Me habían destinado á un escuadrón de pocas plazas, mandado por un ex mesonero, á quien llamaban Juan el Brigante.

El Brigante, al verme, dijo que él no quería en su escuadrón pisaverdes.

Dos ó tres de los guerrilleros que le rodeaban se echaron á reir; pero no siguieron riendo, porque les advertí que estaba dispuesto á imponerles respeto á sablazos.

A pesar de esto, el mote me quedó, y muchos en el escuadrón me siguieron llamando el Pisaverde.

No hubo más remedio que dejarlo, porque incomodarse era peor. Además, para muchos de ellos, el apellido Echegaray era de una pronunciación enrevesada y difícil.

El Brigante, á pesar de su mala disposición primera para conmigo, rectificó su concepto y hasta me ofreció su amistad.

Yo tenía vara alta en la oficina, y siempre que podía favorecer á mi escuadrón eligiéndole buenos caballos y armas, lo hacía.

Con las nuevas remesas enviadas por la Junta de Burgos al cura, y el ganado que se fué apresando en varias correrías, al mes y medio de la celebración de la solemne y decorativa Junta de San Pedro de Arlanza, la partida de Merino ascendía á trescientos caballos montados por jinetes provistos de excelentes armas.

LIBRO SEGUNDO

LOS GUERRILLEROS

I

EL BRIGANTE Y SUS HOMBRES

Al principio de reunirse la gente nueva de la partida hubo gran confusión entre nosotros; luego vinieron á nuestro campamento de Hontoria los comandantes Blanco y Angulo, enviados por la Junta Central, y dos oficiales de Administración, y se comenzaron á poner las cosas en orden.

El comandante Blanco organizó las fuerzas de caballería. Era hombre inteligente, buen militar, de valor sereno, sin petulancia alguna y sin ambición.

Probablemente por esto no prosperó.

Desde el momento que llegaron los oficiales enviados desde Sevilla, yo dejé la oficina y me incorporé definitivamente al escuadrón.

Merino no quería tener mezclados los guerrilleros antiguos y los modernos, por el temor de las rivalidades y peleas, y como tampoco quería disgustar á los antiguos de su partida, formó tres escuadrones, dos de guerrilleros viejos y uno de los nuevos. Los dos de los viejos los mandaban el Jabalí de Arauzo, y Juan el Brigante, que gozaban de cierta independencia; el moderno, más disciplinado y militar, tenía al frente al comandante Blanco.

Al mismo tiempo se comenzó á organizar un batallón de infantería á las órdenes del comandante Angulo.

A pesar de estas separaciones, estallaron las rivalidades. Todos aquellos guerrilleros antiguos eran hombres montaraces, sin instrucción; casi ninguno sabía leer y escribir.

Feroces, fanáticos, hubieran formado igualmente una partida de bandidos.

Estaban seguros de que si los franceses llegaban á cogerlos les tratarían, no como á soldados, sino como á salteadores. Su única idea era pelear, robar y matar.

Veían claramente los guerrilleros viejos que ellos habían tenido que resistir la parte más dura y peligrosa de la campaña, y que cuando la resistencia se iba organizando y llegaba el dinero, venían unos señoritos á quedarse con los galones y las estrellas; y pensando en esto les llevaban los demonios.

Para evitar las riñas nos mantenían separados. Yo, como he dicho, fuí á parar al escuadrón del Brigante.

JUAN BUSTOS, EL VENTERO

La historia del escuadrón se condensaba en la historia de su jefe, Juan Bustos. Juan había tenido, hasta echarse al monte, un ventorrillo en la calzada que va de Salas de los Infantes á Huerta del Rey.

Al llegar la invasión francesa, Juan Bustos comenzó á discutir y á disputar con los soldados imperiales que pasaban por su venta acerca de la cuestión candente de quién era el verdadero rey de España.

Poco á poco empezaron á motejarle de patriota, y como los franceses á todo el que se les manifestaba hostil le llamaban bandido, *brigand*, á Bustos le decían el Brigand.

El pueblo, que coge todo en seguida, castellanizó la palabra: llamó á Bustos el Brigante, y á su casa la venta ó el ventorro del Brigante.

Un día en que no estaba él, entró en su casa un pelotón de franceses; mataron á su padre y violaron á su hermana.

Juan Bustos, al llegar á su hogar y ver aquel cuadro, el padre muerto, la hermana gimiendo, salió como un león á buscar á los franceses, arrancó á uno de ellos el fusil, y, manejándolo como una maza, tendió á tres ó cuatro; y luego, abriéndose paso por entre ellos, herido y lleno de sangre, se refugió en un pinar, donde se reunió con Merino.

El cura era astuto; el Brigante, esforzado y

audaz. Los dos se hubieran podido completar; pero Merino no quería rivales.

El cura llegó á temer al Brigante y no quiso que estuviera á su lado. Vió que tenía arraigo entre los guerrilleros, y como Merino era solapado y capaz de una traición, pensó que el Brigante podía serlo también.

EL JABALÍ DE ARAUZO

Merino para contrarrestar los triunfos de la partida de Juan Bustos, el Brigante, fomentó el que otro guerrillero, el Jabalí de Arauzo, formara también un grupo con los antiguos incondicionales del cura.

El Jabalí era un tipo feroz, supersticioso y lujurioso. Se le creía medio saludador, medio iluminado, Había forzado algunas muchachas, y se contaba que á una de ellas después la descuartizó. Así lo aseguraba un convecino suyo.

El Jabalí era merinista rabioso. Tenía esa fuerza de los hombres fanáticos y ardientes que saben arrastrar á la gente de imaginación débil; pero, como muchos de los que se echan de iluminados, estudiaba sus gestos y sus actitudes y concluía siendo un farsante.

Al Jabalí siempre se le veía con el rosario en la mano.

Su tipo era tan extraño como su manera de ser moral; su aire, de hombre abstraído. Gastaba pantalón corto, chaqueta de sayal y camisa de cáñamo.

Iba casi siempre mal afeitado; llevaba largas

melenas, grasientas y negras, sombrero redondo con escarapela patriótica, y en el pecho una especie de escapulario grande, de bayeta, sobre el cual había fijado una porción de estampitas y medallas de la Virgen y de todos los santos. Por lo que decían dormía con este parche místico, al que consideraba como un amuleto.

Los que le seguían tenían trazas parecidas: eran igualmente melenudos y sucios, y se distinguían, como él, por su fanatismo religioso, por su ferocidad y por su crueldad.

Este escuadrón contaba con muchos curas y frailes que habían decidido abandonar los hábitos mientras durara la guerra.

El hermano Bartolo y mosén Ramón eran los principales de la clerigalla. Tipos de energúmenos, exaltaban con sus palabras y sus pinturas de las llamas del infierno á los demás.

Los del Brigante, por oposición á los guerrilleros del Jabalí, se manifestaban algo incrédulos; todo lo incrédulos que se podía ser en la partida de Merino, en donde no había más remedio que ir á la iglesia y darse golpes de pecho, y confesarse y comulgar con alguno de aquellos ganapanes de sotana.

Los guerrilleros del Brigante, que al principio me recibieron con burlas, luego me acogieron muy bien. Se sentían ofendidos, pues se les había apartado sistemáticamente del elemento nuevo, casi aristocrático, y agradecieron que un señorito se mezclara con ellos.

Poco después entró también en el escuadrón,

por amistad conmigo, Miguel Lara. Lara y yo fuimos los ayudantes de Juan Bustos el Brigante.

Juan Bustos era un hombre bajo, ancho, forzudo, musculoso, con las espaldas y las manos cuadradas. Tenía el color tostado, la cabeza grande, huesuda; la cara algo picada de viruelas, las facciones nobles, las cejas cerdosas y salientes, y los ojos hundidos, grises, con un brillo de acero.

La mirada y la sonrisa le caracterizaban. Sus ojos tenían una penetración extraña: cuando sonreía mostraba dos filas de dientes grandes, blancos, fuertes, cosa poco común entre montañeses, que suelen tener, casi siempre, mala dentadura.

Cuando Juan se exaltaba relampagueaban sus ojos, y tenía un gesto extraño que al hacerlo mostraba sus dientes.

Entonces se me figuraba un tigre.

Era Juan valiente hasta la temeridad; amigo de exponerse y de andar á cuchilladas.

A pesar de su acometimiento, era también muy zorro, muy sabio á su modo, y de muchos refranes.

SILUETAS DE GUERRILLEROS

El Brigante tenía cuatro ó cinco especialistas, de los que se guiaba. Para conocer el tiempo no había otro como el Abuelo; para distinguir el terreno, el más inteligente era el Apañado; para preparar una emboscada, ninguno como el Tobalos.

El Tobalos era un hombre pequeño, acartonado, de unos cincuenta años, rubio, con esa tez del castellano que toma el color de la tierra. Su cara impasible no temblaba ni se estremecía jamás.

Andaba siempre á caballo, por lo que tenía las piernas como dos paréntesis.

Valiente era como el mismo diablo. Así como el Brigante parecía un tigre, el Tobalos tenía algo del azor.

Para una descubierta audaz, para una emboscada atrevida, ninguno como él.

El Tobalos era muy silencioso; todos sus comentarios debían ser interiores. Cuando el Brigante le preguntaba algo, contestaba con monosílabos ó moviendo la cabeza.

El discutir, el hablar, eran cosas que le molestaban. El Brigante le trataba con mucha consideración.

— Oye—le solía decir en algunas ocasiones—, ¿podrías ahora hacer esto?

El Tobalos contestaba sí ó no sin abrir apenas la boca. Y el Brigante no replicaba nunca.

El Apañado, en cambio, era la antítesis del Tobalos: charlatán como él solo.

Tenía una conversación aguda, rápida; una penetración natural grandísima. Nunca se daba el caso de que el Apañado tomase un tronco de árbol por un hombre, ni á un pastor por un espía, ni que notara el último huella de herraduras en un camino.

En medio de esta gente que parecía haber nacido para la guerra de emboscadas, había algunos con otras aficiones. Uno de ellos era el herbola-

rio de Santibáñez del Val, á quien no se le podía
encomendar una guardia porque se le iba el santo al cielo, se dedicaba á buscar los simples y se
olvidaba de lo que le habían encargado.

Otro tipo por el estilo era el cura de Tinieblas,
con la diferencia de que éste, en vez de preocu-
parse de los simples, pensaba en aumentar su co-
lección de monedas.

El herbolario y el cura estaban siempre juntos,
porque sólo ellos podían aguantar mutuamente
sus disertaciones botánicas ó numismáticas.

Lara y yo teníamos en el escuadrón el negocia-
do de la historia y de la literatura.

Casi todos los guerrilleros del Brigante habían
sido leñadores y aserradores, gente ágil, pero no
buenos jinetes. Los mejores soldados de caballería del escuadrón eran los que habían sido cavadores de viña en la ribera del Duero.

En este oficio se necesita mucha fuerza y un
brazo muy membrudo. El pastor y el leñador tienen la pierna fuerte, pero el brazo débil; á los cavadores les ocurre lo contrario.

La partida del Empecinado, formada casi en su
totalidad por cavadores, era la que contaba con
los mejores jinetes de todo el centro de España.

Lara y yo, á quienes nos hicieron sargentos y
luego alféreces en comisión, aunque en el haber
apenas llegábamos á soldados rasos, solíamos pasar lista al escuadrón del Brigante.

Era indispensable llamar á los guerrilleros por
el nombre y por los apodos, porque algunos se
habían olvidado de sus apellidos y no sabían si al

llamarles Matute, Chapero ó Rebollo era éste el
nombre de la familia, ó el de la casa, ó simple-
mente un mote.

Como varios de los nuestros tenían el mismo
apodo, hubo que desbautizar á unos y darles á
elegir otro nombre.

Del escuadrón del Brigante, además de los que
he citado, recuerdo el Largo, el Zamorano, el Cha-
to, el Arriero, el Rojo, el Canene, el tío Currus-
co, el Estudiante, el Lobo de Huerta, el Barbero y
el Fraile. Algunos de ellos, dóciles, comprendían
la superioridad del saber, se rendían á ella y se dejaban guiar por los más instruídos; pero otros
querían considerar que ser cerril y tener la cabeza dura constituía un gran mérito.

Entre nosotros la disciplina no era la misma que
en las tropas regulares. Allí la ordenanza sobra-
ba. Todo era improvisado á base de brutalidad,
de barbarie y de heroísmo.

FERMINA LA NAVARRA

Nuestra vida era pintoresca y amena. Estábamos, mientras se organizaban las tropas, en Hontoria del Pinar, y nos reuníamos formando un rancho en casa de un herrero, á quien llamaban el
Padre Eterno por sus largas barbas.

El Padre Eterno era el maestro de taller de la
herrería de Merino, y constantemente estaba
arreglando las armas que se estropeaban y se co-
gían al enemigo.

En casa del Padre Eterno vivíamos Fermina, la Riojana, Ganisch, Lara y un curita joven que se decía Juanito Briones, mozo terne, bravío, de estos curas de bota y garrote, juerguistas y amigos de riñas.

Cada uno aportaba la menestra, que se repartía por las mañanas, y comprábamos á prorrateo, con la peseta del haber, el pan, el vino y el aceite. La Riojana se encargaba de guisar, y á fe que con sus platos se chupaba uno los dedos.

Había en nuestro escuadrón varias mujeres que montaban á caballo admirablemente. Además de Fermina la Navarra, teníamos á Juana la Albeitaresa, Amparo la Loca, la Morena, la Brita, la Matahombres, la Montesina y algunas más.

Estas amazonas no gastaban sable, sino tercerola.

Las de nuestro escuadrón eran muy elegantes; llevaban uniforme, botas altas y morrión.

Fermina hacía de capitana. Montaba admirablemente á caballo y solía andar á pie muy gallarda, haciendo sonar las espuelas con el látigo en la mano.

Esta Fermina era una mujer extraña, insoportable á ratos, á ratos todo simpatía y encanto.

Parecía á la vez dos mujeres: la mujer pálida, verdosa, iracunda, llena de saña, y la mujer amable, humilde, cariñosa.

Por lo que me dijo doña Celia, la vieja que fué con nosotros de Briviesca á Burgos, un jovencete había seducido á Fermina en su pueblo y sacado de casa. El jovencete éste había desconcertado la vida y hecho desgraciada á una de las mujeres más dignas de ser feliz.

Varias veces, en el tiempo que pasé cerca de ella, pude ver á Fermina transformarse rápidamente de la hembra fiera á la mujer llena de encanto. ¡Qué trabajos se tomaba para hacerse desgraciada! Sus pasiones violentas luchaban con su bondad natural y le hacían sufrir.

Además de estas amazonas, teníamos cantineras que iban vendiendo rosquillas y aguardiente.

Las de nuestro escuadrón eran María la Galga y la Saltacharcos.

María la Galga era alta, delgada, morena, mujer valiente que tomaba la carabina cuando llegaba la ocasión.

La Saltacharcos era pequeña y redonda, de ojos negros. Solía ir montada en una mula á quien llamaba *Paquita* con sus cacharros.

A la *Paquita* se la reconocía pronto, porque el esquilador de Hontoria solía ponerle un letrero de ¡Viva España! en las ancas: ¡Viva! á un lado del rabo, y ¡España! al otro.

II

MAS TIPOS DEL ESCUADRON

Entre los tipos curiosos que había en el escuadrón del Brigante, ninguno tan raro, físicamente, como el Mastaco.

El Mastaco, caballero en su macho, daba la impresión de un gran jinete; á pie era un ridículo enano.

Tenía el Mastaco la cabeza grande, fuerte, bien hecha, la nariz aguileña, el afeitado de la cara azul.

Su pecho y el tronco guardaban las proporciones naturales; en cambio, las piernas eran pequeñísimas y los pies parecían dos tarugos torcidos hacia dentro.

Al Mastaco se le montaba en su macho, se le ponían los estribos muy cortos y parecía un centauro. A pie causaba lástima; pero, ya jinete, se tapaba las piernas con la manta y estaba arrogante.

Montaba el Mastaco un machillo pequeño con

su cabezada y correa, unas alforjas de lana blanca pintada, sable al cinto y carabina á la espalda.

DON PERFECTO

Si el Mastaco era por su rareza física un fenómeno, nadie podía competir por su extrañeza moral con un señor don Perfecto Sánchez, que había venido desde Burgos, donde estaba empleado, y entrado á formar parte del escuadrón.

Don Perfecto, al principio, no nos chocó; era un hombre vulgar, torpe en todo, muy poco comprensivo y muy entusiasta.

Don Perfecto no parecía castellano, á juzgar por su acento. Tenía un tipo de moro: pelo muy negro, ojos amarillentos y dientes del mismo color. Llevaba patillas á la rusa, unidas al bigote, lo que le daba un aspecto de facineroso terrible. Montaba un caballo muy viejo, escuálido y grande. Sin duda, era del consejo irónico del pueblo que dice: «Ande ó no ande, caballo grande».

Don Perfecto se parecía tanto á su caballo, que cualquiera hubiese dicho era de la familia. Podían los dos haber cambiado de dentadura sin que nadie lo notase.

Don Perfecto hablaba tartamudeando, y era pesado y falto de gracia.

Al principio nos parecía un hombre fastidioso, de esos de quienes se huye; pero luego, poco á poco, nos asombró. ¡Qué idea tenía aquel hombre de sí mismo! ¡Se creía el ser de más inteligencia, el más atrevido, el más ágil del mundo! Siempre llegaba el primero, siempre sabía el secreto de lo que pasaba, siempre tenía que salvar á los demás y reirse de ellos. Como jinete era una maravilla, como **tirador** de armas y valiente no había otro.

Don Perfecto pensaba que todos los días le estaban pasando cosas extraordinarias; constantemente el enemigo le tendía lazos que él, con su gran malicia, sabía esquivar.

Cuando contaba aquellas supuestas celadas y explicaba los medios empleados para burlarlas con su lengua gorda, se reía con un entusiasmo loco, mostrando su fila de dientes grandes y amarillos como los de su caballo viejo.

Varias veces nos dijo que Napoleón ya sabía quién era él y que le temía. Al oirlo el Brigante, que era burlón, nos dijo á Lara y á mí que debíamos escribir á don Perfecto una carta, firmada por Napoleón Bonaparte, diciéndole que estaba enterado de que era su gran enemigo, pero que, á pesar de esto, lo apreciaba y le admiraba como se merecía.

Cuando recibió la carta don Perfecto estuvo serio más de una semana; nosotros creíamos que habría notado la broma; pero no era esto, sino que estaba preocupado buscando los términos de la carta que tenía que contestar á Napoleón.

Llegó á tomar unos aires de orgullo tan necios, que el Brigante le dijo que no fuera tonto, que se estaba poniendo en ridículo, que la carta de Napoleón la habíamos escrito entre Lara y yo.

Don Perfecto se puso compungido fingiendo tristeza, y cuando dejó de hablar con el Brigante vino á nosotros á decirnos que él se reía de estas cosas porque sabía mejor que nadie lo que pasaba y la envidia que tenían algunas personas de sus méritos.

Respecto á la carta de Napoleón, estaba tan seguro de que era de él, que todas las bromas que le dieran con este motivo no le hacían la menor mella.

EL MELOSO

Tipos bien distintos á éste eran el Feo y el Meloso. El Feo era muy buena persona. Eso sí, merecía el apodo como pocos. Decían los guerrilleros que era más feo que el cabo Negrón, que, según tradiciones que quedan en la milicia, reventó de feo.

El Meloso, antiguo pastor, tenía unos cincuenta años.

Era el Meloso hombre, al parecer, de gran sencillez y humildad. Tenía unos ojos azules claros, cándidos como los de un niño, las cejas rojas y cerdosas, las mandíbulas sin dientes.

A pesar de su humildad, era cazurro y marrullero como pocos.

Vestía una camisa de cáñamo y un traje de bayeta. Llevaba faja encarnada, reloj de faltriquera con su gruesa cadena, pañuelo atado á la cabeza y calañés. Solía montar en un caballejo negro, escuálido, pero de mucha sangre; llevaba dos alforjas jerezanas á los lados de la silla, y en el arzón un trabuco.

El Meloso era muy amable y suave; de esto le venía el mote. Solía echar al enemigo que cogía por su cuenta al otro mundo con verdadera melosidad.

Otros dos guerrilleros, amigos y compadres, los dos tunos y muy ladrones, el uno ya viejo y el otro joven, eran el Gato y el Manquico.

El Gato era un viejo socarrón, bajito, muy taimado, siempre sonriente, pero iracundo. Montaba una yegua parda con sus lomillos y dos cabezadas con brida; colgando de la silla llevaba una escopeta, y en el arzón, escondido, un bote de hoja de lata donde metía el dinero.

El Manquico robaba también en combinación con el Gato. Este le había aleccionado. Sabíamos sus mañas y estábamos esperando la ocasión de pescarle en el garlito para darle una paliza y echarlo del escuadrón.

Como él llegó á conecer nuestras intenciones, poco después se marchó con el Jabalí.

Un muchacho simpático á quien solíamos bromear todos 'por su candidez era Martinillo el Pastor.

Martinillo contaba poco más ó menos la misma edad que Lara y que yo; pero como había vivido en el campo conservaba gran inocencia.

Martinillo era uno de los cornetas del escuadrón y le gustaba mucho marchar á la cabeza tocando.

Martinillo tenía amores con una muchacha pastora de Quintanar de la Sierra, llamada Teodosia.

Como todos sabíamos sus amores, le bromeábamos con la Teodosia. El suspiraba por ascender y ganar unos cuartos para casarse con la pastorcilla.

Entonces Lara, yo y otros oficiales del escuadrón de húsares de Burgos hicimos una suscripción y reunimos treinta duros, que se entregaron á Martinillo.

Martinillo, loco de entusiasmo, arregló una casa en Hontoria del Pinar y se casó con la Teodosia.

La boda fué una verdadera fiesta para el escuadrón del Brigante y para los amigos. La única que no quiso asistir fué Fermina la Navarra. Sentía un gran desprecio por la pobre Teodosia, á quien consideraba estúpida y ñoña.

Para no amargar la fiesta á Martinillo, le dijimos que Fermina tenía una desgracia de familia y que por eso no iba á la boda.

Durante mucho tiempo se habló de la fiesta como de algo maravilloso y extraordinario.

EN CASA DEL PADRE ETERNO

Las noches en que no estábamos de guardia nos reuníamos en nuestro alojamiento de Hontoria, en casa del Padre Eterno, unos cuantos guerrilleros al amor de la lumbre. El Brigante solía venir casi siempre.

Se contaban cuentos y hablábamos de todo: de las cosas próximas, como la guerra y las ambiciones del gran Napoleón, y de las más lejanas, como la historia antigua y la astronomía.

En cuestiones de política y de historia teníamos que terciar Lara y yo, que, aunque no muy cultos, pasábamos allí por unos Solones.

Alguna vez hubo un poco de baile con las mozas del pueblo al son de la guitarra, y dos ó tres noches se jugó á las cartas, á pesar de ser cosa especialmente prohibida.

Miguel de Lara, cada vez más amigo mío, recitaba en nuestras reuniones versos antiguos y modernos.

Los romances del Cid, de la Infantina y de los Infantes de Lara producían gran entusiasmo.

Aquellos campesinos no sentían el tiempo interpuesto entre estas viejas historias y la época nuestra, y para ellos, el Cid, el conde Lozano, Mudarra y Diego Láinez eran casi contemporáneos suyos, hombres que tenían iguales pasiones é idénticas maneras de sentir.

Yo le dije una noche á Lara que encontraba absurdo en un hombre de su sensibilidad poética no hiciera versos originales.

El se turbó, y al día siguiente leyó una oda á la patria que nos produjo á todos un entusiasmo inmenso. Le abrazamos, y el pobre muchacho quedó sofocado del éxito.

Lara era un tipo verdaderamente admirable, generoso, desinteresado; no quería nada para él; valiente y audaz, le gustaba el peligro; pero, sobre todo, tenía un sentimiento de justicia extraordinario.

Al pensar en él me venía á la imaginación la frase de Rousseau acerca de Altuna; se podía haber dicho también de mi amigo que era de esos tipos que España sólo produce, y que no produce bastantes para su gloria.

Lara y yo decidimos ser los cronistas de la partida; sobre todo, de las hazañas del batallón del Brigante; yo escribiría los acontecimientos en estilo liso y llano y él intercalaría romances cantando nuestras heroicidades.

Esta idea produjo un gran entusiasmo entre los guerrilleros.

Muchas anécdotas podría contar de las reuniones de Hontoria en casa del Padre Eterno.

Había entre todos aquellos pobres un deseo de saber, y el Brigante era de los más interesados en educarse y pulirse.

Una noche de éstas, el Brigante nos contó una cosa cómica.

— Antiguamente — dijo —, alrededor de España había dos mares, y estos dos mares querían juntarse, pero no podían, porque entre uno y otro se levantaban unas rocas muy altas. Entonces un hombre muy fuerte, á quien llamaban el Cule, empezó á trastazos con las rocas, y á martillazos las rompió y comunicó los dos mares.

— Pero ¿dónde has leído eso?—le pregunté yo.

— Yo te traeré el librico.

Efectivamente, me lo trajo; y cuando vi que el Cule á quien se refería el Brigante era nada menos que Hércules, me dió una risa inextinguible; pero él, como era buena persona, no se incomodó.

— ¡Pisaverde! Eres una sabandija que hay que aplastar con el tacón—me decía, mientras yo me moría de risa.

III

EL CURA MERINO, DE CERCA

Por esta época veía yo casi todas las mañanas al cura Merino y hablaba con él.

Nunca me fué simpático. Lo encontraba soez, egoísta y brutal.

Su manera de ser la constituía una mezcla de fanatismo, de barbarie, de ferocidad y de astucia. Era, en el fondo, el campesino, tal como suele ser en todas partes cuando las circunstancias desarrollan en él los instintos de lucha.

El campesino produce el guerrillero, y éste se suele desdoblar en dos tipos: el tipo generoso, comprensivo, que llega á perder su carácter de hombre de campo: Mina, el Empecinado, Zurbano; y el tipo sórdido, intransigente, invariable: Merino.

El primero es un ser de excepción; es un hombre de instinto que aspira á convertirse violentamente en un hombre de razón; es un espíritu que tiene fe en sí mismo y en los demás; el segundo, por el contrario, desconfía; teme todo cambio; cree que la menor transformación de la vida aniquilará su personalidad.

Merino, en el fondo, era uno de tantos campesinos en el cual se habían perfeccionado los instintos guerreros como en un perro se perfeccionan los instintos de caza.

Merino, más que á nada, temía á un posible rival.

Estaba entonces en la plenitud de la vida, pues contaría cuarenta años; tenía sentidos muy finos y despiertos, veía á enormes distancias la hora en el reloj del campanario de una iglesia, distinguía á lo lejos, por la forma del polvo, si llegaba caballería ó infantería por una calzada, notaba el ruido más imperceptible y se daba cuenta de dónde provenía.

Como jinete era una especialidad; hombre de poca carne y ligero cansaba apenas á los caballos, subía, bajaba, corría por los precipicios como si fuese en llano. Al distinguirle desde lejos daba la impresión de un caballero montado en un hipogrifo.

La primera vez que le vi en casa del párroco de Covarrubias, Merino iba un tanto desastrado; pero luego, cuando fué llegando el dinero de las Juntas se elegantizó, hasta parecer un currutaco.

Al pensar en Merino se me viene siempre á la imaginación una estampa vista en una tienda de París, años después, en la calle del Sena. La lámina tenía como leyenda: «Le curé espagnol Merino».

En el dibujo aparecía un clérigo narigudo con un sombrero de teja descomunal atado á la cabeza con un pañuelo, dando la impresión de que el guerrillero tuviera mal de muelas.

El cura caricaturizado montaba en un caballo flaco y huesudo; llevaba un sable enorme, un trabuco naranjero, un cristo colgado al cuello y un paraguas abierto.

¡Qué poco se parecía la figura de la estampa al original!

Merino, como he dicho, después de recibir el dinero de las Juntas vestía muy bien.

Llevaba levita de paño azul, pantalón obscuro, chaleco negro de seda, corbata negra y sombrero de copa, al que ponía un hule cuando llovía.

No usaba casi nunca polainas, sino medias de lana, zapatos gruesos y un espolín en el pie derecho; porque decía en broma, como los vaqueros cordobeses, que también gastan sólo una espuela, que cuando se arrea con ella á medio caballo y anda, el otro medio no se queda atrás.

No quería el cura insignias de mando. Sus armas eran un trabuco, pistolas en el arzón y un cachorrillo en la faja.

Merino no era un valiente, como Mina ó el Empecinado, ni un estratégico de genio, como luego ha demostrado ser Zumalacárregui.

Nuestro jefe no tenía una idea noble de la guerra; á él que no le hablaran de heroísmo, de arrogancias con los contrarios; él peleaba siempre con ventaja. Conocía las veredas y los senderos de aquella sierra como nadie, y en este conocimiento basaba su estrategia. Cuando atacaba, lo hacía contando, por lo menos, con doble fuerza que el enemigo, y ocupando una posición mejor.

Merino apenas sabía leer y escribir. Una vez me confesó que no había tenido jamás un libro en la mano, fuera del misal.

Antes de comenzar su vida de guerrillero, todos sus conocimientos se reducían á rezar y á cazar.

Eso sí; no había en todo el país escopeta como la de aquel Nemrod de sotana.

Merino, sin ser muy valiente, ni inteligente, ni generoso, ni noble, tenía grandes condiciones de guerrillero; lo que demuestra que la guerra, es una cosa de orden inferior, puramente animal.

Nuestro capitán nos vareaba como á la lana.

Cuando empezaban las operaciones, ya se sabía: no nos dejaba un momento de descanso.

Prohibía que se desnudase nadie para dormir, y se tenía uno que echar vestido en el suelo ó en el monte entre las matas. De las veinticuatro horas del día, el cura estaba diez y ocho á caballo. Con él no había otro medio: endurecerse ó perecer.

A Merino, que era hombre poco ingenioso y nada cordial, no le gustaba la conversación. La gente le estorbaba.

Yo supongo que, en el fondo, tanta cautela, tanta insociabilidad provenía del miedo de una asechanza, más que de otra cosa.

LAS TRETAS DEL CURA

El cura no gastaba confianzas con nadie. Se le tenía respeto, pero no se le quería.

Cuando se incomodaba y se ponía á hablar con una voz aguda y seca, de timbre metálico, todo el mundo temblaba. Había llevado la reserva hasta el último extremo.

Merino estaba el tiempo necesario al frente de sus tropas; luego se largaba. ¿Adónde? Nadie lo sabía. Variaba todos los días de escondrijo Al que hubiese tenido una curiosidad indiscreta, probablemente le hubiese costado la vida.

A sus espías les hablaba de noche en sitio seguro, y no los esperaba nunca; siempre tenían ellos que esperarle. Además, se presentaba de improviso.

Cuando tenía que tratar con alguno á quien no conocía, le daba cita en la calvera de un monte, y el cura, oculto, estudiaba el tipo y los movimientos del desconocido.

Es indudable que cada oficio da un carácter profesional al que lo ejerce. A pesar de no saber latín, ni cánones, ni teología, el cura Merino era cura hasta la medula de los huesos.

Merino, al decir de los guerrilleros, había empleado meses en recorrer en todos sentidos los pinares y desfiladeros de las sierras de Quintanar y Soria con los pastores y cazadores del país; así, conocía, aun de noche, los caminos, las sendas, los escondrijos y cuevas de los contornos.

No necesitaba guías; él marcaba la dirección.

Merino no aceptaba pretextos. Era la severidad misma.

Se manifestaba implacable para todo lo que le pareciese espíritu de rebelión y de crítica. Había que obedecerle sin discurrir. Si alguno no cumplía al pie de la letra una orden por parecerle imposible ó por haberlo hecho ya otro, le llamaba:

— ¿Qué te he mandado yo?—preguntaba.

— Tal cosa.

— Y ¿por qué no la has hecho?

El preguntado daba sus razones.

— Está bien; pero otra vez no discurras, y lo que te se mande haz.

Merino exigía la obediencia ciega. El hombre que no discurría le encantaba. Hubiese podido recomendar la máxima de los frailes de la universidad de Cervera: «Lejos de nosotros la peligrosa manía de pensar».

Toda la filosofía de Merino se reducía á afirmar que lo tradicional es sagrado. Usos, costumbres, rutinas, fueran buenos ó malos, si eran antiguos, para él, eran respetables.

En esto pensaba como las mujeres. Se ve que los manteos y las sayas dan la misma manera de discurrir á las personas.

Merino no toleraba ni permitía en su tropa juegos de azar.

Si olfateaba alguna partida de naipes se presentaba de improviso, y desgraciados de los guerrilleros á quienes encontrase jugando.

Tenía también un odio especial por los borrachos.

— A ninguno que beba se le debe tolerar en la partida—decía á los capitanes—, y menos confiarle una guardia ó un pliego.

A los que juraban y blasfemaban les castigaba cruelmente, dándoles de palos. Era también feroz con los ladrones.

En cambio, con el que se sometía en absoluto á la disciplina se mostraba á veces cariñoso.

Estas tiranías de curas son casi siempre así: crueles y femeninas. El cura y la mujer tienen algo de común; por eso se entienden tan bien.

Merino mantenía la leyenda de que contaba con grandes recursos y manejaba resortes secretos.

En el campo se oía hablar de las expediciones de Merino á Burgos disfrazado de pimentonero. Según los nuestros, iba á ver á los franceses para engañarlos.

Era la voz que corría por los pueblos acerca del cura de *Villoviau,* como decían los aldeanos.

— ¿Qué dicen del cura?—se preguntaban unos á otros.

— Que si le pescan los franceses le van á hacer tajaditas así.

— ¿Y le cogerán?

— ¡Qué le van á coger! ¿No ve usted que les engaña? Se disfraza, se acerca á los franceses y les pregunta:—Y ustedes, ¿qué van á hacer? ¿Por dónde van á ir?—Pues nosotros vamos por aquí ó por allá.—Y, claro, el cura los espera y los destroza.

El pueblo es niño y le agrada creer en estas historias absurdas.

Ni á Merino le gustaba exponerse de una manera tan grande, ni sabía hablar francés para entenderse con los soldados de Napoleón, ni tenia resortes desconocidos.

Los recursos más importantes se los proporcionaban las Juntas de la provincia, y los mejores informes se los daba el director y el espionaje espontáneo de los alcaldes y curas de pueblo.

IV

LOS PRIMEROS COMBATES

Las primeras salidas fueron para los guerrilleros bisoños de gran emoción; el toque de diana
nos llenaba de inquietud; creíamos encontrar al
enemigo en todas partes y á todas horas, y pasábamos alternativamente del miedo á la tranquilidad con rapidez.

Esta primera hora de la mañana en que se co-
mienzan los preparativos de marcha, aun en el
hombre de nervios fuertes produce al principio
emoción.

Van viniendo los caballos de aquí y de allá; se
oyen voces, gritos, relinchos, sonidos de corneta;
las cantineras arreglan sus cacharros en las alforjas, los acemileros aparejan sus mulas, el cirujano
y los ayudantes preparan el botiquín, y poco á
poco esta masa confusa de hombres, de caballos,
de mulas y de carros se convierte en una columna
que marcha en orden y que evoluciona con exactitud á la voz de mando.....

Pronto comenzamos á acostumbrarnos y á gustar de aquella vida.

La guerra en la montaña tiene, indudablemente, grandes atractivos; el paisaje cambia á cada paso, el aire está fresco, el cielo azul; no hay polvo, no hay marchas fatigosas, el agua brota de todas partes.

Para un hombre joven y lleno de entusiasmo se comprende el encanto de esta vida salvaje del guerrillero, que es la misma que la del salteador de caminos.

El ser guerrillero, moralmente, es una ganga; es como ser bandido con permiso, como ser libertino á sueldo y con bula del Papa.

Guerrear, robar, dedicarse á la rapiña y al pillaje, preparar emboscadas y sorpresas, tomar un pueblo, saquearlo, no es seguramente una ocupación muy moral, pero sí muy divertida.

Se ve la poca fuerza que tiene la civilización cuando el hombre pasa con tanta facilidad á ser un bárbaro, amigo de la carnicería y del robo. Los alemanes suelen decir: «Rascad en el ruso, y aparecerá el tártaro».

Los alemanes y los no alemanes pueden añadir: «Rascad en el hombre, y aparecerá el salvaje».

A veces nos parecían un poco pesadas las marchas y contramarchas, pero se olvidaba pronto la fatiga.

El comienzo del año 9 lo pasamos así en ejercicios y en maniobras, interrumpidos por alguna que otra escaramuza.

En Marzo deseaba el director y la Junta de

Burgos dar principio á las operaciones en cierta
escala, y avisaron á Merino la inmediata salida de
varios correos franceses detenidos en aquella capital. Con ellos iba una berlina con sacos de dinero para pagar á las tropas, dos furgones con pólvora y varios otros carros.

Iban escoltados por unos ochenta ó noventa
dragones.

Merino decidió apoderarse de la presa. Apostó
sus hombres á un lado y á otro del camino, de
manera que pudieran cruzar sus fuegos, y ordenó
al Brigante quedara en un carrascal próximo á la
carretera y no apareciese con su gente hasta pasadas las primeras descargas.

Estuvimos ocultos los del escuadrón, como nos
habían mandado, sin ver lo que ocurría. Sonaron
las primeras descargas, transcurrió un momento
de fuego y cruzaron por delante de nosotros cuatro ó cinco carros al galope con los acemileros,
azotando á los caballos.

HAY QUE CORRER

En esto nos dieron la orden de salir á la carretera.

Aparecimos á un cuarto de legua del sitio de la
pelea. Nos formamos allí y nos lanzamos al galope.

Los franceses, al divisarnos, se parapetaron detrás de sus carros y comenzaron á hacernos
fuego.

Nosotros embestíamos, retrocedíamos, acuchillábamos á los que se nos ponían por delante.

Los guerrilleros, emboscados, hacían un fuego certero y terrible, pero los franceses no se rendían.

Nuestra victoria era cuestión de tiempo.

El Brigante y yo y otros dos ó tres luchábamos en primera línea con un grupo de soldados imperiales que se defendían á la bayoneta.

En esto se oyó un grito que nos alarmó, y los franceses se irguieron levantando los fusiles y dando vivas al Emperador.

Yo me detuve á ver qué pasaba. De pronto oí como un trueno que se acercaba. Miré alrededor estaba solo.

Un escuadrón francés llegaba al galope á salvar á los del convoy atacado.

Yo quedé paralizado, sin voluntad.

Afortunadamente para mí, el amontonamiento de carros y furgones del camino impidió avanzar á la caballería enemiga; si no, hubiera perecido arrollado.

Cuando reaccioné y tuve decisión para escapar, me encontré seguido de cerca por un dragón francés que me daba gritos de que me detuviera.

¡Qué pánico! Afortunadamente, mi caballo saltaba mejor que el del francés por encima de las piedras y de las matas y pude salvarme.

Cuando me reuní con los míos me recibieron con grandes extremos. Creían que me habrían matado; como es natural, no confesé que el miedo me había impedido escapar, sino lo atribuí al ardor bélico que me dominaba.

Esta primera escaramuza me impresionó bastante.

Realmente, produce efecto el ruido de las herraduras de más de mil caballos que parece que van galopando por encima del cráneo de uno.

Aquel fué mi primer hecho de armas. Después, hablando de este combate con el Brigante, yo le decía que nuestros escopeteros debían haber hecho frente á los franceses para detenerlos un instante y no dejarnos sin defensa.

El Brigante se encogió de hombros, como dando á entender que no quería hablar.

El Brigante y Merino no estaban conformes en muchas cosas.

Para el cura, la cuestión en la guerra era exterminar al enemigo sin exponerse. El Brigante y yo creíamos que la cuestión era matar, pero matar con nobleza, dando cuartel, respetando á los heridos. Otros opinaban que no, que si se hubiera podido echar veneno al agua que habían de beber los franceses, sería lo mejor.

Las mujeres eran de este último partido; el odio al francés, sólo por extranjero, se manifestaba en ellas de una manera selvática.

Cuando yo le decía á Fermina la Navarra que había tenido amistad con algunos franceses, le parecía una cosa monstruosa.

En todo el mes de Marzo, Abril y Mayo los nuestros se dedicaron á cazar correos y á atacar á los destacamentos enemigos. Solamente los dejábamos en paz cuando iban en grandes núcleos.

Merino mandaba exploradores para que no nos

ocurriera lo de la primera escaramuza y no nos viés-mos combatidos por la caballería.

Los generales del Imperio, en vista de las emboscadas de los guerrilleros, se decidieron á no enviar correos ni convoyes mas que acompañados de grandes escoltas de caballería.

A Juan el Brigante y á los de nuestro escuadrón nos hubiera gustado luchar con los franceses en número igual para probar la fuerza y la dureza de los guerrilleros; pero Merino no atacaba mas que emboscado y cuando contaba con doble número de gente que el enemigo.

Lo demás le parecían simplezas y ganas ridículas de figurar.

En cambio, nosotros encontrábamos su guerra una cosa ratera y baja.

Con tanto sigilo y tanta prudencia, sentíamos todos, por contagio, más inclinaciones para la intriga que para el combate á campo abierto.

V

LA VIGILANCIA DEL CABECILLA

Merino, por instinto, sin aprenderlo de nadie, era un gran técnico, quizá demasiado técnico. Despreciaba la improvisación. Para él, el heroísmo, el arranque, la audacia tenían importancia, pero una importancia muy secundaria.

Su afán era combinar los proyectos de sorpresas y emboscadas hasta en los más pequeños detalles.

Con una cultura apropiada, aquel hombre hubiera sido un gran jefe de Estado Mayor de un ejército regular. Nunca hubiera tenido, seguramente, el golpe de vista genial de los grandes generales; pero para la organización lenta y perseverante era una especialidad.

A pesar de las largas disertaciones de los escritores militares, se ve que la guerra, en el fondo, es un producto instintivo, y mientras exista la barbarie que la produce habrá, en mayor ó menor escala, generales improvisados, tan hábiles en las

batallas como los llenos de conocimientos tácti-
cos y estratégicos aprendidos en los libros.

Merino no era el clásico guerrillero, arrebata-
do, valiente, acometedor, ardoroso. Le faltaba
impetuosidad, genialidad, brío, y estas faltas las
suplía con la atención y el trabajo.

Nuestro jefe basaba sus operaciones, primero,
en el conocimiento del terreno, que lo tenía casi
absoluto; después, en las confidencias y en el espionaje, (por eso pagaba á sus espías lo más espléndidamente que podía); y, por último, en la per-
severancia, que pensaba había de llegar al cansancio del adversario.

De las veinticuatro horas del día, Merino se
ocupaba de sus tropas lo menos veinte, y á veces
las veinticuatro. Merino tenía á sus fuerzas en una
continua actividad y en un perpetuo movimiento.

Por la tarde, al ponerse el sol, solía distribuir
los escuadrones de su partida en una aldea, ó en
varias próximas, á las guarniciones de los franceses; colocaba centinelas avanzados de caballería
por los caminos de los pueblos ocupados por el
enemigo, y establecía un gran retén de jinetes en
una posada y en las casas inmediatas.

Esta guardia solía constar de la tercera parte de
gente del total de la partida, y como por entonces éramos de trescientos á cuatrocientos hombres, la guardia solía pasar de un centenar; á veces llegaba á ciento cincuenta.

Cuando alcanzaba este número, cincuenta marchaban en la ronda, otros cincuenta quedaban con
las armas en la mano, y el resto dormía.

Los caballos quedaban en la posada ensillados, atados al pesebre y con la brida en el arzón. En caso de alarma, se montaba inmediatamente y se formaba en el zaguán ó en la calle.

Constantemente exploraba las inmediaciones de la aldea la ronda de caballería; ronda que, al cabo de dos horas, volvía á la posada y era sustituída por otra del mismo número de jinetes.

El retén lo mandaba un oficial, generalmente, un capitán, que estaba de guardia toda la noche, sin dormir un momento ni ser reemplazado.

Esto tenía la ventaja de que, con tal procedimiento, la dirección era única y la responsabilidad también.

LA NOCHE DEL CURA

Cuando quedaba alojada la tropa y Merino daba sus instrucciones al capitán de guardia y á los demás jefes, montaba á caballo y desaparecía seguido de su asistente.

En sus salidas nocturnas por el campo, siempre llevaba distinta indumentaria que de día. Su objeto, indudablemente, era que en la obscuridad nadie le reconociese.

Tarde ó temprano, lloviera, nevara ó granizara, no dejaba nunca de salir.

—El cura va á celebrar la misa del gallo—decían los guerrilleros al verle marchar á las altas horas de la noche.

Su salida tenía por objeto dar un último vistazo á todo.

Al trote largo, el cabecilla avanzaba hasta los alrededores de las guarniciones enemigas, hablaba con los confidentes enviados de antemano á los pueblos, recogía noticias de los curas, de los alcaldes y de los aldeanos.

Era incansable; no quería dejar nada á la suerte. Andaba diez ó doce leguas á media noche para enterarse de un detalle, por insignificante que pareciera á primera vista.

Sufría las nieves y los fríos más intensos como los más fuertes calores.

En el rigor del invierno gastaba guantes de lana y una especie de carrick anguarina con capucha, prenda parecida á la que emplean en Soria los montañeses de Villaciervos y á los *capusays* de los pastores vascongados.

Para ir á caballo se calaba una gorra de pelo, se subía el cuello del carrick, y así marchaba horas y horas.

Los días de lluvia gastaba una capa de paño grueso de Riaza, empapada en un barniz impermeable, al estilo de esos capotes usados en Cuenca que llaman barraganes.

Después de recorrer los caminos y encrucijadas en donde podía haber alguna novedad, si el cura encontraba todo tranquilo volvía hacia el punto en donde se hallaba el grueso principal de su fuerza y, dando la vuelta al pueblo, se dirigía á media rienda al bosque ó montaña inmediata.

Seguido de su asistente, iba haciendo caprichosos zigzags hasta que se detenía. ¿Hacía todo esto para desorientarle? ¿O quizá pensando que alguno podría seguirle? No lo sé.

Cuando le parecía bien se paraba y le llamaba al asistente. El que con más frecuencia le acompañaba era el Feo, y algunas veces elCanene:

—Eh, tú, Feo... quédate aquí.

—Está bien, don Jerónimo. Buenas noches.

—Buenas noches.

El asistente se apeaba del caballo, lo desembridaba, aflojaba la cincha, le echaba la manta, colocándole el morral con un celemín de cebada, sacaba de la alforja los víveres para su cena y se tendía, envuelto en la manta morellana, debajo de un árbol ó al abrigo de una peña.

EN LA SOLEDAD DEL MONTE

Merino seguía caminando por el monte en zigzag hasta que encontraba un sitio que se le antojaba bueno y seguro. Siempre prefería aquel donde corría un arroyo ó manaba una fuente.

Al llegar allí se apeaba, desbridaba el caballo, le ataba con el ronzal á un árbol, le quitaba la silla, le echaba una manta y le ponía en el morral medio celemín de cebada.

Luego se envolvía en una bufanda, colocaba la silla del caballo á manera de almohada, y debajo de la silla metía un reloj de repetición, al que daba cuerda. Después se tendía á dormir.

Sonaba la repetición á las tres de la mañana. Merino, que tenía el sueño ligero, se despertaba y se ponía de pie. Si el tiempo estaba bueno, sacaba de la alforja una maquinilla con espíritu de vino, y en un cazo hacía chocolate.

Mientras hervía el chocolate volvía á echar al caballo en el morral un medio celemín de cebada y le dejaba comer despacio. El, mientras tanto, tomaba el chocolate con un trozo de pan, bebía un vaso de agua y fumaba un cigarro de papel.

Si por el mal tiempo no podía hacer el chocolate, comía la pastilla cruda.

Después recogía sus bártulos, ensillaba el caballo, le quitaba el morral, le llevaba al arroyo para que bebiese y comiese un poco de hierba, en la orilla y luego, montando, se acercaba al asistente:

— ¡Eh, tú, Feo!—gritaba.

El asistente podía contestar al primer grito, si no quería recibir algunos latigazos. El Feo se levantaba, arreglaba su caballo, y el amo y el criado salían del monte.

LAS MAÑANAS DEL CURA

En seguida Merino emprendía la ronda de la mañana, encaminándose á toda prisa á las proximidades de la guarnición enemiga; conferenciaba con sus espías, y antes del amanecer estaba en el cuartel general de la partida; veía por sí mismo si las avanzadas y las rondas se hallaban en sus puestos, y entraba en la población.

Mandaba tocar llamada, y si alguno no estaba

al momento dispuesto para marchar, salía á enterarse de lo que hacía.

El Feo llevaba á Merino un vaso de leche, que bebía á caballo, y en seguida se ponían las tropas en movimiento.

Se salía del pueblo, y al llegar á un sitio adecuado, la tropa se colocaba en orden de batalla y se pasaba revista.

Nos conocía á todos. Tenía ese aire inquisitorial de un director de seminario que quiere averiguar los pensamientos más íntimos de sus alumnos.

—¡Mala cara tienes tú hoy!—me dijo varias veces por lo bajo.

Una de las reglas de Merino era observar á sus guerrilleros. Quería, sin duda, conocerlos, ver transparentarse sus almas.

Así, sabía siempre lo que sus hombres deseaban cuándo estaban cansados, cuándo no; cuándo fingían ardimiento y cuándo lo experimentaban de veras.

Este deseo de contentar á su gente, y al mismo tiempo de recibir sus inspiraciones, producía en ellos una gran confianza, y cuando veían que el cura contrariaba abiertamente sus deseos cada uno de ellos pensaba: «Ocurre algo. El cura no puede dar descanso».

Es indudable que el pueblo tiene siempre rasgos de genialidad, y más aún en tiempo de guerra.

Esa alma colectiva que se forma en las masas condensa las virtudes, los vicios, las crueldades de cada uno de los individuos que la forman.

Así, estas colectividades, cuando se sienten heroicas, son más heroicas que un hombre solo, y lo mismo cuando se sienten cobardes ó crueles.

Merino comprendía instintivamente que de sus guerrilleros toscos podía sacar lecciones, y las aprovechaba.

Después de pasar revista nos hacía acampar, y mientras parte de la fuerza quedaba de guardia en los caminos, otra se ejercitaba en maniobras de guerrillas, haciendo simulacros de ataques y defensas, de reconocimientos, de combates, de tiros al blanco y dando cargas de caballería.

Mientras tanto, Merino se sentaba en una silla de tijera, leía los partes que le enviaban, y de su sombrero de copa, su gran archivo, sacaba un cuadernillo de papel y contestaba, y daba sus órdenes á los comandantes destacados en diferentes puntos.

Nunca empleaba más de tres ó cuatro líneas en sus instrucciones; así que no necesitaba secretario.

A mí me llamó algunas veces para fingir comunicaciones falsas redactadas en francés, como si estuvieran enviadas de un comandante de un cantón á otro.

No le gustaba á Merino guardar papeles, y todos los que recibía los quemaba al instante.

Los partes suyos los doblaba, los metía en sobres gruesos, echaba cera amarilla y ponía encima su sello. El sello era uno que le había regalado el cura de Coruña del Conde, y que provenía de las ruinas de la gran Clunia, ciudad romana levantada en otro tiempo en un cerro próximo al río Arandilla.

Con todos los sobres preparados, hacía venir á su presencia á los ordenanzas de á caballo, y á cada uno le confiaba el parte, le prevenía los caminos ó sendas que debía tomar y le fijaba hora exacta para entregarlo.

EL TEMOR AL ENVENENAMIENTO

Después de estas diligencias veía el final de las maniobras, daba la orden de marcha y se seguía adelante al pueblo ó aldea donde había que hacer el rancho y dar pienso á los caballos.

No nos dejaba comer en paz. Él solía entrar en la casa donde encargaba el almuerzo y mandaba que se lo hicieran sin sal. Tenía miedo de que le envenenaran.

Le traían unas sopas de ajo ó huevos, les echaba sal, que sacaba de un paquete que guardaba cuidadosamente, compraba un panecillo en otra parte y comía sin sentarse á la mesa; después extraía de su alforja un trozo de carne en fiambre y un pedacito de queso y marchaba á la fuente, llenaba un vaso de agua, que bebía, y salía á fumar un cigarro.

A los cinco minutos ya estaba volviendo y preguntando á los oficiales:

— Qué, ¿estamos?

Los soldados, en general, tenían más tiempo de descanso, y con el motivo de hacer el rancho y

con el pretexto de herrar á los caballos y darles
de beber, nos hacían esperar siempre.

Con estos trotes que nos daba, no hay para qué
decir que la mayoría deseábamos operar indepen-
dientes.

Merino era incansable. No quería dejar nada á
la casualidad.

Muchas noches las pasaba enteras á caballo,
aunque cayeran rayos y centellas.

Con tanto trajín, un caballo y un asistente no
le bastaba, y cambiaba dos y hasta tres al día.

Contaba para la remuda siete ú ocho caballos.
los mejores del escuadrón, con sus arneses y monturas.

Siempre llevaba uno enjaezado cerca del que
montaba. No quería guardia. Ya sabía que todo el
país estaba á su lado, y aunque temía las traicio-
nes, temía más aún las maniobras indiscretas

En general, cambiaba de caballo por la mañana, al mediodía y al anochecer. Cada uno llevaba
su alforjita con su celemín de cebada.

Al montar, siempre decía al asistente:

—Feo.

—¿Qué?

—¿Está bien calzado?

—Sí, señor.

—¿No le falta ningún clavo en las herraduras·

—Ninguno.

—Bueno; pues vamos allá.

VI

ARDIDES Y EMBOSCADAS

Al escribir estas páginas, al cabo de más de
veinte años en la obscura cárcel, donde me encuentro preso, me figuro tener hoy los mismos
sentimientos de aquella época de mi vida de guerrillero.

Claro que es un error. Los años y la desgracia
dan sus lecciones, aunque no se sepa á veces claramente cuáles son.

Por otra parte, había entonces para mí una influencia, cuya presión me es difícil calcular.

Me refiero al contagio de los sentimientos patrióticos de los demás. En todas esas grandes convulsiones populares, como la guerra de la Independencia, hay una contaminación evidente; uno
cree obrar impulsado por su inteligencia, y lo hace
movido por su sangre, por sus instintos, por razones fisiológicas, poco claras y conocidas.

Este contagio lo experimenté yo, como lo expe-
rimentaron otros mucho más cultos que yo. Al

principio de la guerra, la calentura patriótica nos abrasaba.

Sin embargo, yo confieso que en una de las emboscadas primeras en que tomé parte me costó trabajo dar la voz de fuego. Me habían mandado al frente de veinte jinetes con la orden de agazaparnos en un alto detrás de unas piedras y terrones y esperar el paso de un pelotón enemigo. Al divisarlo debíamos hacerle una descarga cerrada é inmediatamente montar á caballo y salir corriendo hacia nuestro campo.

Fuimos marchando á la deshilada con un mozo pastor que conocía muy bien los senderos; tomamos y dejamos veredas abiertas entre la maleza y el monte bajo, y llegamos á las peñas donde debíamos agazaparnos. Yo tenía un buen observatorio oculto por unas matas.

Esperamos toda la tarde; el anochecer fué espléndido; el sol del crepúsculo doraba el campo, alargando las sombras de los árboles.

Yo, contagiado por la paz de la Naturaleza, estaba deseando que no apareciesen los franceses; pero un momento antes de anochecer se presentaron.

Eran cincuenta ó sesenta soldados de infantería; iban á pie; algunos cantaban alegremente.

Se me encogió el corazón, pero no había más remedio. Miré á mis guerrilleros. Todos estaban preparados.

— ¡Fuego!—grité.

No quise mirar. Montamos á caballo y nos retiramos de aquel sitio rápidamente.

Este sentimiento de responsabilidad, de remor
dimiento, no lo experimenté mas que las pocas
veces que tuve algún mando; en lo demás, no.

En los ataques de caballería que dimos los del
escuadrón del Brigante no sentía uno intranquilidad moral ninguna. La cólera, el odio y, más
aún, la emulación nos arrastraban.

No veíamos si eran muchos ó pocos los enemigos; nos lanzábamos contra ellos con tal furia que,
generalmente, no podían resistir nuestro empuje.

Luego, ya llegó un tiempo en que no sé si por
costumbre, por el hábito de verlos, ó por vislum-
brar la posibilidad de echarlos de España, comenzamos á perder el odio por los invasores.

Estas alternativas, comunes á los del escuadrón
del Brigante, no influyeron en Merino. El cura
siguió preparando al principio y al fin sus emboscadas y sus sorpresas de una manera fría y metódica.

Ciertamente, la guerra, con método ó sin él, es
una cosa horrible; pero cuando se hace de manera tranquila, parece más horrible todavía.

Al menos, cuando se luchaba á pecho descubierto, como lo hacía el Brigante en pequeño y como
lo hicieron en grande Mina, el Empecinado y don
Julián Sánchez, la impresión del peligro experimentado, del valor del jefe marchando á la cabeza, hacía un efecto tónico.

Muchos años después, siendo mariscal de campo el Empecinado y yo su ayudante, dimos una
carga, en 1822, llevándole al frente, contra una
partida de absolutistas, que entonces llamábamos

feotas, mandados por Merino, y aquello alegraba el corazón.

Aun así, creo que á un hombre de dentro de doscientos años, este acuchillarse mutuo de hombres desconocidos le parecerá, no como á nosotros, un gran acto de patriotismo y de nobleza, sino una monstruosidad. Cada hombre es, aunque no quiera, de su siglo y de su época, y pedir otra cosa es una gollería.

La guerra de Merino, no sólo no era para contentar al hombre hipotético de dentro de doscientos años, ni aun satisfacía al de su época. Aquello tenía el aspecto de una cacería metódica y siniestra. Allí no se ganaban acciones; se mataba.

Cuando Merino atacaba á una fuerza considerable, principiaba casi siempre el fuego sobre la infantería. El mismo disparaba sus tiros certeros de carabina contra el oficial ó el jefe francés que dirigía las fuerzas contrarias.

Los asistentes cuidaban de tener preparada la carabina ó el retaco del cabecilla.

A veces, cuando estaba emboscado en lugar seguro, y al mismo tiempo próximo al enemigo, mandaba cargar al Feo ó al Canene un trabuco con un grueso puñado de pólvora de un frasco que llevaba en la pistolera de su silla, y le metía por la boca diez y seis balas de á onza, y lo atacaba después mucho.

Para hacer fuego con aquello, colocaba el arma debajo del brazo derecho y sujetaba el extremo del cañón con la mano izquierda, á fin de evitar en lo posible el choque violentísimo.

La maniobra constante de Merino consistía en batirse en retirada hasta separar la infantería de la caballería enemiga. Después intentaba atraer á los franceses á la loma ó bosque en que solíamos estar reunidos y formados los escuadrones del Jabalí y del Brigante, y si lo conseguía, nos mandaba cargar de repente agitando el pañuelo desde lejos. Nosotros nos lanzábamos sobre el enemigo y casi siempre conseguíamos derrotarlo.

Rara vez los franceses, en tales condiciones y en corto número, podían reorganizarse y resistir. En general, los pasábamos á cuchillo si no se rendían.

Muchas veces también ejecutaba la maniobra de defender una posición falsa é irse retirando á otra fuerte y atrincherada, desde donde podía causar gran daño al enemigo.

La mayor parte de estas emboscadas las preparaba Merino de acuerdo con los alcaldes de los pueblos. Entendido con ellos, dictaba los partes que éstos debían dar en cumplimiento de sus deberes á los comandantes y jefes de los cantones inmediatos.

LAS NOTICIAS FALSAS

Merino, como hombre astuto, sabía desorientar á los franceses dándoles noticias falsas, diciéndoles á veces la verdad á medias.

También empleaba otro procedimiento un tanto peligroso. Hacía que el alcalde del pueblo en donde se alojaba enviara de noche un parte así redactado: «El alcalde del pueblo Tal tiene el honor de manifestar al comandante del cantón y jefe de esta zona que una partida de guerrilleros, en número de trescientos, se presentó ayer, al anochecer, al mando del cabecilla Merino. Las fuerzas rebeldes han sacado raciones y piensan pernoctar en el pueblo».

El jefe del cantón recibía el parte, y para cuando ordenaba la salida de tropas era ya el amanecer, y cuando llegaban al pueblo, de día claro.

Merino, antes del alba, lo había evacuado, dejando en la salida de la aldea un pequeño destacamento al mando de un oficial que supiera su consigna.

El oficial fingía el ser sorprendido al entrar las tropas francesas; un grupo de guerrilleros corría por la derecha, otro por la izquierda, y de lejos, y en aparente desorden, comenzaban el fuego contra los franceses.

Si éstos les perseguían, los guerrilleros se iban retirando y dispersando en dirección del bosque ó desfiladero donde se hallaba emboscado Merino.

Si los franceses, creyendo la presa segura, avanzaban hasta el bosque ó la loma donde estaba preparada la ratonera, podían darse por perdidos.

Salían guerrilleros como abejas de un panal, menudeaban los tiros y los trabucazos, y al último, si se podía, para terminar la jornada, entrábamos nosotros dando mandobles y estocadas.

Sorpresas parecidas se solían preparar al retirarse las guarniciones francesas hacia el cantón donde se alojaban, esperándolas de noche en un bosque ó en un desfiladero.

Para estas funciones de guerra se necesitaba, primero, un secreto absoluto, y después, tenerlo todo á tiempo; tanto lo uno como lo otro lo conseguía Merino constantemente.

Si alguna vez sus emboscadas se malograron fué por maniobra impensada de los enemigos.

Como todo el país nos ayudaba, las estratagemas se repetían con frecuencia. y casi siempre con éxito.

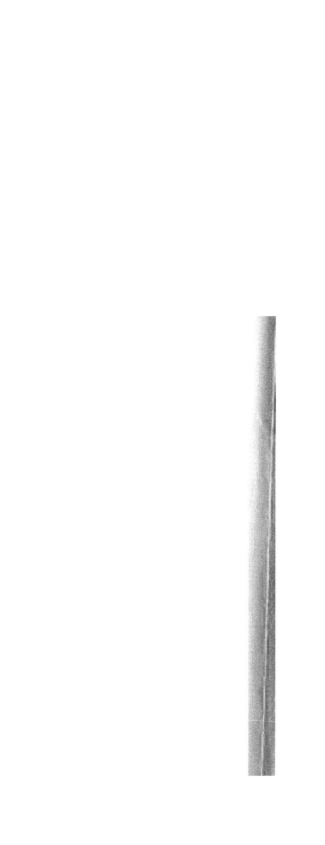

VII

BARBARIE DECRETADA

En 9 de Mayo de 1809 el mariscal Soult dió la orden furibunda por la cual, desde aquel momento, no se reconocía más ejército español que el de Su Majestad Católica José Napoleón; por consiguiente, todas las tropas y partidas de patriotas, grandes ó pequeñas, las consideraría desde entonces como formadas por bandoleros y ladrones.

Serían fusilados al momento los españoles aprehendidos con las armas en la mano, y quemados y arrasados los pueblos donde apareciese muerto un francés.

La Regencia, el Gobierno de los patriotas, contestó como réplica, meses después, al decreto de Soult lo siguiente: «Todo español es soldado de la patria; por cada español que fusile el enemigo serán ahorcados tres franceses, y se tomarán represalias si éstos queman los pueblos y las casas sólo por devastar el país». Se añadía que «hasta el momento que el duque de Dalmacia (Soult) no hubiese revocado su orden, sería considerado personalmente como indigno de la protección del derecho de gentes y puesto fuera de la ley, caso de que le cogieran las tropas españolas».

Era la proclamación de la guerra sin cuartel.

La barbarie contra la barbarie.

De joven, hay momentos en que la guerra llega á parecer algo hermoso y sublime; indudablemente, todo ello es vida, y vida fuerte é intensa; pero por cada instante de generosidad, de abnegación, de heroísmo que se encuentra en los campos de batalla, ¡cuánta miseria, cuánta brutalidad!

Guerrear es suprimir durante un período la civilización, el orden, la justicia; abolir el mundo moral creado con tanto trabajo, retroceder á épocas de barbarie y de salvajismo.

Así nosotros teníamos en nuestras filas al Jabalí de Arauzo.

El Jabalí, en circunstancias normales, hubiese estado en un presidio ó colgado de una horca; en plena guerra, convertido en un jefe respetable, lleno de galones y de prestigio, podía asesinar y robar impunemente, no por afán patriótico, sino por satisfacer sus instintos crueles.

Muchos, y yo mismo, han asegurado que de la guerra de la Independencia surgió el renacimiento de España. Sin tanta matanza hubiera surgido también.

REFLEXIONES ACERCA
DE UN MANDAMIENTO

¡Cuántas veces al recordar aquella época he pensado en ese tópico que tanto se repite: la influencia del cristianismo en la dulzura de costumbres y en la civilización!

Los mismos escritores impíos y racionalistas aseguran que el cristianismo hace á los hombres más dulces y suaves. ¿En dónde? ¿Cuándo?

Si al cabo de diez y nueve siglos de predicación apostólica nos seguimos acuchillando unos á otros sin piedad, ¿en qué se conoce la eficacia del cristianismo?

Los que hemos visto tantos hombres con las tripas al aire, con los sesos fuera; los que hemos presenciado casi diariamente el espectáculo de ahorcar, fusilar, acuchillar, abrir en canal, presidido por gente católica y rezadora; los que hemos conocido á curas de trabuco que sabían enarbolar mejor el puñal que la cruz; los que hemos encontrado las sacristías convertidas en focos de conspiración y los conventos preparados como cuarteles, no podemos menos de reirnos un poco de la eficacia de la religión.

Los eclécticos nos dirán: Es que ésos son los malos curas. Yo les contestaría que ni aun los buenos han sabido dar lecciones de humanidad y de bondad.

En cualquier parte se oyen predicadores que nos quieren demostrar que una pequeña manifestación de sensualidad merece el infierno. El hombre que mira á una mujer con amor, que la besa ó la abraza; la mujer que se adorna ó cubre sus mejillas con un poco de blanco ó de rojo para parecer más bonita, comete un pecado horrendo; en cambio, ese cabecilla carlista que se dedica á fusilar, á degollar, á incendiar pueblos, ése es un bendito que trabaja por la mayor gloria de Dios.

¡Qué estupidez! ¡Qué salvajismo!

Si al menos los sacerdotes de todas las sectas cristianas hubieran tenido la precaución de asegurar que uno de los mandamientos de la ley de Dios es *No matarás... en tiempo de paz*, y no No matarás sólo, estarían en su terreno bendiciendo espadas, fusiles, banderas y cañones; pero esos libros santos son tan incompletos, que han hecho que los que creen en ellos tengan que dividir el mandamiento No matarás en dos secciones: la de la paz y la de la guerra.

Cuando se depende del ministerio de la paz, matar es un crimen; en cambio, si se depende del ministerio de la guerra, matar es una virtud. En el primer caso, matando se merece el garrote; en el segundo, el Tedéum.

Alguno dirá que esto es difícil de entender y absurdo; pero otros absurdos más difíciles de entender hay en nuestra religión, y, sin embargo, los creemos.

DISPERSIÓN

Quiero abandonar las reflexiones filosóficas, que no le cuadran á un hombre de acción, y seguir adelante.

Pocos meses después del decreto de Soult, y en vista de las constantes expoliaciones de Mina, el Empecinado y Merino, Napoleón ordenó que tres columnas de quince á veinte mil hombres cada una ocupasen las guaridas de los guerrilleros en Navarra, en la Alcarria y en las sierras de Burgos y Soria.

Los generales Kellerman y Roquet fueron los encargados de perseguirnos.

¡Kellerman! ¡Cómo recordaba yo este nombre! ¡El gran Kellerman de la batalla de Valmy!

¡El general de quien había oído hablar con tanto entusiasmo á mi tío Etchepare!

Con una columna de quince mil hombres, Roquet ocupó militarmente las sierras de Quintanar y de Soria, colocando fuertes guarniciones en todos los pueblos granados de la sierra, y formó columnas móviles dispuestas á reconocer bosques y desfiladeros.

Merino no tenía esa alta serenidad de los hombres de conciencia, y se amilanó viendo que se le echaba encima tal avalancha de soldados. Escribió al director que no iba á poder sostenerse en la sierra y que había pensado acercarse al Moncayo é internarse en Aragón.

El director le disuadió de tal proyecto y le dijo sería su ruina.

Según éste, se debía permanecer á toda costa en los pinares de Soria, subdividiendo las fuerzas en pequeñas secciones, al abrigo de las montañas, observando la mayor vigilancia.

Merino siguió el consejo del director y nos fraccionó en grupos de diez y de veinte, mandados por un oficial ó individuo de clase.

Todos no quedaron en la sierra: muchos de los nuestros fueron al Señorío de Molina de Aragón, en unión de los guerrilleros de Villacampa, Eraso y del cura Tapia.

Merino nos dijo que cuando viniera el momento nos avisaría el sitio y la hora de la asamblea.

LIBRO TERCERO

DEL AÑO 9 AL AÑO 10

I

NUESTROS REFUGIOS

La vida del partidario tiene cambios de luz como los cuadros de una linterna mágica.

Fué para nosotros un momento extraño aquel en que dejamos de ser guerrilleros para convertirnos en pacíficos trogloditas.

La mayoría de nuestros hombres, nacidos por aquellas montañas, se repartieron en los pueblos y en las casas de los labradores, y los que podían suscitar sospechas por su aspecto, por no tener aire de campesinos ni de leñadores, fueron enviados á los ocultos refugios con que contábamos. De estos refugios, los principales eran el embudo de Neila, la cueva del Abejón, cerca de Covaleda, el poblado de Quintanarejo y las ruinas de Clunia.

Yo pasé por todos ellos: viví en la cueva del

Abejón y en las ruinas de Clunia unos días, y estuve en Neila á dar un recado á Merino.

En las cuevas y en los rincones de las iglesias se guardaron las armas y las municiones.

Merino, con alguno de los suyos, fué á Neila.

EL EMBUDO DE NEILA

Neila es un poblado pequeño, miserable, hundido en un barranco en forma de embudo: se halla en la sierra, hacia un punto donde hay una laguna, de la cual sale el río Najerilla.

Neila está tan escondido, que en el mismo borde del embudo donde se encuentra, no hay nadie que, aun sabiendo que allí hay un pueblo, sea capaz de dar con él No se ve camino—al menos no se veía entonces por ningún lado—, y sólo deslizándose por un pedregal se encontraba al poco rato el comienzo de una estrecha senda que bordeaba las paredes del embudo y conducía á Neila.

El pueblo ocuparía, con sus campos, un espacio como la plaza Mayor, de Madrid.

En los días nublados de invierno, como la luz apenas llegaba á las casas, á todas horas ardían grandes hachas de viento, formadas por fibras de pino. Allí abajo, en los interiores, las paredes, los muebles, todo estaba barnizado por el hollín negro y brillante que dejaba la tea resinosa.

En período de paz, la gente de Neila se dedicaba en aquella época á la corta de pinos para las

serrerías mecánicas de las inmediaciones. Durante la guerra, los neilenses vivían con gran miseria.

Merino, cuando se refugió en Neila, hizo que
los leñadores formasen una guardia de centinelas
por si aparecían los franceses, y mandó, además,
arreglar una estrada en lo más agrio de la sierra,
por la cual pudieran escaparse él y sus hombres.

LA CUEVA DEL ABEJÓN

Otro de los puntos de refugio de los guerrilleros, y donde guardábamos muchas armas, fué la
cueva del Abejón, situada en la cumbre del pinar
de San Leonardo, en las inmediaciones de Regu-
miel.

En la cueva del Abejón, que es grande, cabía
mucha gente. Allí estuvo el Brigante con la mitad de sus hombres.

Hoy la recordaba en esta maldita Cárcel de
Corte, donde me encuentro preso, al leer en un
periódico que esa cueva es uno de los puntos de
reunión de los carlistas.

¡Qué vida aquélla! Los guerrilleros, sucios, negros, hacían la comida en un hornillo de piedras,
y á la luz de las llamas se les veía con más aspecto de bandidos que de soldados.

Se comía unas cuantas piltrafas de carne de ca-
bra frita con sebo, se asaban patatas en el rescol-
do, y los huecos del estómago se llenaban con
pan. Después se bebía un poco de aguardiente, de

ése que llaman matarratas, y se fumaba un tabaco apestoso.

A pesar de la miseria que nos carcomía, y de que toda nuestra alimentación se reducía á unas cuantas hebras de carne que parecían de correa, conservo de aquella vida gratos recuerdos. El más desagradable es el de unos dolores reumáticos producidos por la humedad.

Entonces, aquella parte de los alrededores de Covaleda era muy primitiva y salvaje. Se vivía como en la Edad Media; probablemente hoy se seguirá viviendo lo mismo. Todos allí vestían á la antigua; llevaban el pelo largo y tufos por encima de las orejas.

El traje regional de los hombres consistía en una especie de marsellés, atado por delante con una sola cinta, como un corsé, debajo del cual llevaban un pañuelo de colores, pantalones anchos y cortos, y abarcas. Estos serranos del Urbión parecían bretones por su aspecto, y, según algunos, procedían de unas familias llegadas allí desde Bretaña.

El Brigante y yo solíamos ir con frecuencia á cazar al Urbión y á la garganta de Covaleda, uno de los desfiladeros más hermosos de España.

La garganta de Covaleda se halla formada por un largo barranco cubierto de espesos pinares.

En su fondo corre el Duero por entre peñas cubiertas de musgo, saltando en las cascadas, remansándose en las presas, moviendo las paletas de las serrerías de tejados rojos y brillantes.

Como la estancia en la cueva del Abejón no me

convenía por mi reumatismo, cada vez mayor, y como por aquel entonces las tropas de Roquet nos rodeaban por todas partes, andando solo de noche fuí atravesando gran parte de la provincia de Soria hasta Coruña del Conde.

El cura de este pueblo, amigo de Merino, me acogió en su casa, y en ella estuve algún tiempo, hasta que me repuse.

En la aldea se encontraba un grupo de la partida de Merino.

Por lo que dijeron, habían encontrado en las ruinas del anfiteatro romano de Clunia una porción de agujeros y de espacios abovedados, donde se recogían para dormir.

De día, los guerrilleros trabajaban con los labradores y ganaban su jornal.

Como en esta parte, ya próxima á la ribera del Duero, no se vigilaba tanto como en la sierra, yo pude vivir en casa del cura de Coruña del Conde completamente tranquilo.

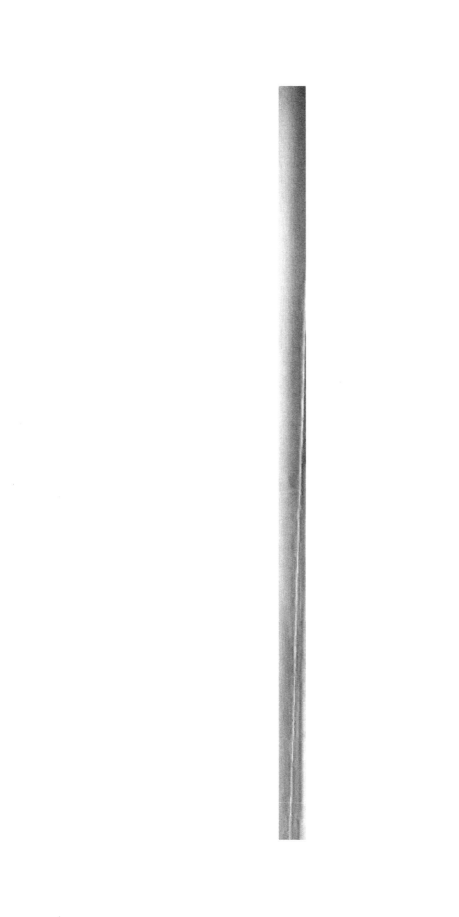

II

UN EPISODIO DE LA VIDA DEL TOBALOS

Un día se presentó en casa del cura de Coruña del Conde un clérigo joven, que estaba alistado como guerrillero en la partida de Tapia, que, como se sabe, también era cura.

El clérigo y yo hablamos, después de cenar, de los hechos de nuestras respectivas guerrillas, y de pronto él me preguntó:

—¿Usted conoce, por casualidad, á uno que está en la partida de Merino y á quien llaman el Tobalos?

— Sí, señor. Está en mi escuadrón—le dije yo.

— Hombre valiente es, ¿eh?

— ¡Ya lo creo! ¿Le conoce usted?

— ¡Si le conozco! Como que soy de su pueblo. Y todo el mundo allí se acuerda de él á cada paso. Verdad es que lo que hizo no es para menos.

— Pues ¿qué hizo?

— Es una historia larga de contar.

— ¿Y qué? Cuéntela usted; no tenemos nada que hacer—dije yo.

— Sí, hombre, cuéntala—repuso el cura de Coruña del Conde.

— Bueno; puesto que ustedes lo quieren, la contaré.

LA JUSTICIA DEL BUEN ALCALDE GARCÍA

Han de saber ustedes, señores—dijo el cura—que hay en la orilla del Duero, no les diré si muy cerca ó muy lejos, un pueblo grande, que, aunque no se llama el Villar, para los efectos de mi historia le nombraremos así.

Este pueblo es célebre por sus albaricoques y por otros dulces y sabrosos frutos; por el zumo de la uva, que es de primera calidad; y aunque yo sea eclesiástico, tengo que reconocer que también es nombrado por la belleza de sus mujeres.

En el Villar hay varias casas solariegas é hidalgas, y entre ellas la más importante es la de los Acostas.

Algunos dicen que estos Acostas proceden de unos judíos portugueses que se establecieron en el lugar en tiempos de Felipe II; otros afirman que no, que son cristianos viejos y de rancia prosapia.

Existe un indicio para creer que los Acostas tuvieron relaciones con la Santa Inquisición, puesto que en su escudo hay una rueda de suplicio y seis costillas, jeroglífico que parece quiere decir: «Rueda á costa de mis costillas».

Fuera de esto lo que fuera, el caso es que en

el Villar, en la casa solariega de los Acostas, vivía hace siete ú ocho años don Rodrigo de Acosta, señor que había sido militar y quedado viudo con dos hijos: don Diego y doña María.

Don Rodrigo, que tenía pleitos en Madrid, solía ir con frecuencia á la corte y dejaba encomendada la custodia de su hijo á un viejo perdido, llamado Sarmiento, á quien se le conocía por el Capitán, y á su hija doña María, al cuidado de una dueña respetable, llamada doña Mercedes.

En este mismo pueblo vivía Antonio García, apodado el Tobalos, hombre conocido en toda la comarca por su honradez.

El Tobalos tenía cinco ó seis pares de mulas; trabajaba casi todo el día en el campo y no hablaba apenas. Tenía el Tobalos una hija, Epifania, que prometía ser una real moza, y recogido en su casa un sobrino suyo, hijo de una hermana.

Este conjunto de antecedentes es necesario conocer para mi historia.

Se deslizaba la vida del pueblo sin más aconte cimientos que los de costumbre, cuando se comenzó á hablar de las travesuras de don Diego Acosta, el hijo de don Rodrigo.

Al principio nadie se sorprendió, porque era costumbre de los hijos de familias poderosas hacer su voluntad y su capricho.

Poco á poco las travesuras subieron de punto y se convirtieron en verdaderas bellaquerías de rufián.

Don Diego, en compañía de su amigo y consejero Sarmiento, alias el Capitán, robaba en los garitos, apaleaba á los mozos y violaba á las muchachas en los campos.

Un día el Tobalos vió á don Diego que rondaba su casa. Sin más averiguaciones, se vistió y fué al palacio de los Acostas, preguntó por don Rodrigo, le explicó en pocas palabras lo que ocurría, y añadió:

— Yo no digo más. Si á don Diego le veo de nuevo rondando mi casa, le pego un tiro.

Don Rodrigo, que sabía que el Tobalos era hombre honrado, le aseguró que don Diego no volvería á rondar su casa, y, efectivamente, así fué.

Pasaron unos meses y llegó la época de ferias. En esta época solían descolgarse en el Villar una turba de chalanes, gitanos, jugadores, tahures y cómicos.

Esta vez llegaron dos carros de comediantes, y entre éstos una dama joven, muchachita verdaderamente linda, llamada Isabel.

La compañía de cómicos estuvo más de una semana; los galanes del pueblo asediaron á la dama joven, ofreciéndole regalos y joyas; pero la muchacha era honesta y rechazó todas cuantas proposiciones la hicieron.

En esto, una mañana se supo con horror en el pueblo que la dama joven acababa de ser encontrada hecha pedazos en un bosquecillo próximo al río.

La justicia comenzó sus averiguaciones, y se supo que un cómico de la compañía había estado la noche del crimen en una casa que una vieja celestina tenía detrás de la iglesia. Esta vieja era conocida por la tía Cándida.

Las autoridades prendieron al cómico y encontraron que tenía manchas de sangre en las botas. Lo llevaron á él y á la tía Cándida á la cárcel. La Celestina probó la coartada, demostrando que durante todo el día no estuvo en su casa, y el cómico, que no pudo explicar cómo aparecían manchas de sangre en sus ropas, fué agarrotado en la plaza pública.

Pasó medio año y comenzó á olvidarse el crimen.

El pueblo estaba muy dividido: cada casa aristocrática tenía sus partidarios, y las disputas eran constantes. Entonces, no se sabe á quién, pero muchos supusieron que á don Rodrigo Acosta, se le ocurrió nombrar alcalde corregidor á Antonio García el Tobalos.

Seguramente, podrá haber un hombre más inteligente que él; pero con dificultad otro más recto.

Como si todas las posibilidades de encumbramiento se presentaran de pronto, García vió que don Diego Acosta se dirigía formalmente á su hija Epifania, pidiéndola en matrimonio. Poco después su sobrino Fernando galanteaba á doña María, la hija de la poderosa familia de los Acostas, y con asombro de todos era aceptado en ella.

El pueblo acusó al corregidor de sentirse orgulloso; no era cierto. El Tobalos no quería nada con don Diego de Acosta, aunque le permitía hablar con la Epifania por la reja. Creía que el perdido había de volver á las andadas.

Si el Tobalos no se deslumbraba con su posición, su hija Epifania y la señora Manuela, su mujer, estaban cerca de volverse locas de contento.

Así las cosas, una noche se presentó á ver al
alcalde García un muchacho joven forastero vestido de negro.

Le hicieron pasar al cuarto del alcalde, y al
entrar en él se arrodilló y dijo:

— Señor corregidor, vengo á pedir justicia.

— Si está en mi mano hacerla, se hará—contestó el alcalde—. Levántate, muchacho. ¿Qué
pasa?

El joven vestido de negro habló en estos términos:

— Yo, señor, soy hermano de un cómico que
ha sido ejecutado en el patíbulo en la plaza del
Villar por considerársele autor de un crimen contra una muchacha violada y descuartizada á orillas del río. Mi hermano había sido un calavera;
había arruinado á mi padre, que es librero en Valladolid, y era la deshonra de la familia. A pesar
de esto, ni mi padre ni mi madre creyeron nunca
á mi hermano capaz de cometer un crimen así, y
afirmaron siempre que debía haber un error en su
condena. Efectivamente; lo hay.

El corregidor quedó contemplando atentamente
al joven, que siguió hablando así:

— Mi padre, que tiene amigos en el Villar, encargó á uno de ellos que hiciera averiguaciones
acerca del crimen, y el amigo las hizo; y como
estas indagaciones dieron resultado, mi padre me
encargó que viniera aquí. Ayer, ese amigo y yo

fuimos á ver á una anciana enferma y moribunda, y ella nos confirmó que mi hermano era inocente y que los asesinos de la muchacha fueron otros. El amigo nuestro, al saber los nombres de los verdaderos criminales tembló, y desde este momento ya no ha querido mezclarse en nada. Estaba abatido, creyendo que nadie querría ayudarme en la reivindicación de la memoria de mi hermano, cuando una buena mujer, en cuya casa vivo, me dijo: «Vete á casa del alcalde García; si él cree que tienes razón, aunque sea contra el rey, te ayudará». ¿Qué me contesta usted, señor alcalde? — preguntó el joven vestido de negro.

— Cuenta los hechos, dame los nombres y las pruebas... y se hará justicia

El muchacho narró lo ocurrido y terminó diciendo:

— La anciana enferma moribunda no tiene inconveniente en declarar.

— Entonces, que vengan dos testigos y el notario, y vamos allá.

El corregidor se envolvió en su capa, y en compañía de los dos testigos, del notario, de un escribiente y del muchacho fueron á una casa pequeña próxima á la iglesia parroquial.

La vieja era muy vieja y muy enferma, pero estaba en el dominio de todas sus facultades; recibió la visita de las autoridades con calma, y después de jurar en nombre de Dios decir la verdad, exclamó:

— Me alegro que hayan venido usías á mi pobre casa, porque el remordimiento me tiene atosigada

el alma. Sí, yo creo que conozco á los que mataron
á la cómica, y no lo he dicho ante la justicia
porque estoy baldada por el reúma y no he podido ir á declarar; y cuando conté á un hijo mío lo
que pasaba, me dijo éste que veía visiones y que
no me metiera en lo que no me importaba.

—Está bien. Cuente claramente lo que pasó y
lo que vió—dijo el alcalde.

— Pues verá usía: todo fué una pura casualidad.
El día del crimen, mi hijo, al marcharse, después de comer, á trabajar al majuelo, me preguntó si yo recordaba dónde estaban unas botas viejas suyas. Por la tarde fuí á un cuarto que tenemos en la parte de atrás, donde guardamos los
aperos de labranza, y estaba allí registrando y
viendo las cosas una á una. Este cuarto tiene, y
luego si ustedes quieren lo pueden ver, un ventanillo que da á la calle de la Cadena. No sé qué
ocurrencia me dió, ó si es que oí alguna voz, el
caso es que tuve la curiosidad de mirar por allí,
y poniendo un cajón en el suelo y subiéndome á
él me asomé por el ventanillo y vi á dos hombres
en acecho.

—¿Los conoció usted?—preguntó el corregidor.

— Sí.

— ¿Quiénes eran?

— Don Diego de Acosta y el Capitán.

Los testigos y el notario y el jovencito vestido
de negro miraron á García, que no parpadeó.

—No deje usted de apuntarlo todo—dijo el corregidor al escribiente; y luego añadió, dirigiéndose á la vieja:

— Siga usted.

— Don Diego iba á cuerpo; el Capitán, á pesar de que no hacía frío, llevaba una capa negra. Como yo, lo mismo que todo el pueblo, sabía que don Diego y el Capitán eran hombres de aventuras, supuse que se trataría de algún enredo amoroso. Estuve mirándolos durante algún tiempo ir y venir por la calle desierta; me fuí á trabajar, y al anochecer volví de nuevo á curiosear desde el ventanillo. De pronto, apareció un hombre y entró en el portal de la tía Cándida; no era ni don Diego ni el Capitán; no era ninguno del pueblo.

—Era mi hermano el cómico—interrumpió el jovencito vestido de negro.

—Estuvo esperando el hombre en el portal— siguió diciendo la vieja — hasta que se acercó una mujer tapada, alta, gruesa, que desapareció en la casa.

Creía yo en aquel instante que don Diego y el Capitán se habrían marchado; pero en esto les vi aparecer á los dos, y á los pocos momentos volvieron corriendo. El Capitán llevaba una mujer en los brazos. Entraron en casa de la tía Cándida. La mujer no gritó; quizá llevaba la boca tapada. Esperé, y una hora más tarde, ya de noche, salieron la señora alta y el galán de negro, y poco después, el Capitán y don Diego, con un bulto obscuro en brazos. Ya no vi más.

Mi hijo volvió aquel día muy tarde del majuelo, y me contó que debajo del puente había visto á dos hombres, que le parecieron el Capitán y don Diego, apisonando la tierra.

Al día siguiente, cuando se supo la muerte de la cómica, le dije yo á mi hijo:

—¿No habrán sido los asesinos esos dos? Porque yo les vi salir de casa de la tía Cándida... Y mi hijo me contestó: — Madre, usted chochea, usted no ha visto nada.

—Eso es todo lo que sé, señores—concluyó diciendo la vieja.

Se le leyó la declaración, en la que puso una cruz por no saber firmar, y se retiraron las autoridades.

Al día siguiente, el corregidor, con el alguacil y el escribano, fueron á la orilla del río; debajo del puente mandaron cavar en distintos puntos á un bracero y encontraron la capa del Capitán manchada de sangre y dos puños, que pertenecían á don Diego.

Por la noche, don Diego y el Capitán eran presos y llevados á la cárcel con escolta.

El asombro del pueblo fué extraordinario. Don Rodrigo de Acosta se presentó en casa de García furioso, indignado; pero cuando el corregidor le mostró las pruebas, el viejo hidalgo quedó confundido.

El alcaide de la cárcel, que consideraba todos los procedimientos buenos para descubrir un crimen, comenzó por atemorizar á los culpables, poniendo por las noches en su calabozo una calavera entre dos velas; luego dió tormento al Capitán y á don Diego, y al fin éstos confesaron.

El pueblo entero se había declarado en contra de los culpables; creía que don Rodrigo intentaría salvar á su hijo por cualquier medio y todo el mundo estaba dispuesto á no permitirlo.

Sobre el alcalde pesaban mil influencias; su hija estaba enferma, grave; su mujer lloraba constantemente; su sobrino Fernando y don Rodrigo pedían indulto.

—Antes que nada es la justicia—repetía el corregidor.

El viejo Acosta compró al alcaide y á los demás carceleros á peso de oro para que permitiesen escapar á don Diego y propuso al corregidor que hiciera la vista gorda.

García no aceptó.

Acosta le suscitó pleitos para arruinarle.

El alcalde no se rindió.

La hija se agravó; pidió á su padre perdón para su novio. El alcalde dijo que él no era quién para perdonar.

Contra viento y marea llevó el proceso hasta el fin, y no paró hasta que envió á los dos criminales al patíbulo.

Su hija Epifania murió; el sobrino Fernando huyó del pueblo; de la hacienda del Tobalos no quedó nada; toda se la comieron los curiales.

El día de la ejecución, por la mañana, el buen alcalde García cruzó el pueblo. La gente, al verle, le abría paso, le miraba y le saludaba con respeto. Las campanas tocaban á muerto. Un gran paño negro cubría el escudo del palacio de los Acostas.

El alcalde vió cómo el verdugo agarrotaba á los dos criminales; luego volvió á su casa, sacó el macho, en donde hizo montar á su mujer, y dijo:

—Vamos, mujer. Ya no tenemos nada que hacer aquí.

Y los dos, cruzando el pueblo, se marcharon de él para no volver más.

. . . .

—Este es el Tobalos—concluyó diciendo el cura, paisano suyo.

—¡Hombre terrible!—murmuró el párroco de Coruña del Conde—. Con muchos como él, de otra manera marcharía España.

Hicimos algunos comentarios acerca del ex alcalde y guerrillero y nos fuimos á acostar.

III

UNA GRAN PRESA

A pesar de que la mayoría de las fuerzas de Merino se dividían y subdividían mucho, quedó, para los efectos de influir en los aldeanos y despistar á los franceses, una partida de hombres á pie, sin fusiles, que corrían como gamos. Eran casi todos pastores ágiles, fuertes, que conocían la sierra como su casa.

Mientras las columnas móviles de los imperiales exploraban los pasos de los montes, el grupo de pastores iba de un punto á otro por senderos, por veredas de cabras, desesperando á los franceses, que no comprendían cómo una partida de trescientos á cuatrocientos hombres (ellos suponían que era toda la partida) podía hacer estas extrañas evoluciones.

Al finalizar el verano, los franceses se desanimaron; las columnas no se podían sostener en la sierra por no haber manera de abastecerlas.

Venía la mala estación; era aún más difícil avi-

tuallar tanta gente en sitios desiertos y pobres, y
poco á poco las tropas de Roquet fueron retirándose de la sierra.

Pronto supo Merino lo que pasaba, y comenzaron los avisos para la asamblea.

Mandó á los diferentes puntos de refugio de
los guerrilleros los mejores guías de los contornos para que nos acompañaran.

Aún no se habían retirado los franceses y ya
estaba Merino reuniendo sus fuerzas en el centro
de la sierra; pasaban los nuestros al lado de las
tropas enemigas por caminos desconocidos por
ellas.

Los franceses cubrían seis ó siete senderos y
los guías se colaban por otro.

Para el comienzo del otoño, la partida estaba
igualmente formada que antes de su disolución.

LA VALIJA DEL EDECÁN

Después de organizadas nuevamente las fuerzas, nuestra primera operación fué atacar en Santa María del Campo á una columna de imperiales
que había salido de Celada, á la que se le hizo
veinte ó treinta bajas.

Unos días más tarde el director avisó á Merino
la inmediata salida de un edecán del ministro de
la Guerra de Francia, que llevaba pliegos impor-
tantísimos del emperador para su hermano José
y los mariscales de sus ejércitos en España.

Merino, con el escuadrón de Blanco y con el

nuestro del Brigante, esperó á la patrulla francesa entre Villazopeque y Villanueva de las Carretas; la sorprendió é hizo presos al edecán del mariscal Bernardotte y á cuarenta y seis dragones de la escolta. Al mismo tiempo se apoderó de un birlocho y de la valija en donde iba la correspondencia del emperador para su hermano y para el ministro de la Guerra de España.

En el encuentro no tuvimos herido alguno. Merino no se sintió cruel y respetó la vida de los franceses.

Al apoderarse de la valija vaciló, y nos preguntó á los oficiales qué creíamos se debía hacer con ella.

El había pensado mandársela al director. Yo observé que me parecía lo más natural abrirla y leer los pliegos, y después enviársela al Gobierno.

Se siguió mi consejo, y yo, como más versado en el francés, fuí el encargado de revisar los papeles.

Había pliegos de gran interés con noticias referentes á la guerra grande de los ejércitos regulares. Esto, mayormente á nosotros, nos interesaba poco.

El dato de importancia obtenido de la correspondencia fué saber que los franceses preparaban en Burgos un gran convoy destinado al ejército mandado por Massena y por Ney, que sitiaba la plaza de Ciudad Rodrigo.

El convoy constaría de 120 furgones y otros carros militares, cargados de pertrechos y municiones de guerra.

Se dirigiría por la carretera de Valladolid á Tordesillas á tomar la calzada de Toro.

Irían custodiando la expedición doscientos hombres de infantería y unos ciento sesenta dragones.

Después de revisar los papeles se cerró la valija, y con un oficial del escuadrón de Burgos y la minuta de oficio se remitió la correspondencia al marqués de la Romana.

PREPARATIVOS

Al día siguiente Merino comenzó sus preparativos para apoderarse del convoy francés que había de dirigirse á Ciudad Rodrigo.

Pensaba dar el golpe sólo con la caballería. Las fuerzas de infantería que mandaba el comandante Angulo las envió hacia la orilla del Duero, entre Peñaranda y Hontoria de Valdearados.

Luego mandó de vanguardia á la gente del Jabalí, y á nosotros los del Brigante para que, cruzando el Duero por la Vid, nos internáramos en la provincia de Segovia, pasando por cerca de Sacramenia y Fuentidueña á acampar en los pinares de Aguilafuente.

De aquí nos iríamos aproximando de noche á la carretera.

Pocos días después despachó al escuadrón de Burgos para que se reuniera con nosotros. Este escuadrón estaba formándose y era todavía de muy pocas plazas.

Mientras tanto, Merino quedó en la sierra con

veinticinco jinetes escogidos y cincuenta serranos de á pie, armados de escopetas.

Merino y los suyos se acercaron por la madrugada á algunos pueblos ocupados por los franceses é hicieron el simulacro de atacarlos y llamar su atención sin recibir mayor castigo.

Merino hizo creer á los franceses que seguía con su partida por los riscos de la sierra. Se valió también de su sistema de dictar á los alcaldes y justicias de los pueblos partes dirigidos á los jefes de cantón afirmando que el cura se había presentado en este ó en el otro punto al frente de doscientos á trescientos hombres, sacando raciones y cometiendo varios atropellos.

Al recibirse aviso de Burgos de la salida del convoy francés para el sitio de Ciudad Rodrigo, Merino licenció á sus escopeteros serranos, y con los veinticinco hombres que le quedaban recorrió en pocas horas la enorme distancia, para hacerla de una tirada, que hay desde Quintanar de la Sierra hasta Fuentidueña.

EL ATAQUE

Después de aquella tremenda caminata, el cura durmió unas dos horas, y al frente de toda su caballería, acercándose á la carretera, avanzó en sentido contrario del que debía llevar el convoy francés, y determinó atacarlo entre Torquemada y Quintana de la Puente, en la calzada de Valladolid á Burgos.

Colocó á los hombres del Jabalí, en quienes

tenía más confianza como tiradores que como
jinetes, á un lado y á otro á lo largo de la carretera; al comandante Blanco mandó emboscarse
en un carrascal, y nosotros, los del Brigante,
quedamos del lado de Valladolid reconociendo la
carretera.

Merino nos avisaría la proximidad del convoy:
de noche, con una hoguera que se encendería en
un altozano; de día, con un palo y un trapo
blanco como bandera que mandaría colocar en el
mismo punto.

Si era de noche, no cargaríamos mientras no
se nos avisara; si era de día, aparecería en el altozano, al lado de la bandera blanca, un gallardete rojo.

Durante todo el día, con una lluvia torrencial,
estuvimos yendo y viniendo por la carretera. Por
la noche nos dividimos en rondas y pudimos descansar algo.

Poco después del amanecer, estábamos el Brigante, Lara y yo desayunando con un pedazo de
pan y un poco de aguardiente que nos dió nuestra
cantinera la Galga, cuando apareció la banderita
blanca en el altozano indicado por el cura.

Inmediatamente montamos á caballo y formamos.

Por lo que supe luego, los franceses eran unos
trescientos; habían salido en tan corto número,
pensando que ni Merino ni el Empecinado podían
atacarlos. Al Empecinado lo suponían en aquel
momento en la Alcarria, y á Merino, á muchas
leguas á sus espaldas.

Desde la revuelta de la carretera en donde nos encontrábamos nosotros oímos el fuego. Al graneado de los guerrilleros, mezclado con estampidos de trabuco, se mezclaba la descarga cerrada de lo franceses.

Llevarían más de una hora de fuego, cuando flameó en el cerro el gallardete rojo.

El Brigante levantó su sable; Lara y yo hicimos lo mismo; picamos espuelas y, primero al trote, luego al galope, nos lanzamos sobre los franceses. El fuego de los nuestros cesó. Los franceses se habían atrincherado detrás de los carros, de los furgones y de los caballos. Al atacar nosotros, la mayoría de los enemigos se dispersó, pero no pudimos avanzar; tal masa confusa se formó de carros, de caballos y de hombres.

No cesábamos de acuchillar á derecha y á izquierda; los del escuadrón de Burgos llegaban por el otro lado de la carretera y se entablaban luchas cuerpo á cuerpo.

Los franceses quedaron arrollados y muertos en gran número; algunos quedaron prisioneros; muy pocos debieron lograr huir por los campos.

En esta sorpresa apenas tuvimos bajas. Sólo en nuestro escuadrón hubo un muerto y tres ó cuatro heridos.

El procedimiento de Merino no era para tenerlos.

EL BOTIN

Después de asegurada la presa, quedaba una parte difícil: guardar los ciento diez y ocho furgones del cargamento. Había herramientas, pólvora, medicinas, cañones, aparatos de cirugía.

Merino llamó á los habitantes de Quintana y de los pueblos inmediatos para que viniesen con sus borricos, mulas y carros.

Se desengancharon todos los caballos de tiro del convoy francés, que pasaban de seiscientos y eran de esos frisones de mucha fuerza.

Inmediatamente se comenzó la descarga de los barriles de pólvora, y colocando en cada caballería una albarda con dos barriles, se los dirigió con escolta á los conventos inmediatos.

Los cañones, bombas y balas de cañón se enteterraron provisionalmente á orillas del río; se repartieron entre los vecinos de los pueblos los caballos, y se dijo á los aldeanos se llevasen de los furgones lo que quisieran, ruedas, llantas, tornos, etc.

Luego, Merino mandó amontonar las tablas, las lanzas de los carros, los cadáveres de los franceses y los caballos muertos y los quemó.

Había una satisfacción cruel en estas purificaciones hechas por el cura.

Cierto, que lo mejor que se puede hacer con un cadáver es quemarlo; pero Merino no lo hacía por piedad ni por higiene, sino por odio.

Al mediodía no quedaba de aquel convoy mas que una inmensa hoguera.

Por la tarde se supo que varios escuadrones de caballería francesa venían de exploración por la carretera.

Merino dió sus órdenes para la retirada. El Jabalí marchó de vanguardia; luego partieron los del escuadrón de Burgos. Mientras tanto, el cura se presentó en la casa del Ayuntamiento de Quintana y dictó el parte que el alcalde debía dar al jefe de la primera guarnición francesa para cubrir la responsabilidad del pueblo.

Inmediatamente salió; montó á caballo, se reunió con nosotros, y fuimos retirándonos á toda prisa de la carretera.

Llevábamos más de cincuenta prisioneros, divididos en pequeños grupos.

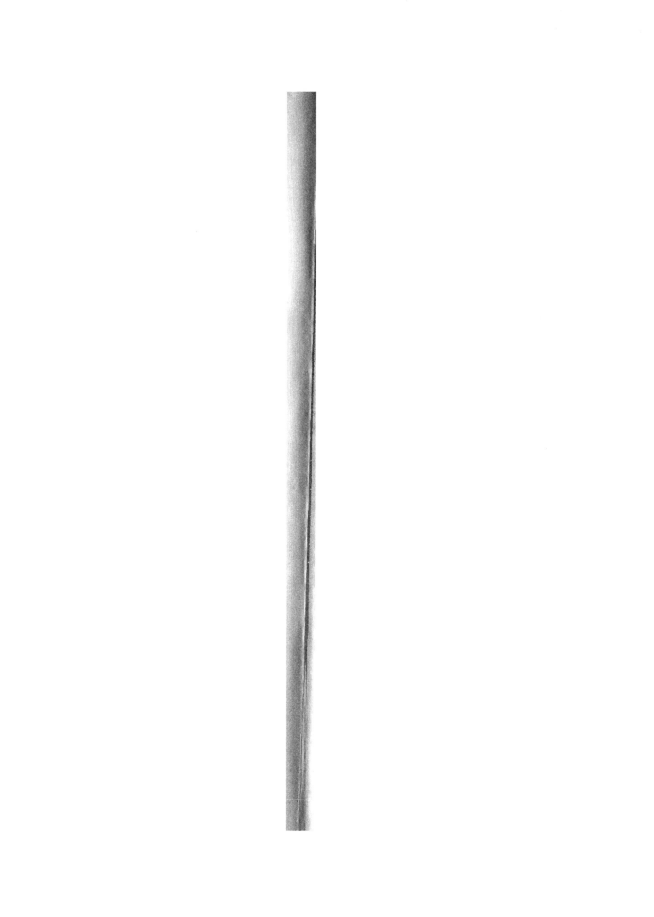

IV

A MARCHAS FORZADAS

El mismo día en que se verificó el combate, por la tarde, una tarde lluviosa y fría, recorrimos siete ú ocho leguas y fuimos á refugiarnos á los pinares de Segovia entre Fuentidueña y Aguila-fuente.

Los prisioneros no nos daban trabajo; comprendían que, de escapar si no llegaban á un cantón ocupado por franceses, estaban perdidos, pues los aldeanos los mataban y los tiraban á los pozos.

En los pinares esperamos á saber el efecto que producía á los imperiales tan gran presa.

Merino envió confidentes á Peñafiel, Roa, Aranda de Duero, Lerma y Burgo de Osma.

A los cuatro días se supo que todas las tropas francesas de los contornos abandonaban sus guarniciones, y reunidas en Aranda, iban á formar una línea de vigilancia estrecha para impedir la vuelta de Merino á la sierra.

—¡Bah! El zorro se escapará de la trampa
—dijo el cura.

Las tropas de Roquet ocuparon Sacramenia y
Fuentidueña, y el general Kellerman, al frente de
dos mil infantes y trescientos caballos, entró en
Peñafiel.

Nosotros teníamos alguna preocupación; veíamos á los prisioneros franceses esperanzados y
contentos. Si el cura no podía pasar á la sierra
estaba perdido, pues aunque sostuviera la partida
algún tiempo en tierra llana, á la larga sería cer-
cado y desecho.

Merino, después de hablar con la gente del país,
dividió todas sus fuerzas en ocho secciones, de
unos sesenta á ochenta hombres cada una.

Cada sección contaría con un guía, á quien debía seguir, y un oficial por si el pelotón era atacado por el enemigo. A mí me tocó mandar una de
las dos secciones en que se dividió el escuadrón
del Brigante.

Una tarde me dieron la orden de marcha. Salimos á la deshilada ya de noche. Caminamos durante diez horas; dimos una de vueltas para despistar á cualquiera; pasamos por cerca de la Peña
del Cuervo y de Onrubia, y dormimos por la
mañana en un bosque; al segundo día atravesamos
el puente de la Vid, descansamos en el pinar
próximo á Huerta del Rey, y la tercera noche de
la salida estábamos en Hontoria, sin haber perdido un hombre ni un prisionero.

Durante todo el camino se nos acercó la gente
de los pueblos á decirnos lo que pasaba y á ex-

plicarnos dónde estaban los franceses. Sobre todo, los curas constituían una policía espontánea inmejorable.

ROQUET Y KELLERMAN

El general Roquet se reunió á Kellerman en Peñafiel; permanecieron juntos los generales en aquella villa más de tres días sin poder averiguar el paradero de Merino, hasta que recibieron un parte del comandante militar del cantón de Aranda de Duero comunicándoles que Merino y su partida se encontraban de nuevo en el corazón de la sierra.

Roquet y Kellerman celebraron consejo, al que asistieron los coroneles de los regimientos.

No se tenía indicio alguno de nuestro paso. Demasiado comprendían los franceses que, cuando el pais es amigo, todo se encuentra lleno de facilidades, y que, por el contrario, en tierra enemiga los caminos están erizados de obstáculos y dificultades.

Se discutieron y se rechazaron en el consejo una serie de proposiciones, y en vista de la imposibilidad de dar con un hombre tan astuto como Merino y tan conocedor del país, se determinó aislarlo en la sierra, recomendando al capitán general de Burgos que enviara siempre los convoyes con fuertes destacamentos.

Por otra parte, la lucha en las montañas, en pleno invierno, llevando grandes columnas, era imposible. Los soldados franceses, por muy ague-

rridos que fuesen, no podían alcanzar á montañeses ligeros, que corrían por el monte como
cabras y conocían el terreno palmo á palmo.

Los acuerdos del consejo de Peñafiel se pusieron en conocimiento del conde de Dorsenne,
jefe del ejército del Norte. El conde, en vista de
las razones que le exponían, aprobó la determi-
nación de los generales y se disolvieron las columnas, y enviaron las tropas á sus respectivos
cantones.

Disueltas las brigadas, Roquet y Kellerman volvieron á Valladolid.

Libre Merino de toda persecución, empezó á
estar á sus anchas. Tenía ya más de quinientos
caballos de alzada, de excelente calidad, montados por buenos jinetes. En caso necesario, podía
contar con otros tantos infantes.

V

DILIGENCIA Y PEREZA

Después de la sorpresa de Quintana, Merino, á quien habían nombrado coronel efectivo, comenzó á lucir unos magníficos caballos.

El mejor que montó durante toda la guerra fué uno á quien bautizó por el Tordo.

El Tordo lo montaba el coronel francés del convoy muerto en el combate de Quintana. Era un caballo normando, de color ceniciento, de gran alzada, ancho de pecho, los pies y los brazos gruesos como columnas, y el pelo poblado y crecido, de media cuarta, tanto, que había que esquilarle en invierno, principalmente por los lodos.

Era un caballazo tosco, mal configurado y poco esbelto; parecía uno de esos percherones de los carros de mudanza.

Durante la pelea con los franceses entre Torquemada y Quintana de la Puente lo pudo contemplar Merino y ver su resistencia y su fuerza.

Cuando se lo mostraron después de la refriega
decidió guardarlo para él. La cosa hizo reir á los
oficiales y se hicieron chistes acerca del caballo,
á quien unos llamaron Clavileño y otros Roci-
nante. Pronto se vió que los burlones estaban en
un gran error.

El Tordo era muy manso; pero luego que se le
ponía la silla y se montaba el jinete, se deshacía
en movimientos y brincos.

Se le veía siempre deseando marchar.

Trotaba magníficamente y andaba á media rienda con frecuencia, cosa que gustaba mucho á
Merino.

En la carrera, ningún otro caballo de la partida
le superaba, y menos aún por entre montes y
peñascales.

A pesar de su aspecto tosco, tenía las habilidades de un caballo de circo. Se paraba á la voz del
amo, quedaba quieto como un poste, y el jinete
podía apuntar con la misma seguridad que si estuviera en el suelo.

Para hacerle andar no se necesitaba ni la espuela ni el látigo; bastaba un ligero movimiento
de la brida y animarle con la voz para que rom-
piese al trote.

En las embestidas del ataque parecía un caballo apocalíptico; no sólo no le asustaba el estruendo de los fusilazos, la gritería de los combatientes y el ruido de los sables, sino que por el contrario, le excitaba y le hacía dar saltos y cabriolas.

Casi todos los días, después de haber andado
ocho ó nueve leguas á media rienda, el asistente

le quitaba la silla, y si había río ó alberca en la proximidad le dejaba meterse en el agua.

Esto era lo que más le gustaba. Después del baño iba á la cuadra dando saltos y relinchando, y con un hambre tal, que si le echaban dos ó tres celemines de cebada, aunque fuera sin paja, se los tragaba al momento, y lo mismo comía habas secas, patatas ó zanahorias.

Los días de gran caminata, su amo mandaba darle una gran hogaza de pan con un azumbre de vino.

El cura comprendía el valor del Tordo en un momento de peligro, y no dejaba que lo montase nadie. Cuando entraba en acción hacía que el asistente lo llevara á su lado con silla y brida, por si venían mal dadas salvarse el primero.

Merino conservó el animal hasta después de la guerra, en que murió de viejo.

GANISCH

A principio del año 10 me hicieron á mí teniente. Ganisch pidió ser mi ordenanza.

Ya suponía yo que no ganaba nada con esto pero tuve que aceptar por amistad. Decían que Ganisch no entendía bien el castellano, y que por eso tenía que estar á mi servicio.

Ganisch no comprendía lo que no le daba la gana. A mí me estaba ya cargando. Era un egoísta terrible. Si le mandaban algo que no le gustaba, ponía cara de tonto y decía:

— No entender.

Ganisch me dió los grandes disgustos y estuvo á punto de comprometerme.

Aceptaba el mando en el momento del combate; pero luego era la indisciplina más completa.

— Mira, tú—le decía—, á ver si limpias esto.

— Ya lo limpiarás tú—contestaba con una frescura inaudita.

Determiné no encargarle nada; pero al último no era esto sólo, sino que de pronto me decía:

— Mira, tú, cuida de mi caballo, que voy á ver si encuentro algo de comer.

— Pero ¿tú qué te has creído?—le preguntaba yo.

— Bueno, bueno; ya sabemos lo que es esto.

Al oirle, cualquiera hubiera dicho que representábamos todos una farsa y que él estaba en el secreto.

Afortunadamente, Ganisch se las arregló para que le nombraran cabo furriel, y me dejó en paz.

VI

LA CABALLERIA ENEMIGA

Siempre que acometíamos á tropas de caballería pesada, dragones ó coraceros, maniobrábamos á nuestro capricho y dominábamos la situación.

La caballería ligera, formada por húsares y cazadores, era mucho más peligrosa; pues la velocidad de los caballos y la agilidad y pequeña talla de los jinetes les permitía darnos alcance y estorbar nuestro sistema de retirarnos y reunirnos rápidamente.

Como he dicho varias veces, no atacábamos mas que á columnas ó destacamentos menores que los nuestros.

Esas historias de partidas de campesinos que vencen á doble número de tropas regulares, creo que no pasan de ser historias. Claro que habrá casos de éstos; pero, en general, la victoria en la guerra es una resultante de fuerzas, y el que en

un momento presente más hombres disciplinados
con mayor suma de medios, vencerá.

La lógica y el sentido común triunfan en los
campos de batalla como en todas partes.

La caballería pesada, poco temible por su lentitud, era peligrosa en las luchas cuerpo á cuerpo.
Nosotros teníamos gente fuerte y aguerrida, pero
no se podían comparar con los coraceros imperiales.

Sobre todo los alemanes, á quienes conocíamos
por sus correas amarillas, eran unos bárbaros.
Había entre ellos hombres que de un sablazo eran
capaces de cortar el tronco de una encina.

Formaban los regimientos de Nassau, de West-
falia, de Wittemburgo y otros.

En ellos teníamos los mayores enemigos y los
mayores amigos de España. La causa de esta dis-
crepancia debía ser la religión. Los unos eran, sin
duda, protestantes, y allí donde veían una iglesia
entraban en ella, derribaban los altares, hacían
abrevar los caballos en las pilas de agua bendita
y pegaban fuego á todo lo que podían.

Los soldados imperiales italianos, suizos y po-
lacos, en su mayoría católicos, eran de menos
cuidado; desertaban muchos, y con facilidad se
pasaban á nuestro campo.

A estos desertores y á los prisioneros los en-
viábamos al ejército aliado por la vía de Alicante
y Valencia, con su hoja de ruta, alojamiento y raciones.

Se excitaba la deserción de los alemanes por
medio de proclamas escritas en su lengua, que se

esparcían en los pueblos donde estaban acantonados. A los prusianos se les aconsejaba que no lucharan á favor del enemigo de su patria, y á los católicos se les decía que ayudando á los impíos y á los hugonotes contra sus hermanos en religión, perdían su alma.

Los curas y las mujeres eran los más activos repartidores de estos papeles.

«EL QUADRO»

Los católicos y realistas franceses enviaban folletos y hojas contra Napoleón, en francés y en castellano, desde Inglaterra y Austria.

Uno de estos folletos se llamaba *El Quadro*, y venía á ser una aleluya de la familia Bonaparte.

El padre de Napoleón aparecía de carnicero en Ajaccio; su hijo Carlos, de mendigo; la mujer de éste, Leticia Catalina Fesch, de cena alegre con el conde de Marbeuf, gobernador de Córcega, enseñándole la pantorrilla; la emperatriz Josefina, abrazada á Barras; Elisa, la hermana de Napoleón, de planchadora, y luego embarazada; Pascual Bona, ó sea Félix Bacciochi, de mozo de café; Murat, gran duque de Berg, de cocinero, y Luciano Bonaparte, de arriero.

En medio de todos aparecía Napoleón sentado en un trono, con un puñal en la mano y rodeado de serpientes. Alrededor de la corona se leía: *Napoleone*, é irradiando de las letras de su nombre se formaba este acróstico:

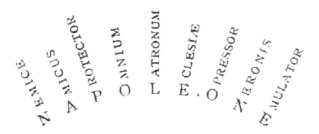

Napoleón enemigo, amigo y protector de todos los ladrones, opresor de la Iglesia, emulador de Nerón.

En casi todos los papeles antibonapartistas se citaba esta conversación entre dos italianos:

—**Tutti** li francesi son latri?—preguntaba uno; y el otro contestaba:

—Non tuttima *buona parte.*

Como el apellido originario de Napoleón era *Buonaparte*, y todos los realistas lo pronunciaban así, recalcando la ú, parecía esto una cosa ingeniosísima.

En los libelos contra el rey José se le llamaba siempre Pepillo, Pepe Botellas ó el Rey de Copas; se le pintaba borracho y cayéndose.

Se decía que en Logroño subió al púlpito de una iglesia á predicar, y se vendía una hoja suelta titulada: «Sermón que predicó el señor Josef Bonaparte, intruso rey de España, en la santa iglesia de Logroño, en italiano».

También corrían entre nosotros dos folletos, en francés: «La Santa Familia» y *Les Nouvelles a la main,* en los cuales se atribuían infinidad de crímenes y de villanías á los Bonapartes.

Yo para mí pensaba que por muchos horrores que se les atribuyeran no se podía menos de reconocer que era una familia de hombres de talento, bien diferente de la de los Borbones, que unía la estolidez á la degeneración.

Al mismo tiempo se cantaba la inocencia de Fernando, se tenía un amor por él verdaderamente ridículo, y se creía en una protección especial de Dios por la dinastía de los Narices. A pesar de ser yo guerrillero patriota, esta alianza entre Dios y el rey de España, de que nos hablaban los fanáticos, me repugnaba, me recordaba las historias de la Biblia y las ilusiones de un pueblo tan miserable como el pueblo judío, que se creía elegido por Dios.

Fuera por los libelos ó por lo que fuera, el caso es que el número de desertores de los ejércitos imperiales aumentaba. Al principio se quedaban entre nosotros; pero cuando ya había muchos, Merino que temía ser víctima de un *complot* combinado entre los desertores y los enemigos, iba enviando aquellos al ejército aliado.

Uno de los que quedó con nosotros, y en el escuadrón del Brigante, fué un bávaro, Pablo Müller, de religión católica, hombre fuerte, fanático, que llegó á ser un buen amigo de todos.

VII

DESCONTENTO

A pesar de una larga época de grandes reveses
sufridos por los españoles, y á pesar de que en Madrid se suponía consolidado el trono de José Bonaparte, desde el campo se advertía la imposibilidad de la victoria francesa.

El alzamiento español se generalizaba; la fiebre
patriótica crecía; la resistencia se iba organizando cada vez mejor.

Nosotros, que al principio de la guerra nos hallábamos incomunicados con el resto de España,
empezamos á recibir noticias de todas partes.
Estas noticias no nos halagaron. Creíamos ser los
únicos guerrilleros de una gran partida, y vimos
que no. Se comenzó á hablar de las hazañas de
Mina, del Empecinado y de don Julián Sánchez.

La gente de las orillas del Duero nos contaba
las peripecias de la vida de don Juan Martín, y los
llegados del Norte, los hechos heroicos de don
Francisco Espoz.

Nuestras glorias quedaban obscurecidas. Se apreciaban los servicios de la partida de Merino, pero no se contaban de ella heroicidades.

Merino había comunicado su manera de ser á su gente, como Mina y el Empecinado á la suya.

En los pueblos se nos tenía por guerrilleros hábiles, astutos, activos, no por gente de coraje. Desprestigio terrible.

Varias veces hablé con el Brigante de esto.

Yo no me hallaba conforme con la táctica del cura; yo creía que el éxito de la guerra no dependía sólo de matar; había que intentar algo extraordinario que nos cubriese de gloria.

Hay gente que supone que en el día no puede ocurrir nada extraordinario ni original. Para muchos, la extraordinariez y la originalidad no se encuentran mas que en las cosas pasadas

Lo que ha ocurrido ya, para los que piensan tener toda la ciencia en el bolsillo, además de original y raro, les parece necesario y lógico. ¿Pero no les parecería igualmente lógico si hubiera ocurrido lo contrario?

Respecto á la originalidad, es indudable que si alguno pudiera ver las acciones de los hombres en conjunto, las encontraría todas iguales; pero, en realidad, no lo son, como no lo son las hojas de un mismo árbol.

Yo por mi parte y fuera de esto creo que basta el sentimiento íntimo de que lo que uno hace es espontáneo y original para que lo sea.

El Brigante era un poco inclinado al fatalismo,

doctrina quizá buena para un filósofo, pero mala para un hombre de acción.

Yo intentaba demostrar que debíamos hacer algo fuera de todos los hábitos rutinarios de los demás.

El Brigante me oía sin replicar.

— Si tuviéramos mil hombres dirigidos por ti —decía yo—, podríamos dar batallas verdaderas.

El Brigante se quedaba ensimismado.

— Aunque tuviéramos quinientos, ¿eh?

Poco á poco me aventuré á hablar más claro, y le dije que debíamos abandonar á Merino.

— ¿Y qué vamos á hacer?

Este era el problema. Lo más fácil hubiera sido dejar la partida y entrar en el ejército regular; pero al Brigante y á mí no nos gustaba estar sometidos á ser siempre peones. Queríamos conservar nuestra independencia, y la vida aventurera y cambiante nos parecía mejor que la reglamentada.

Sentíamos también los guerrilleros un poco de desprecio por las paradas y las batallas de bandera y música. La disciplina estrecha, la burocracia militar, el cuartel; todo esto nos parecía repugnante.

Ser guerrillero y pelear y matar está bien; ser militar para andar probando ranchos y acompañando procesiones es cosa ridícula.

El proyecto de incorporarnos al ejército regular, por difícil y poco halagüeño lo abandonamos.

Desechado esto, discutimos la posibilidad de desertar con el escuadrón ó con parte de él, internarnos en la Rioja ó en Burgos y formar partida independiente.

En el caso de querer incorporarnos á otra partida, las teníamos cerca. Mina guerreaba en Navarra; Jáuregui, en Guipúzcoa; Renovales y Campillos, en Aragón; Longa, en Alava y en la ribera del Ebro; y el Empecinado, en la Alcarria.

El Brigante me oyó, y como, á pesar de su valor, era hombre prudente, me dijo:

— Hay que esperar la ocasión. Y ten cuidado, Eugenio; otro te puede escuchar como yo, y luego ir con el cuento... Y ya sabes lo que te espera.

El Brigante tenía razón. Había que esperar. Yo lo comprendía, pero me impacientaba.

LAS SIMPATÍAS DE NUESTRA GENTE

Comencé á explorar el ánimo de mis guerrilleros, y me encontré sorprendido al notar que todos eran más partidarios de Merino que del Brigante.

El valor, la audacia del jefe de nuestro escuadrón no producía efecto en nuestras huestes.

Es terrible esto de no poder arrastrar á nadie. De contar con los ciento cincuenta hombres del escuadrón, se hubiera podido hacer algo; pero los guerrilleros eran, ante todo y sobre todo, incondicionales del cura.

El pueblo tiene su instinto que le sirve de lógica. En nosotros, en el Brigante, en Lara, en el Tobalos y en mí, veían algo extraño: una tendencia á sacar las cosas de sus cauces naturales llevándolas por otros caminos, una inclinación á no seguir los usos sancionados y un desdén por sus hábitos de crueldad.

Los guerrilleros nos consideraban como gente extranjerizada.

En cambio, Merino era de los suyos, discurría como ellos, pensaba como ellos, equiparaba la crueldad con el valor. Era un campesino hecho jefe.

Al comprobar esto me desesperé.

¡Qué ocurrencia la mía de ir á Burgos y unirme con Merino!

Habiendo guerrilleros vascos célebres, Mina y Renovales que eran navarros, Jauregui guipuzcoano, y Longa vizcaíno, tres de ellos muy liberales, la suerte hacía que yo, vasco y liberal, me uniera á un castellano absolutista.

Después, en el transcurso de mi vida, el haber estado á las órdenes de Merino fué un obstáculo para mis planes.

Si en la conversación se hablaba de los sucesos del año 8 al 14 y yo daba detalles, me preguntaban:

—¿Es que estuvo usted en la guerra de la Independencia?

Yo contestaba que sí.

Era para mí un gran honor.

—¿Con quién?—me preguntaban.

—Con el cura Merino.

Y todo el que me oía creía que era un absolutista.

El general Mina, hombre intransigente y algo ar-
bitrario, nunca se fió de mí, sólo por eso. Varias
veces dijo á algunos amigos suyos ymíos que bastaba que yo hubiese guerreado con Merino para
que no creyese en la sinceridad de mis ideas
liberales.

LIBRO CUARTO

LA EMBOSCADA DE HONTORIA

I

DOÑA MARIQUITA LA DE BARBADILLO

Cuando se va de Salas de los Infantes á Burgos, á la izquierda del camino, en un valle poco fértil, se ve una aldea bastante grande, de esas aldeas serranas que parecen montón confuso de piedras negruzcas y de tejados color de sangre.

Esa aldea es Barbadillo del Mercado.

Barbadillo está al pie de una montaña desnuda y gris, pared plomiza poblada por matorrales y carrascas que después se une con la peña de Villanueva.

La mayoría de las casas de Barbadillo son pequeñas y miserables; pero tiene también el pueblo algunas grandes, antiguas y cómodas.

En una de ellas estuve yo viviendo varias semanas con licencia por enfermo. Padecía un reumatismo febril, á consecuencia de la vida á la intemperie y de la humedad.

Como los guerrilleros teníamos buenos amigos, fuí alojado en casa de don Ramón Saldaña, administrador de Rentas del pueblo.

Los primeros días estuve en cama, mirando tristemente desde la ventana los tejados rojos y llenos de piedras y las chimeneas puntiagudas de Barbadillo.

Pronto pude levantarme y andar, aunque renqueando, y la vida se hizo para mí agradable.

El administrador don Ramón, el dueño de la casa, un muchacho joven recién casado, se manifestaba patriota entusiasta.

Su mujer, doña Mariquita, tenía gracia y simpatía para volver loco á cualquiera. Era una morena con grandes ojos negros y unos lunares subversivos.

Yo le decía muchas veces:

— Mire usted, doña Mariquita, no se ponga usted esos lunares. Porque eso es ya provocar.

—¡Si no me los pongo—!decía ella riendo—. Son naturales.

—¿De verdad? ¿De verdad?

—De verdad.

—Pues yo creía que se los ponía usted para hacer la desesperación de los hombres

Ella se reía. Doña Mariquita mandaba en la casa, hacía lo que le daba la gana, pero contando con su marido. Doña Mariquita era de una familia rica de Barbadillo y tenía una hermana menor, Jimena, una preciosidad

Algunas noches iba Jimena á casa de doña Mariquita, y yo pedía permiso para callar y estar admirándola.

Ella sonreía. Jimena era una mujer verdaderamente arrogante; tenía el perfil casi griego, el mentón fuerte y las cejas algo unidas. Esto daba á su fisonomía un carácter de energía y de firmeza.

Yo me figuraba siempre á Jimena con una espada flamígera en la mano, representando la Ley, la Justicia ó alguna otra de esas concepciones severas é implacables.

A pesar de su aspecto imponente, era la muchacha sencilla y tímida.

Mi escuadrón, por entonces, estaba en Barbadillo, y el Brigante, con el pretexto de verme, solía ir por las noches de visita á casa del administrador.

El Brigante y Fermina la Navarra llegaron á ser contertulios asiduos de la casa.

Juan Bustos se iba enamorando de Jimena por momentos.

Ella parecía mirarle también con simpatía.

Juan me pidió que consultara á doña Mariquita si la familia acogería con agrado el que él se dirigiera á Jimena, y doña Mariquita me contestó que creía que Jimena era un poco fría y desdeñosa; pero que si el Brigante sabía conquistarla, ni su marido ni ella pondrían obstáculo alguno al matrimonio.

Estábamos pensando en estos amores (yo me encontraba ya bueno), cuando una noche se presentó en nuestra tertulia don Jerónimo Merino.

Nos dijo que acababa de recibir una carta del

director diciéndole que tenía alojado en su casa, en Burgos, á un coronel de caballería imperial.

Este coronel, recién venido á la ciudad castellana iba á ser enviado á operar á la sierra con una columna bastante grande.

Merino contó esto sin más comentario; pero se comprendió que tenía algo más que añadir, que estaba tramando otra cosa.

Después de un largo silencio nos dijo:

— La cuestión sería saber qué propósitos tiene ese coronel francés.

— ¿Y eso cómo se podría averiguar?—preguntó Fermina la Navarra.

El cura quedó pensativo, y de pronto, dirigiéndose á doña Mariquita y á Fermina, exclamó:

— ¿Ustedes no se atreverían á ir á Burgos á casa del director?

Este era el pensamiento de Merino desde que había llegado; pero, como siempre, había ido guardándoselo hasta encontrar el momento oportuno de expresarlo.

— Yo, por mi parte, sí — contestó Fermina la Navarra.

— Yo también—repuso doña Mariquita.

— ¿Qué pretexto podrían ustedes llevar?

— Me pueden acompañar á mí, que voy á Burgos á que me vea un médico—indiqué yo.

— ¡Hombre! Es verdad. Este pisaverde siempre tiene salida—dijo Merino—. Muy bien.

Se decidió que durante el viaje y la estancia en Burgos yo sería hermano de doña Mariquita y marido de Fermina.

Ellas vestirían de serranas; yo, de aldeano acomodado.

Se hicieron los preparativos, y á la mañana siguiente salimos los tres en un birlocho.

Por la tarde llegamos á Burgos.

BURGOS BAJO EL DOMINIO FRANCÉS

Burgos, en esta época, abandonado por casi todo el vecindario rico, presentaba un aspecto triste de soledad y miseria. El pueblo entero era una cloaca infecta; el hambre, la ruina, la desesperación se enseñoreaban por todas partes.

Tres pies de inmundicia llenaban las calles; para pasar de una acera á otra los vecinos abrían zanjas con el pico y con la azada.

Los hospitales se hallaban atestados de heridos y convalecientes, y á pesar de que casi todos morían, las camas vacantes se llenaban en seguida y no se encontraba sitio en las salas.

Doña Mariquita, Fermina y yo fuimos los tres á parar á casa del director. A doña Mariquita y á Fermina las pusieron en un cuarto, y á mí en otro.

Para cubrir el expediente, yo llamé á un médico, á pesar de que ya estaba bien, y me dispuse á seguir su tratamiento, ó, por lo menos, á decir que lo seguía, y fuí á la botica por las medicinas que me recetó.

En Burgos, entonces, se hablaba á todas horas del general en jefe conde de Dorsenne y de su mujer.

Dorsenne era la representación más acabada del general del Imperio. Se mostraba fatuo, orgulloso, falso y, sobre todo, cruel.

Era muy petulante. Se firmaba unas veces: conde de Dorsenne, coronel general de la caballería de granaderos de la Guardia Imperial, y en los edictos y proclamas se llamaba jefe del ejército del Norte, de guarnición en Burgos.

El conde de Dorsenne daba todos los días el espectáculo de su persona á los buenos burgaleses. Se paseaba por el Espolón con sus ayudantes. Le gustaba atraer todas las miradas.

Realmente, tenía una gran figura. Era alto, de colosal estatura, y quería parecer más alto aún, para lo cual llevaba grandes tacones y un morrión de dos palmos lo menos.

Tenía Dorsenne un rostro perfecto, ojos negros, nariz griega. Iba completamente afeitado, y llevaba el pelo largo con bucles.

Le encantaban los perfumes; luego, años después, se dijo que había muerto de un envenenamiento producido por ellos, aunque parece que la causa de su muerte fué un absceso del cerebro.

El conde se cuidaba como una damisela. Vestía á la polaca, con todo el oro posible; llevaba los dedos llenos de alhajas, y las muñecas de pulseras.

Montado á caballo, con la larga cabellera al viento, parecía un emperador asiático.

Según decían los oficiales, su tocado retrasaba muchas veces dos horas la marcha de las tropas.

Madama Dorsenne brillaba con tanta luz como

su arrogante esposo; había tomado también en serio la misión de dejar estupefactos á los sencillos burgaleses con sus joyas, sus vestidos y sus salidas de tono. Su salón era el punto de cita de la elegancia de Burgos.

Hablaba madama Dorsenne con gran libertad; pretendía demostrar que una condesa-generala podía decir cuanto se le ocurriera sin ser nunca impertinente.

Un día preguntó á una señora española si no tenía hijos.

—No—contestó ella—; hace ocho años que estoy casada, y Dios no nos ha querido dar descendencia.

—¿Y le gustaría á usted tener hijos?

—¡Oh, muchísimo!

—Entonces... ya que no sirve su marido, ¿por qué no cambia usted de hombre?

La pobre señora quedó espantada.

Dorsenne y su mujer viajaban escoltados por regimientos. Un día, de calor horrible, la generala mandó al cochero que los caballos de su carretela marcharan al paso en el camino de Burgos á Torquemada, con lo cual tuvieron que ir á la enfermería más de cincuenta soldados, enfermos de insolación y de congestiones cerebrales.

Los oficiales franceses decían que la brillante carrera de Dorsenne se debía á las mujeres, sobre todo, á madama D' Orsay.

De esta madama había sido Dorsenne su monsieur Pompadour durante algún tiempo.

LOS PROCEDIMIENTOS DE DORSENNE

Dorsenne era uno de tantos generales ineptos con que cuenta todo ejército, aun el más seleccionado, como el de Napoleón.

Realmente, los jefes que envió á España Bonaparte con el ejército imperial se distinguían, muchos, como valientes; algunos, Soult, Suchet y Massena, como buenos estratégicos; pero en política, no hubo uno que dejara de ser una perfecta nulidad.

Además, todos ellos trascendían á cuartel que apestaban. Apesar de sus títulos, perfumes, bordados de oro y penachos, se veía siempre en ellos al soldadote cerril.

El francés, que es capaz de inventar en las ciencias y de trabajar como excelente obrero en las artes y en la industria, no tiene la curiosidad generosa necesaria para entender á los demás pueblos. En esto no se parece en nada al ateniense ni al romano. Al francés no le interesa mas que su Francia y su París.

Es, naturalmente, *casanier*, como dicen ellos.

Sólo así se explica el fracaso de la dinastía de Bonaparte en España.

Dorsenne, que no sabía atraerse á la gente, consideró el súmmun de su política la crueldad. Llevado por este sistema radical y sumario, ahorcaba á cuanto aldeano se encontraba en el campo por delaciones y vagas sospechas de relación con los guerrilleros.

Cuando consideraba la complicidad evidente ó suponía era necesario un escarmiento, mandaba colgarlos de antemano por los pulgares.

En la orilla izquierda del Arlanzón había mandado levantar en una colina tres horcas, y este Calvario era el sitio elegido para las ejecuciones por el bello Poncio francés.

Decía la gente del pueblo que le gustaba á Dorsenne ver desde su casa tres cuerpos de patriotas colgando, quizá por razón de ese amor á la simetría, á la cual rinde culto el alma francesa desde los tiempos de Racine. Una mañana el conde vió que faltaba un ahorcado en el cerro de las ejecuciones, quizá comido por loscuervos ó devorado por los gusanos, é inmediatamente envió á un oficial suyo con orden de que sacase un preso de la cárcel y lo mandara colgar en la horca vacante que por clasificación le correspondia.

Dorsenne quería que los árboles próximos á Burgos ofrecieran á los ojos del caminante, como frutos de la insurrección, los cuerpos de los campesinos colgados.

Los guerrilleros, para completar la flora peninsular, junto al árbol adornado con españoles ofrecían el engalanado por los soldados franceses.

Uno y otro árbol, en las noches calladas, debían comunicarse sus quejas, arrancadas por el viento, y el perfume pestilente de sus frutos podridos.

EL DEMONIO

Un oficial de quien se hablaba mucho en Burgos, por escandaloso é impío, era un capitán á quien llamaban el Demonio.

El Demonio se manifestaba anticatólico furioso. Un día, el día de Pascua, entró en la catedral, se santiguó y se colocó delante del altar mayor. Comenzó la misa, y el Demonio se puso á cantar con los curas, luciendo su voz, que hacía retemblar las vidrieras de la catedral.

Otro día se empeñó en subir al púlpito, asegurando que tenía que predicar la vida y milagros de San Napoleón Bonaparte.

Con las atrocidades de Dorsenne y las bromas del Demonio, Burgos entero estaba horrorizado. Probablemente, lo burgaleses se espantaban más de las impiedades del Demonio que de las suspensiones ordenadas por Dorsenne, porque el hombre es bastante absurdo para dar más importancia á los ídolos que inventa él, que no á la vida que le crea y le sostiene.

LA COQUETERIA
DE DOÑA MARIQUITA

Al día siguiente de llegar á Burgos estaba yo
hablando con el director en su despacho, cuando
se presentó el coronel de caballería alojado en su
casa.

Monsieur Charles Bremond era un normando
de unos treinta á treinta y cinco años, alto, rojo,
fuerte, guapo mozo, si no hubiera trascendido
tanto á cuerpo de guardia. El director, Bremond
y yo estuvimos hablando un momento.

En esto se presentó la familia del director, en
compañía de doña Mariquita y Fermina, las dos
vestidas de serranas, con refajo corto de color,
pañoleta y moño de picaporte.

El coronel Bremond se quiso mostrar ante las
dos serranas gracioso y amable.

Sabía algo de castellano, y hablando despacio
se podía explicar.

Doña Mariquita supo contestar, unas veces desdeñosamente, otras con burlas, y siempre con coquetería, al francés.

Al terminar la comida, el coronel se levantó y se fué á tomar café á casa del conde de Dorsenne.

Cuando nos quedamos solos, el director dijo á la de Barbadillo;

—Ha hecho usted en el coronel un efecto terrible. No nos vaya usted, doña Mariquita, á hacernos traición y á pasarse á los franceses.

—Es la influencia de los lunares — dije yo—. Esos lunares no debian ser permitidos.

—¡Bah!—replicó ella riendo—. No tengan ustedes cuidado. No cambio mi serrano por el francés más guapo del mundo. Si alguna vez, ¡Dios no lo quiera!, engaño á mi marido, tendría que ser con algún español.

—¿Le sirvo á usted yo, doña Mariquita?—le dije, poniéndome la mano en el pecho.

—No, usted no.

—¿Por qué?

—Porque está usted muy reumático.

—¡Pero si estoy curado ya, doña Mariquita!

A Fermina, que no le hacían gracia estas bromas, cambiando de conversación, puso al director al corriente de lo que pasaba, y le dijo que veníamos enviados por Merino para averiguar los proyectos de los franceses.

—¡Sus proyectos!—exclamó el director—. Sus proyectos son claros. Consisten en fusilar, ahorcar, agarrotar á todo bicho viviente. En particular, el conde de Dorsenne y el gobernador Solignac se han decidido á acabar con los españoles y á arrasar el país.

Fermina la Navarra afirmó colérica que había que contestar á la guerra de exterminio, exterminando á todo francés que cayera en nuestras manos.

—¡Si pudiéramos averiguar qué planes tienen!— exclamó doña Mariquita.

—Yo he hecho lo posible—dijo el director— para sonsacar al coronel, que parece que tiene el deseo de dar una batida por el campo y de ir á la sierra; pero en detalle no he averiguado nada. Probablemente, desconfía. A ver si ustedes tienen más suerte.

— Veremos—dijeron ellas.

—Mañana, después de comer, á los postres, Echegaray, y yo nos levantamos con cualquier pretexto, para ir á mi despacho, y les dejamos á ustedes dos con mi mujer é hijos, que, en caso de necesidad, les servirán de intérpretes y charlan con el coronel é intentan sonsacarle sus planes.

Yo, por la mañana, haciéndome el valetudinario, andaría husmeando por el pueblo á ver lo que podía averiguar.

BREMOND Y FICHET

Al día siguiente era domingo, y el coronel no se presentó solo, sino con un comandante, el comandante Fichet, joven gascón, alto, flaco, moreno, buen tipo.

El coronel Bremond pidió permiso al director

para sentar en la mesa á su amigo y camarada. El director accedió amablemente.

La idea del coronel era sencilla; necesitaba un compañero que entretuviera á Fermina mientras él galanteaba á doña Mariquita.

Nos sentamos á la mesa el director, los dos franceses, doña Mariquita, Fermina, la mujer del director, sus dos hijos y yo. En total, nueve.

El comandante Fichet sabía castellano bastante bien y galanteó á Fermina con finura. Ella se le mostró esquiva; pero á veces no pudo menos de reir, porque el gascón era alegre y divertido como un diablo.

Bremond, poco diplomático, le dijo á Fichet en voz baja, señalándome á mí:

— Este imbécil nos va á fastidiar.

— Cállate—le dijo Fichet.

Yo me hice el desentendido.

A los postres, el director y yo comenzamos una discusión acerca de si un pueblo de la sierra se encontraba desde Burgos más cerca ó más lejos que otro, y el director me invitó á pasar á su despacho á ver un plano de la provincia.

Me levanté yo, renqueando, y salí del comedor.

Al marchar nosotros, el coronel Bremond preguntó á doña Mariquita:

— ¿Se puede saber de dónde es usted?

— ¿Yo? De Barbadillo del Mercado.

— ?Está muy lejos de Burgos?

— ¡Ya lo creo! Lo menos hay nueve leguas.

— ¿Y de Soria?

— No sé; creo que más.

— Si yo fuera á Barbadillo, ¿me recibiría usted en su casa?

— Sí, señor; ¿por qué no?

— ¿No tendría usted miedo?

— Miedo. ¿á qué? No creo que me iba usted á comer.

— ¿Cuándo va usted á volver á Barbadillo?

— Dentro de un par de días.

— Pues allí me va usted á tener, doña Mariquita. Pienso pedir al Ayuntamiento boleta para que me envíe á su casa de alojado.

— Muy bien.

Al mismo tiempo, el comandante Fichet le preguntaba á Fermina:

— ¿Vive usted muy lejos, madama Fermina?

— En Hontoria del Pinar.

— ¿Está muy lejos de aquí?

— Sí, muy lejos.

— Tengo que ir allá á verla á usted.

— No, no vaya usted.

— ¿Por qué?

— Porque hay mucho guerrillero y le harían á usted pedazos.

— ¡Bah! ¿Cuántos habrá? ¿Doscientos?

— Más.

— ¿Trescientos?

— Más.

— Creo que tiene usted una imaginación muy española.

— Yo creo que habrá lo menos cuatrocientos.

— Nosotros podemos llevar el doble.

—Cada uno de los españoles vale por dos de ustedes—dijo Fermina con desgarro.

Fichet se echó á reir y exclamó:

—Es usted una mujer encantadora; pero tiene usted una idea muy mala del ejército del gran Napoleón. Yo le demostraré á usted que está usted equivocada, madama Fermina.

Cuando volvimos el director y yo al comedor, Bremond y Fichet se levantaban y, haciendo grandes genuflexiones, se despedían de las señoras. No querían faltar á casa del conde de Dorsenne, porque éste y su mujer eran los que otorgaban grados y recompensas á sus favoritos.

Al despedirse de nosotros, Bremond hizo una reverencia y Fichet me alargó la mano, que yo estreché maquinalmente.

Se oyeron los pasos de los dos en el vestíbulo, sonaron sus espuelas y salieron los militares á la calle.

Fermina y doña Mariquita se asomaron al mirador del cuarto, y por entre los visillos vieron á los dos oficiales que de cuando en cuando se volvían para mirar á la casa.

Al día siguiente el director me llamó.

—Ya se sabe que el coronel Bremond va á salir mandando una columna hacia la sierra. Piensa parar en Barbadillo y en Hontoria.

—¿Lleva mucha fuerza?—le pregunté yo.

—No sabemos á punto fijo.

Esta conversación la teníamos un lunes por la mañana.

Al día siguiente se marcharon doña Mariquita y Fermina de Burgos.

El director y yo quedamos de acuerdo en inquirir por todos los medios posibles el número de hombres que mandaría Bremond y el día de la marcha.

No nos costó gran trabajo averiguar que la columna expedicionaria constaría de trescientos hombres de infantería y de quinientos caballos.

Averiguamos también que la infantería probablemente tendría que quedarse en Salas de los Infantes.

Las cosas iban con tal rapidez, que el martes los franceses se ponían en marcha.

El director y Merino habían organizado un servicio de correos y peatones para comunicarse, y en unas cinco horas, la noticia llegaba de Burgos á nuestro campamento.

Yo salí también el martes, y el miércoles me incorporé á mi escuadrón. Me encontraba ya completamente bien.

Había elegido Bremond la calzada de Burgos á Soria para hacer su correría. Pensaba detenerse en los pueblos, sobre todo, en Barbadillo del Mercado y en Hontoria.

El coronel francés y su comandante aspiraban á rendir culto al mismo tiempo á Venus y á Marte, y á dejar el pabellón bien plantado en la guerra y en el amor.

III

DISPOSICIONES DE MERINO

Cuando se sigue el camino de Salas de los Infantes á Hontoria del Pinar y se remonta un arroyo afluente del Arlanza bordeando la peña de Villanueva, se llega á un valle no muy ancho, donde se levantan los pueblos de Villanueva, Aedo, Gete y otros más pequeños.

La peña de Villanueva, en cuya base se encuentran estas aldeas, se trunca en su cúspide, convirtiéndose en una meseta calva, llamada de Carazo, que tiene en medio y en lo alto una escotadura que la caracteriza.

Enfrente de la peña de Villanueva hay una planicie dominada por el alto de Moncalvillo y el Picón de Navas.

Esta planicie es, aunque poco honda, la depresión ó cuenca producida por un arroyo que se llama el Pinilla.

A medida que se acerca uno á lo áspero de la sierra, la depresión va profundizándose y estretrechándose, y al llegar á las cercanías de Hontoria del Pinar se convierte en un barranco, y éste, á su vez, en un desfiladero.

EL PORTILLO

El desfiladero de Hontoria, cubierto, en parte, de pinar, es estrecho en la entrada y en la salida, y bastante ancho en el centro.

A la entrada, después de pasar el Portillo de Hontoria (enorme hendidura del monte) tiene dos cerros, uno frente á otro; á la salida termina en lomas suaves cubiertas de hierba y de monte bajo.

Entre las dos angosturas de los extremos y en una extensión de una legua, hay lugar para un valle sembrado de grandes piedras desparramadas, que parecen restos de una construcción ciclópea, junto á las cuales nacen grupos espesos de jara y de retama y plantas de beleño y de digital. El camino, una calzada estrecha por donde apenas pueden marchar tres hombres á la par, se abre al principio, como una cortadura, entre dos paredes de roca, luego bordea el valle y huye serpenteando hasta dominar el desfiladero. El boquete de la entrada, abierto en roca, es el que se llama el Portillo de Hontoria

En este Portillo pensó Merino preparar la emboscada y sorprender á los franceses.

Había al comienzo del desfiladero, pasado el boquete que le da acceso. á la izquierda, dominando el camino, oculto por varias filas de árboles, un cerro ingente formado por peñascos. Visto por entre los árboles, parecía un castillo arruinado.

Era un verdadero baluarte, con trincheras naturales, sin subida alguna para llegar á lo alto. Merino mandó empalmar dos escaleras y ascendió al cerro.

Esta fortaleza natural hubiera dominado la calzada, si las filas de pinos que tenía delante no lo impidieran.

El cura mandó llamar á los aserradores de Hontoria y les hizo cortar aquellos árboles de una manera especial, que consistía en no serrarlos en todo su espesor, sino dejar lo bastante de corteza y de leña para que pudiesen sostenerse derechos.

Luego mandó atar cuerdas largas á la parte alta de los troncos, echándolas disimuladamente entre la maleza. El extremo de las cuerdas llegaba al mismo cerro.

El cura pretendía dejar en el castillo natural algunos de sus hombres que hiciesen desaparecer la cortina de pinos cuando á él le conviniese.

Después de preparado esto, el cura fué recorriendo el desfiladero y sus alrededores desde el Portillo de Hontoria hasta las lomas en que termina.

Iba escoltado por el comandante Blanco y por otros oficiales.

En unos puntos mandaba construir trincheras con piedras, en otros hacía que amontonaran ramas secas y cubrieran los parapetos con hojarasca, de modo que no se notasen. Era difícil prepa-

14

rar más hipócritamente el terreno y aprovecharse mejor de sus altos y bajos para esconder tanta gente.

LOS PESETEROS

Después de dar sus órdenes y ultimarlo todo, hasta en sus más pequeños detalles, Merino avisó á los alcaldes de los pueblos para que en el término de un día enviasen los hombres disponibles á Hontoria del Pinar. Pocas horas después se reunieron unos cuatrocientos aldeanos, á los que se fueron alojando en la iglesia y en las tenadas de alrededor.

La mayoría eran viejos pastores y leñadores, mezclados con zagales y chicos de pocos años. Los grupos venían dirigidos casi todos por el cura de la aldea.

Las armas que traían eran escopetas viejas, palos, hoces, guadañas y retacos.

Las armas de fuego se llevaron á recomponer á casa del Padre Eterno.

Merino ordenó que se diera á los aldeanos una peseta diaria por hombre y una ración de pan, vino, carne de oveja y queso, y nombró los jefes de grupos.

A esta gente los nuestros llamaban con desdén peseteros.

DISTRIBUCIÓN DE FUERZAS

Al día siguiente, y á pesar de que los franceses se hallaban todavía lejos, se comenzó la distribución de fuerzas.

En el cerro ó fuerte natural próximo al Portillo quedaron ciento cincuenta hombres armados de carabinas.

Después de subir todos y llevar municiones para tres días, se deshizo la escalera con el objeto de que no pudiera aprovecharla el enemigo.

En una loma enfrente de este cerro, y á una distancia de un cuarto de legua, acamparíamos los del escuadrón del Brigante ocultos en un pinar.

A la salida del desfiladero quedaría la gente del Jabalí y el pequeño escuadrón de Burgos. Uniendo estos dos núcleos de fuerzas de caballería habría un semicírculo de guerrilleros.

Estos tiradores permanecerían escondidos entre las trincheras, parapetos, peñas, aliagas y retamas.

En conjunto, las tropas de Merino trazaban una C.

En el centro de la C estaría el jefe para poder dar sus órdenes á derecha é izquierda.

Las disposiciones de Merino tenían el carácter que á todo lo suyo imprimía el cura. Con aquella colocación de fuerzas se podían hacer muchas bajas al enemigo y retirarse con facilidad y rapidez, pero no se podía vencer.

Merino no había pensado en la eventualidad de una victoria completa.

Yo, al menos, de dirigir aquel movimiento, hubiera engrosado los núcleos de la entrada y salida del desfiladero, dejando sólo un centenar de tiradores en las trincheras del valle.

Así hubiese podido oponerse al avance de los franceses, cuando éstos intentaran forzar el paso, y obligarles á rendirse.

Los del Brigante nos instalamos en el pinar, donde estuvimos vivaqueando durante algunos días.

Por la mañana salíamos de descubierta hacia la Gallega, y por la noche rondábamos los alrededores del Portillo de Hontoria.

Una de estas noches se presentaron doña Mariquita con su hermana Jimena y su marido á la entrada del pinar.

El Brigante y yo las acompañamos hasta la salida del barranco.

Había á todo lo largo del desfiladero grandes fogatas, y los guerrilleros pasaban la noche al rededor de sus hogueras.

Habló doña Mariquita con Merino, y luego el cura vino conmigo hasta la avanzada.

—No vamos á tener gran función—me dijo Merino.

—¿No? ¿Por qué?

—Porque no vienen mas que quinientos jinetes entre gendarmes y dragones. La infantería la han dejado en Salas.

A pesar de que hacía como que si lo sintiese, en el fondo, se alegraba.

Merino se dirigió á la entrada del Portillo y

despachó algunos aldeanos para que desde lejos observaran la marcha de la columna francesa y de cuarto en cuarto de hora dieran noticia de sus evoluciones.

IV

EL FRANCÉS TEATRAL

La columna francesa, al mando del coronel Bremond, salió de Burgos un martes por la mañana y tardó bastantes días en llegar al Portillo de Hontoria.

La columna caminaba con lentitud, á pequeñas jornadas de dos leguas diarias, para no fatigar á los hombres y á los caballos Llevaba, además, una impedimenta grande.

El sábado de la misma semana pasaron los franceses frente á Barbadillo del Mercado. La infantería siguió á Salas, donde tenía alojamiento, y Bremond y su fuerza quedaron en Barbadillo.

El alcalde, que salió á su encuentro, ofreció al coronel la Casa Consistorial; pero Bremond preguntó por doña Mariquita, la administradora de Rentas. Le indicaron la casa y, acompañado del comandante Fichet, entró en ella.

Bremond tenía esa imaginación pesada, sentimental y rumiante de los franceses del Norte; se figuraba encontrarse en casa de doña Mariquita con una casa antigua y pintoresca; creía que el administrador de Rentas sería un palurdo, y se encontró con una casa vulgar y con que el administrador era un muchacho joven y guapo.

Esperó el coronel á doña Mariquita, quien le saludó ceremoniosamente. Pronto notó Bremond que el marido y la mujer se miraban y se entendían.

El coronel sintió crujir todo el andamiaje levantado con esfuerzo en su pesada ;mollera. Se contuvo; pidió secamente le indicasen el cuarto destinado para él, y después mandó á su cocinero preparase la comida para los jefes.

Fichet preguntó varias veces á la administradora por madama Fermina, y doña Mariquita le dijo que se hallaba en Hontoria del Pinar.

Después de comer, los oficiales dieron un paseo por las callejuelas desiertas del pueblo y los alrededores, y volvieron á casa satisfechos de encontrar Barbadillo en perfecta tranquilidad, la tranquilidad del cementerio.

Por la noche se reunieron los oficiales franceses al lado del fuego, en compañía del administrador, Ramón Saldaña, y de su mujer.

Bremond recordaba haber hablado á los oficiales compañeros suyos, de su conquista, y estaba indignado, mortificado por la situación ridícula en que á sus ojos se encontraba. Doña Mariquita y Saldaña se miraban amorosamente. Bremond no podía consentir esto; petulante, como buen francés, y bruto y vanidoso, como buen militar, se creía ofendido, vejado.

De pronto, tuvo una idea que le pareció luminosa.

Se levantó. Los demás oficiales hicieron lo mismo.

Bremond dió la mano á la administradora y dijo, lo más rápidamente que pudo, en su mal castellano:

— Señoga. Nos vamos á getigag. Permita usted que salude al ama de la casa á la moda francesa.

Y agarrando á doña Mariquita por la cintura la besó en la mejilla.

Ella se desasió encendida. Saldaña se puso rojo y estrechó convulso el respaldo del sillón.

Bremond, que era valiente, quedó mirando al administrador con serenidad.

— ¡Mi coronel! ¡Que está usted en España! — dijo Fichet irónicamente, como quien hace una observación de poca importancia.

— Tiene usted razón, comandante — contestó Bremond; y se inclinó ante el matrimonio, satisfecho y desdeñoso, apoyándose en su sable.

Los cuatro oficiales franceses se retiraron.

LAS VACILACIONES DEL CORONEL BREMOND

El coronel, al entrar en su cuarto, mandó avisar al teniente Mathieu. Mathieu le servía de ayudante. Le ordenó escribiera un oficio al alcalde para que preparase para las cinco de la mañana siguiente dos bagajes mayores para sus maletas y las de los oficiales.

Bremond consultaba todo con Mathieu, hasta sus asuntos particulares. El oficial era mucho más inteligente que el jefe.

La disciplina militar obliga á creer que el coronel ha de ser más comprensivo que el comandante, el comandante más que el capitán y el capitán más que el teniente; pero la naturaleza, que no se cuida de jerarquías militares ni civiles, hace, ayudada por los años, que casi siempre el capitán sea menos estúpido que el comandante, el comandante menos que el coronel y así sucesivamente, hasta el grado más alto de la milicia.

Mathieu era de esos oficiales que son indispensables en un regimiento. El sabía dónde se encontraba la indicación práctica, el plano detallado, el artículo del Código Militar; conocía los recursos extraordinarios de que se puede echar mano en un pueblo y la manera de domesticar á los alcaldes y á los curas recalcitrantes.

El coronel Bremond estaba vacilando: por una parte no quería contar el caso y decir que la graciosa administradora de Rentas de Barbadillo le había sido esquiva; por otra, le parecía su venganza algo espiritual y fino, digno de un militar francés, de un verdadero militar francés de las épocas de Luis XIV y Luis XV, en que no se ganaban grandes batallas, como en tiempo de Napoleón, pero se sabía cortejar en los salones.

Por último se decidió; contó á Mathieu lo ocurrido y acompañó su relato con grandes carcajadas.

—No se ría usted, mi coronel—dijo Mathieu seriamente.

—¿Por qué?

—Porque esto ha sido una emboscada.

—¿Cree usted?...

—No tiene duda. Esas dos mujeres estuvieron en Burgos para incitarle á usted á que viniera aquí.

—¿Será posible?

—Para mí, no tiene duda.

—Puede que tenga usted razón—y Bremond tomó el aire coronelesco que empleaba para las cosas serias. Mañana encargaré á Fichet que haga averiguaciones; ó si no, las haré yo mismo.

Por la mañana, al levantarse Bremond, ordenó que inmediatamente trajeran á su presencia al administrador y á su mujer; pero el matrimonio había levantado el vuelo. En el momento que el coronel preguntaba por ellos, estaban doña Mariquita, el administrador y Jimena en el campamento de Merino.

Montados en mulas, y por las sendas, dando la vuelta á la peña de Villanueva por Gete y Aedo habían llegado al pinar de Hontoria.

Bremond llamó á Fichet y le dijo cómo les habían engañado á los dos, preparándoles una celada, madama Fermina y la administradora. Así, repartiendo la torpeza entre su comandante y él, Bremond se sentía más aligerado de peso.

—Esas dos mujeres eran espías—dijo Bremond.

—¿Cree usted...?—preguntó Fichet asombrado.

—Estoy convencido.

—Es posible. Estas españolas son mujeres decididas. El hecho es que, si tenían algo preparado en combinación con los guerrilleros, no se han atrevido á hacer nada.

—Ni se atreverán—agregó Bremond con la proverbial petulancia francesa.

Discutieron entre el coronel y los oficiales el plan de la marcha, teniendo en cuenta la posibilidad de una emboscada, y se decidió seguir á Soria, reconociendo los bosques y los desfiladeros del camino.

El coronel Bremond no temía el encuentro con una partida, pero tampoco lo deseaba.

Le habían hablado de las tretas de Merino; sabía que el cura-brigante era maestro en emboscadas y estaba sobre aviso.

El lazo podía haberse preparado; pero ¿en dónde?

El cerebro del coronel, que no era precisamente el de César, comenzó á estar en prensa.

Toda la maquinaria encerrada en su pequeño cráneo crujía como un cabrestante.

Bremond, después de vacilar y suponer si la emboscada del cura estaría preparada en el camino de Barbadillo á Burgos, ó en el de Barbadillo á Soria, decidió seguir adelante.

Bremond dió la orden de avanzar hacia Hontoria. Tardaron dos días en llegar desde Barbadillo hasta la Gallega.

EL TONTO

A la proximidad de los franceses, los habitantes de la Gallega huyeron, en su totalidad á los montes. Las tropas de Bremond no encontraron más persona de quien echar mano para guía que un mendigo apodado el Tonto.

El Tonto era uno de los espías del cura; sabía fingir la imbecilidad á la perfección.

Hablaba de una manera confusa é incoherente.

Tenía una cara seca, arrugada, amarilla; unos ojos entontecidos; los dientes movedizos, la barba rala y mal afeitada.

Vestía anguarina gris, con retazos de colores, que llevaba echada sobre el pecho con las mangas hacia la espalda. Su cabeza, melenuda y blanca, la cubría un sombrero ancho pardo y destrozado.

Andaba encorvado, exagerando su cojera, y le acompañaba un perrillo de lanas, sucio por el polvo.

El Tonto se dirigió á los franceses y les pidió limosna.

Bremond y Fichet se acercaron á él.

— ¿Qué quiere este hombre? — preguntó Bremond.

— Es un mendigo — contestó un sargento español afrancesado que servía á la columna de intérprete.

—Preguntadle á ver si sabe dónde está Hontoria del Pinar.

El sargento hizo la pregunta.

—Sí sabe—dijo después.

—Dígale usted, entonces, que nos sirva de guía.

—Dice que no quiere; que él no tiene nada que hacer en Hontoria.

—Adviértale usted, sargento, que si no obedece le daremos una tanda de palos.

El sargento hizo la advertencia, y el Tonto comenzó á refunfuñar:

—¡A un viejo le van á pegar! ¡A un viejo! Eso no es cristiano.

—Este cretino quiere que le tengan por un cristiano—dijo el coronel Bremond, celebrando él mismo su juego de palabras.

El Tonto hizo como que se resignaba y comenzó á marchar despacio al frente de la columna con su perro, cojeando, parándose cuando le venía en gana.

El Tonto y el sargento afrancesado hablaban con algunos viejos pastores y leñadores, que daban informes falsos y corrían al poco rato á comunicarnos noticias.

Nosotros sabíamos cada cinco minutos la situación exacta en que se encontraba el enemigo.

V

EL PORTILLO DE HONTORIA

A media mañana apareció la cabeza de la columna en la entrada del desfiladero, en el Portillo de Hontoria.

Los franceses habían destacado, de vanguardia, un pelotón de dragones, que iba registrando los bosques y los escondrijos.

Al llegar los exploradores al Portillo se detuvieron y esperaron á que subiese el coronel y diese sus órdenes.

Este Portillo de Hontoria es uno de los puntos estratégicos de la sierra de Soria. El cura le tuvo siempre gran querencia.

Algo más que veinte años después de la guerra contra los franceses, en 1835, el cura Merino preparó en el mismo Portillo una celada contra don Saturnino Abuín y le hizo un gran número de bajas, vengándose así de la serie de palizas que á campo abierto le pegaba constantemente don Saturnino el Manco.

El coronel Bremond, al asomarse al Portillo de Hontoria, mandó detenerse á la cabeza de la columna. Sin duda, debió imponerle el boquete aquél y lo gigantesco de los pinos.

Nosotros los del Brigante, aunque muy á lo lejos, veíamos á Bremond y á Fichet. Yo, con mi anteojo, estuve mirando cómo hablaban con el Tonto y con el sargento español afrancesado.

El coronel, sin duda, esperó á que subieran todos sus hombres, y después dió la orden de que unos cuantos á pie fueran flanqueando por las crestas.

Comenzaron los exploradores á escalar los altos, y el coronel mandó que el pelotón de dragones, de dos en dos, reconociese la calzada hasta la salida del desfiladero.

El pelotón, dirigido por el sargento español, primero al paso y luego al trote, cruzó por delante de nosotros y de toda la línea de guerrilleros sin que sonase un tiro.

Yo, desde el punto donde me encontraba, no veía la salida del desfiladero, pero supuse que los jinetes franceses habrían llegado sin contratiempo al punto de salida y quedado allí.

Si el coronel hubiese seguido enviando sus hombres por grupos, hubiera salvado toda su fuerza; pero creyó que no valía la pena de perder el tiempo, que no había emboscada alguna, y dió la orden de avance...

Hacía un día frío, con nubes que mostraban trozos de cielo azul claro y limpio. A ratos salía el sol...

Comenzó á entrar toda la caballería por el Portillo de Hontoria.

En aquel momento eran las diez y media.

Brillaban los uniformes al sol; los correajes, los sables y los cascos despedían centellas.

Yo, con mi anteojo, seguía contemplando á los franceses.

Los que tenían aire más terrible eran los dragones, con su morrión peludo de plumero alto, su casaca y sus botas de montar. Gastaban todos grandes barbas y largos bigotes. Llevaban tercerola en el arzón derecho de la silla, y sable.

Luego, años más tarde, paseando por París, he recordado estos tipos al ver las estampas de Raffet.

De lejos, y á simple vista, parecía la columna de la caballería francesa una gran serpiente de plata escamosa y brillante reptando por entre el verde de los pinares, deslizándose y desenvolviendo sus anillos. Algunos de los soldados iban cantando.

COMIENZA EL FUEGO

Cuando estaban en el centro del desfiladero y comenzábamos los del Brigante á perderlos de vista, sonó una descarga cerrada, á la que siguió un fuego graneado.

Sin duda, Merino había dado la orden de comenzar la lucha.

Luego, pasado el combate, dijeron que el cura había disparado el primer tiro apuntando al coronel Bremond, á quien se le conocía por las largas charreteras de canalones del uniforme, con tal acierto, que le hirió gravemente.

Si hubiera habido un jefe superior á Merino, aquél hubiese sido el del certero disparo.

Estas pequeñas adulaciones son muy frecuentes en la guerra.

Después de la primera descarga cerrada siguió largo rato el fuego de fusilería.

A la vanguardia del enemigo, nosotros no la veíamos; pero por lo que comprendí luego, la cabeza de la columna, picando espuelas, y al trote, se acercó al pelotón que habiendo pasado al principio estaba esperando á la salida del desfiladero.

Los de retaguardia volvieron grupas, tratando de escaparse, y les vimos retroceder hacia el Portillo; pero entonces, como un telón que se levanta, la cortina de pinos que ocultaba el cerro ó fuerte natural desapareció derribada por los guerrilleros que tiraron de las cuerdas atadas á los árboles, y los franceses se encontraron entre dos fuegos.

Hubo muchos caballos y jinetes que cayeron precipitados al barranco. Algunos hombres volvieron á subir al camino gateando; otros debieron de quedar estrellados entre las rocas.

Tenían en aquel momento los franceses la dificultad de maniobrar por falta de sitio, á más de que las órdenes del coronel herido no podían oirse desde los extremos de aquella larga fila.

Para obviar el conflicto, los oficiales y los sargentos, despreciando las balas, se colocaron de modo que la voz de mando pudiese correr de la cabeza á la cola de la columna, y dominaronel pánico que comenzaba á cundir entre sus soldados.

Los franceses ya no intentaron retroceder, sino forzar la salida del desfiladero y reunirse allí con el primer pelotón que había pasado.

Tampoco tenían intención de atacar á los del cerro ó fuerte natural próximo al Portillo, y únicamente los exploradores que coronaban las crestas comenzaron á disparar sobre éstos.

LOS DRAGONES SE BATEN

Nuestra fuerza quedó fuera del foco de la lucha.

En vista de ello, abandonamos el pinar y escalamos un cerro.

Desde aquel punto podíamos presenciar la acción.

El coronel francés mandó á la primera fila de los dragones, más acostumbrados que los gendarmes á esta clase de luchas, que echaran pie á tierra y comenzaran el fuego. Los que se encontraban á la orilla del camino bajaron de sus caballos y comenzaron á disparar.

Mientras los dragones, á pie, contestaban á nuestra fuerza, por detrás de ellos fueron pasando de dos en dos los demás jinetes, encorvándose sobre el cuello del caballo para ofrecer menos blanco.

Los guerrilleros seguían con su fuego graneado;

los franceses lanzaban sus descargas con una precisión automática.

Cuando el camino quedó desembarazado, los dragones franceses se guarecieron detrás de los caballos.

Entonces toda la línea enemiga se batió admirablemente. Se detenían unos y recogían los heridos mientras los otros disparaban Después continuaban de nuevo la marcha.

En tanto, los pelotones franceses que se habían agrupado en la salida del desfiladero al mando del comandante Fichet, se acercaron á la loma en donde estaba el Jabalí y le desalojaron de ella. El Jabalí tenía orden de Merino de no trabar combate y de retroceder.

VI

NUEVO ATAQUE

A pesar de aquel terrible fuego de fusilería largo y continuado, los franceses no tenían, al reunirse fuera del desfiladero, mas que sesenta ó setenta bajas, entre muertos y heridos.

En los caballos se había hecho un gran destrozo; quedaban muchos en el camino.

A todo lo largo de la calzada se veían animales pataleando entre hombres muertos.

Nosotros, desde el cerro donde estábamos, retrocedimos hasta el Portillo y embocamos el desfiladero.

Nos pusimos al habla con los guerrilleros que ocupaban el fuerte natural de la entrada.

—El Tonto, ¿qué hace allí?—dijo uno de los nuestros.

—Lo habrán matado.

Uno de los guerrilleros del fuerte, desde arriba, nos contó lo que había pasado con el Tonto.

El lo vió. El Tonto, al comienzo del combate,

dejó la anguarina y el sombrero apoyados en el palo, y por entre unos matorrales huyó como un conejo.

Efectivamente; cuando uno de los guerrilleros levantó la anguarina con el trabuco, los nuestros quedaron sorprendidos al ver que no había nadie debajo.

Merino, desde lejos, nos mandó avanzar, y por la misma calzada que habían seguido los franceses pasamos nosotros por encima de los hombres y de los animales muertos. Las herraduras de nues tros caballos marcaban manchas de sangre en el camino.

Desembocamos en la salida del desfiladero.

Los franceses, al llegar á una loma, á un cuarto de hora de camino, se detenían y formaban en orden de batalla.

El coronel Bremond, viéndose débil por la mucha sangre perdida, é imposibilitado de continuar en el mando de la columna, determinó confiarla al comandante Fichet, y con veinte gendarmes de los más ancianos y los heridos que podían andar se retiró, dando como primer punto de reunión Huerta del Rey, y después el monasterio de Premonstratenses de la Vid, en las márgenes del Duero.

El comandante Fichet era valiente; pero tenía esa clásica petulancia francesa, mayor en aquella época napoleónica, que hacía á los franceses creerse invencibles, á pesar de los desastres que iban sufriendo.

Con una retirada rápida y ordenada, aunque

nuestra caballería picase su retaguardia, se hubieran salvado; pero esto, sin duda, pareció al jefe denigrante; quizá creyó poder vengarse de los españoles en posición mejor; quizá temió alguna nueva emboscada.

El, sin duda, calculó que cuatrocientos cincuenta soldados veteranos, aguerridos, á caballo, valían por ochocientos hombres, entre guerrilleros y aldeanos, mal armados.

En parte tenía razón; en parte, no.

Después de organizar Fichet su fuerza dió una carga con su caballería á los jinetes del Jabalí, que comenzaban á hostigarles; pero los guerrilleros se disolvieron y no hubo manera de cogerlos.

Fichet aprovechó el momento de verse más libre y comenzó á retirarse hacia el Picón de Navas. Quería, probablemente, llegar á Navas del Pinar y hacersefuerte allí.

Comenzaba á llover, una lluvia suave que luego fué convirtiéndose en aguacero.

Merino mandó á toda su gente quesaliera de su escondrijo en persecución de los franceses; los que estaban en el cerro cerca del Portillo tuvieron que descolgarse con cuerdas.

Nosotros, por orden de Merino, fuimos dando una gran vuelta por un barranco, á la derecha, hasta acercarnos á Navas y colocarnos á retaguardia de los franceses, detrás de una loma. El Jabalí hizo una parecida maniobra por la izquierda.

Un gallardete blanco, en lo alto de un pino seco, nos indicaría el momento de acercarnos, y otro rojo, el de atacar. Teníamos cierta ansiedad en el escuadrón, porque íbamos á embestir sobre fuerzas superiores á las nuestras.

El Brigante me indicó que, como cronista, podía adelantarme si quería presenciar la lucha. Así lo hice.

El francés, al ver la nube de guerrilleros que se le venía encima, volvió á pararse y á formar en orden de batalla. Unos doscientos hombres de los suyos echaron pie á tierra y fueron tomando posiciones.

Merino no se atrevió á dar un ataque decisivo; comprendía que la victoria, de lograrla, le tenía que costar mucha sangre, y vacilaba.

NUESTRAS GUERRILLAS AVANZAN

En esta actitud expectante estuvieron lo menos un par de horas españoles y franceses.

Los campesinos recién llegados, los llamados por los nuestros, con desprecio, peseteros, fueron los más dispuestos á luchar.

En la guerra, generalmente, los novatos suelen ser más ardorosos y más decididos en el ataque. El soldado viejo sabe cumplir, exponiéndose lo menos posible; sabe también escurrir el bulto cuando se trata de algo muy peligroso. Ahora, en situaciones desesperadas, el soldado viejo es irreemplazable y se suele batir como un león.

Los peseteros, tanto insistieron en su deseo de atacar, que Merino accedió.

Los comandantes Blanco y Angulo, en unión del cura, prepararon el plan.

Doscientos hombres, armados con trabuco, atacarían en guerrilla y de frente á los franceses; se intentaría después envolverlos por todas partes, y cuando flaqueara el enemigo se lanzarían sobre él, simultáneamente, el escuadrón del Jabalí y el nuestro.

Estos detalles, como se comprenderá, los supe después.

La función de fuego empezó. Los franceses, que habían echado pie á tierra, luchaban en orden cerrado. Su caballería, formada en dos pelotones, inspeccionaba los flancos.

Nuestros hombres comenzaron el ataque con la táctica nueva, desconocida por los franceses.

Avanzó una fila por la derecha, guareciéndose en las piedras y en las depresiones del terreno.

Se tiraron al suelo, rompieron el fuego, y al poco rato avanzó una segunda fila por la izquierda, que tomó posiciones.

Después de la segunda avanzó la tercera y la cuarta.

Luego comenzó la parte más expuesta: el hacer fuego ganando terreno.

Los guerrilleros, de repente, avanzaban ocho ó diez pasos, se tiraban al suelo, y hacían fuego parapetándose en las piedras, en los terrones, ó en las matas. La maniobra estaba tan bien estudiada, que ninguno disparaba hasta que el compañero hubiese cargado la carabina ó el trabuco.

El procedimiento asombraba á los franceses,

que no conocían este sistema mas que de oídas, y
al que llamaban con desdén la táctica de los bandidos.

Si uno de los pelotones de caballería enemiga
se acercaba á los guerrilleros emboscados, se le
recibía con una descarga cerrada.

Yo, desde el punto donde estaba, oía los estampidos de los trabucos y los disparos regulares
de los franceses.

En aquel ataque primero cayeron muchos de
los nuestros y de los suyos.

Por lo que me dijeron, de los nuestros murieron el Matute, el Canene y Veneno, que dirigieron el ataque, y quince ó veinte de los peseteros.

CARGAMOS LOS DEL BRIGANTE

A puro embestidas y metrallazos de trabuco
llegaron los nuestros á abrir brechas en la formación del enemigo.

Hubo un momento en que los dragones de á
pie cedieron, y llegaron hasta mí los gritos y las
voces de triunfo que daban los guerrilleros.

Estos se lanzaban á un ataque general por el
frente y por los flancos.

El combate estaba en el momento álgido. Merino conservaba todavía el grueso de su fuerza en
rsserva para emprender el ataque del centro enemigo. Apareció el gallardete blanco que nos ordenaba aproximarnos; de prisa me reuní con mi
escuadrón y, remontando una loma, nos colo-

camos á un tiro de fusil del lugar de la pelea.

Se acercaba el momento de la carga.

El Brigante, Lara, el Tobalos y yo marcharíamos á la cabeza del escuadrón; detrás irían el Lobo de Huerta y el Apañado, cada uno con un vergajo para no permitir que nadie se rezagase.

Nuestros hombres de á pie, ya decididos, sin hurtar apenas el cuerpo, se lanzaban en grupos compactos contra los franceses.

Estos se replegaban, despacio, sobre la loma donde estaba su caballería. Dragones y gendarmes echaban pie á tierra para hacer fuego.

No hicimos mas que aparecer sobre la hondonada y dar la cara á los franceses, cuando flameó el gallardete rojo.

El Brigante levantó su sable y dió la orden de cargar. Lara y yo hicimos lo mismo.

Creo que todos nosotros, yo, al menos, sí, experimentamos un momento de ansiedad y emoción. La mayoría de los guerrilleros se persignaron devotamente. El más templado creyó que allí dejaba el pellejo.

Picamos espuelas á los caballos, y los pusimos primero al paso, luego al trote, después al galope, cada vez más acelerado y más fuerte, doblando el cuerpo sobre la silla para favorecer la carrera y evitar las balas.

Ibamos hacia abajo por un talud; después teníamos que subir por una ligera eminencia.

El Brigante, con el sable desenvainado, gritaba como un loco. Nuestros caballos volaban saltando por encima de los matorrales.

—¡Hala, hala, hala!—gritaba el Brigante—
¡Anda ahí, Lara! Echegaray, ¡dales á ésos! ¡Corre!

Uno tenía la impresión de ser una bala, una
cosa que marchaba por el aire.

Al acercarnos á los franceses, el Brigante se
volvió hacia nosotros. Los ojos y los dientes le brillaban en la cara.

Nunca tanto como entonces me pareció un
tigre.

— ¡Viva España!—gritó con una voz potente.

— ¡Viva!—gritamos todos con un aullido salvaje que resonó en el aire.

Tuvimos un momento la certidumbre de que
habíamos arrollado al enemigo; una descarga cerrada nos recibió; silbaron las balas en nuestros
oídos; respiramos un aire cargado de humo de
pólvora y de papeles quemados; cayeron diez,
doce, quince caballos y jinetes de los nuestros;
sus cuerpos nos impidieron seguir adelante; hun-
dimos las espuelas en los ijares de los caballos;
era inútil: al pasar la nube de humo nos vimos
lanzados por la tangente. Todos los guerrilleros
de á pie contemplaban el espectáculo.

Los franceses se formaban de nuevo y mejor.

Al llegar al final de una vertiente de la loma
volvimos grupas y, sin precaución alguna, pasamos cerca de los franceses á formarnos de nuevo.

Los del Jabalí, sin duda, no se habían atrevido
á cargar.

El Brigante, orgulloso de su valor, y viendo
nuestro enardecimiento, nos hizo acometer de
nuevo.

Con una serenidad pasmosa, avanzó á la cabeza del escuadrón, terrible, majestuoso, lleno de cólera como el mismo dios de las batallas.

No éramos bastantes para arrollar á los franceses por la masa, y se trabó el combate cuerpo á cuerpo, hombre contra hombre, como fieras, enloquecidas por el furor.

Ciegos de coraje, dábamos estocadas y mandobles á derecha é izquierda. Al Tobalos se le veía en todas partes, luchando y ayudando á los demás.

El Brigante parecía un energúmeno, uno de esos monstruos exterminadores del Apocalipsis. Su mano fuerte blandía colérica el sable corvo y pesado, y el acero de su hoja se teñía en sangre roja y negra como el cuerno afilado de un toro en la plaza.

Había matado más de cuatro, cuando se lanzó sobre él un sargento de dragones alto, gigantesco, con unas barbas largas y rojas y una mirada feroz.

En la acometida vimos los caballos de ambos que se ponían en dos patas, furiosos, echando vaho por las narices. Los sables de los dos combatientes al chocar metían un ruido como las hoces en las cañas de maíz.

Aquel combate singular no duró mucho; el Brigante dió á su enemigo tal sablazo, que vimos caer el cuerpo enorme del dragón con el cuello casi tronchado.

La curiosidad por presenciar el combate pudo perderme; un gendarme me soltó un sablazo en el hombro, que me dobló la charretera.

LA MARSELLESA

Los guerrilleros, al ver que abríamos brecha en los franceses, se acercaron de nuevo, gritando:

—Avanza la caballería. Son nuestros. ¡Adelante!; y rodearon al enemigo como una manada de lobos hambrientos.

Los franceses empezaron á vacilar, á cejar.

Los españoles, con nuevas tropas de refresco, avanzaban, cada vez más decididos. Ya nos veíamos unos á otros, y nuestros gritos pasaban por encima de los franceses.

De pronto, el comandante Fichet, que se encontraba en el centro, á caballo, se descubrió, tomó la bandera y estrechándola, sobre el pecho, comenzó á cantar la Marsellesa. Todos los soldados franceses entonaron el himno á coro, y como si sus mismas voces les hubieran dado nueva fuerza, rehicieron sus filas, se ensancharon y nos hicieron retroceder.

Aquella escena, aquel canto, tan inesperado, nos sobrecogieron á todos. Los franceses parecían transfigurarse: se les veía entre el humo, en medio del ruido de los sables y de los gritos é imprecaciones nuestras. cantando, con los ojos ardientes llenos de llamas, el aire fiero y terrible.

Parecía que habían encontrado una defensa, un punto de apoyo en su himno; una defensa ideal que nosotros no teníamos.

Sin aquel momento de emoción y de entusiasmo, las tropas francesas se hubieran desordenado.

Fichet, que conocía, sin duda, muy bien á su gente, recurrió á inflamar el ánimo de sus soldados con canciones republicanas.

Nosotros nos retiramos.

Los franceses tuvieron la convicción de que aquel ataque furioso había sido nuestro máximo esfuerzo. Esta convicción les tranquilizó.

Los del Brigante nos alejamos del lugar del combate, y siguió de parte de los guerrilleros el fuego graneado.

Fichet, después de recoger los heridos y de reorganizar la columna, se puso en marcha formando un cuadro, algunos tiradores de á caballo en los flancos, y á retaguardia los demás, que iban retirándose escalonados.

Fichet no quiso, sin duda, avanzar rápidamente, para no dar á sus soldados la impresión de una fuga, y fué marchando con su columna con verdadera calma.

LA REPÚBLICA

Quiso aprovechar también el entusiasmo que producía en sus soldados las canciones revolucionarias, y mandó á dos sargentos jóvenes que las cantaran.

El comandante quedó á retaguardia con sus tiradores, volviéndose á cada paso para observar las maniobras del enemigo.

Nuestro escuadrón fué de prisa á rodear y salir de nuevo al encuentro de los franceses.

De lejos, aquella masa de soldados imperia-

les, cantando, hacía un efecto extraordinario.
Cuando pasaron á no mucha distancia de nosotros,
el viento traía la letra de Le Chant du Depart can-
tado por uno de los sargentos.

La victorie en chantant nous ouvre la barrière;
La Liberté guide nos pas,
Et du Nord au Midi la trompette guerrière
A sonné l'heure des combats.
¡Tremblez, ennemis de la France,
Rois ivres de sang et d'orgueil!

Y el coro de soldados, como un rugido de tem-
pestad, exclamaba:

La République que nous appelle
Sachons vaincre, ou sachons perir
Un français doit vivre pour elle,
Pour elle un français doit mourir.

Y volvía de nuevo otra estrofa, y volvía de nuevo el coro.

—¿Qué es la *Republique?* ¿La República?—me
dijo el Brigante.

— Sí.

— Yo creí que éstos gritaban: ¡Viva el emperador!

— Sí; pero cuando están en peligro se acuerdan
de la República.

Aquella voz francesa, aguda, rara, sonaba para
mí como algo extraordinario en el día gris, en
medio de las verdes montañas. Quizá desde el

tiempo de la República Romana no se había repetido jamás allí esta palabra.

La canción de Chenier, como un canto de victoria, llevaba á los franceses á la salvación.

Merino comprendió que mientras el enemigo tuviera aquel comandante no se podría con él, y mandó á sus mejores tiradores fueran acercándose á los franceses, con orden de disparar únicamente al jefe.

No era la cosa fácil, ni mucho menos, porque los tiradores de los dos flancos del escuadrón francés iban explorando la zona de ambos lados.

Los guerrilleros, que conocían bien las sendas y disparaban con más puntería, marcharon, unos á pie y otros á la grupa de los soldados de caballería hasta avanzar, y luego desmontaron y fueron ocultándose entre los pinos y los matorrales.

Los franceses se nos escapaban. El escuadrón de Burgos iba picándoles la retirada. El Brigante se hallaba dispuesto á atacarles por tercera vez, á no dejarles un momento de descanso.

De pronto, desde un gran matorral de retamas comenzaron á disparar; un pelotón de franceses se lanzó á rodear el matorral de donde habían partido los disparos, y en el momento en que el jefe miraba hacia aquel lado, varios guerrilleros se acercaron por el opuesto; sonaron diez ó doce tiros y Fichet cayó de su caballo.

LUCHA FEROZ

El Brigante nos mandó cargar y los franceses
se declararon en fuga, dejando en el campo algunos cadáveres, entre ellos el del comandante Fichet. Más lejos se rehicieron de nuevo.

El escuadrón del Jabalí había aparecido á inter-
ceptarles el paso, y volvían de nuevo á encontrarse rodeados de guerrilleros.

El nuevo jefe francés, menos sabio que Fichet,
dividió su fuerza en varios pelotones de á pie y
de á caballo y los alejó unos de otros de una manera excesiva.

Aquélla fué su muerte. Nuestro escuadrón, en
combinación con el de Burgos, dividió y aisló á
los pelotones franceses más numerosos. Intentaron ellos establecer el contacto, los rechazamos
nosotros, y desde entonces tuvieron que batirse
á la desesperada, sin orden ni concierto. La lucha
era incesante.

Nuestros escuadrones en masa subdividían más
y más á los franceses. Los guerrilleros iban rema-
tando á los heridos.

Parecía una lucha de demonios; todos estábamos desconocidos, negros de sudor, de barro y
de pólvora.

No se daba cuartel.

Los heridos se levantaban, apoyaban una ro-
dilla en tierra, disparaban y volvían á caer. Un
francés, chorreando sangre, se erguía y atra-
vesaba con el sable á un español. Otro hun-

día la bayoneta en el vientre de un moribundo.

Un guerrillero herido sacaba la navaja, llegaba á un francés y le hundía la hoja en la garganta.

Muchos de los nuestros no tenían municiones y cargaban el trabuco con piedras, otros utilizaban sólo el arma blanca.

Hasta el completo exterminio no acabó aquella lucha de fieras rabiosas. Unicamente veinte ó treinta gendarmes y otros tantos dragones, dirigidos en su retirada por un sargento, lograron escapar.

Todos los demás murieron; algunos, muy|pocos, quedaron prisioneros; el campo quedó sembrado de muertos...

. . . .

Desde entonces, á aquel vallecito próximo á Hontoria se le llamó el Vallejo de los Franceses.

VII

DESPUES DEL COMBATE

... Y se acercaba el crepúsculo. Bandadas de cuervos venían por el aire, preparándose para saborear el gran banquete que les dábamos los hombres.

El Brigante, que se había distinguido en el ataque, no quiso señalarse en la persecución.

Todos los franceses que pasaron á nuestro lado fueron hechos prisioneros.

Yo, en unión de Lara y del Tobalos, llevamos el cadáver de Fichet hasta un bosquecillo de pinos, le pusimos la espada sobre el pecho y le enterramos.

Me parecía que el comandante francés nos miraba y nos decía: «Gracias, compañeros».

Después de esta piadosa obra nos reunimos con el escuadrón.

Los de la partida del Jabalí se encargaron del papel de verdugos. Como una manada de chacales que se lanza sobre un tropel de caballos fugitivos, así se lanzaron los del Jabalí á acorralar y á perseguir á los dragones y gendarmes dispersos.

Nosotros presenciamos inmóviles la siniestra cacería.

Merino derribó también á algunos desgraciados que intentaban huir, á tiros de su carabina.

Un grupo de cinco dragones vinieron hacia nosotros corriendo, buscando espacio para escapar.

Los cinco iban con el sable en alto, al galope; los guerrilleros corrían y gritaban tras ellos.

Cortándoles el paso salió una docena de guerrilleros, que les disparó una lluvia de trabucazos. Uno de los franceses escapó galopando; otro cayó á tierra acribillado á balazos. El tercero debió recibir una bala en el costado. Marchó al galope durante algún tiempo; luego se fué torciendo, torciendo, hasta que sus manos se agarraron á la silla; después, el pobre hombre, sin poder sostenerse, cayó con tan mala suerte, que se le enganchó un pie en el estribo y el caballo le arrastró por el suelo largo tiempo hasta convertirle en un montón informe de sangre y de barro.

Uno de los franceses vino hacia nosotros encorvado, sacudiendo al caballo con el sable. Al ver que le cerrábamos el paso, torció hacia la derecha. Yo seguí tras él.

—Detente; hay cuartel—le dije en francés.

El dragón se detuvo. Temblaba, convulso. El caballo tenía todo el pecho bañado de espuma que le salía por la boca, y los ijares llenos de sangre.

Mi prisionero era hombre de unos cuarenta años, fuerte, de aire sombrío.

— Diga usted que es belga—le dije.

— Gracias—me contestó él.

Le llevé delante del Brigante, que le recibió de muy buena manera.

Comenzaba á transcurrir la tarde. Una depresión, mezcla de cansancio y de tristeza, nos invadía.

Era ya el momento de volver á Hontoria.

Los del Brigante estábamos satisfechos Nuestra acometividad y nuestro valor habían quedado por encima de los demás de la partida. Juan se manifestaba contento.

Había pérdidas dolorosas entre nosotros; pero todos teníamos la satisfacción de haber cumplido.

Se pasó revista. Faltaban más de veinte hombres, entre ellos, don Perfecto y Martinillo. Don Perfecto no pareció. Yo me figuré que se habría escondido, de miedo, en cualquier parte.

La pérdida de Martinillo produjo gran impresión; fuimos al lugar del combate a ver si lo encontrábamos muerto ó vivo.

Algunos caballos, desesperados, locos, manchados de sangre, corrían por en medio del campo, haciendo sonar los arneses y los estribos.

Sobre un ribazo vimos al Meloso abandonado, agonizando, con las entrañas en las manos. Poco después nos topamos con un guerrillero del Jabalí que se moría mugiendo como un toro.

En el Vallejo, en el sitio donde habíamos dado la carga, recogimos el cuerpo de Martinillo.

— ¡Pobre Martinillo! ¿Quién te había de decir que nosotros los viejos te enterraríamos? — exclamó un guerrillero anciano.

Al bajar del caballo encontramos á un francés bañado en sangre que debía estar sufriendo horrores. Al vernos, exclamó:

— ¡Socorro! ¡Perdón! ¡Agua!

Lara y yo nos acercamos á socorrerle; pero Fermina la Navarra, amartillando su carabina y poniendo el cañón en la boca del herido, gritó:

— Toma agua—y disparó á boca de jarro, deshaciéndole el cráneo. Los pedazos de sesos me salpicaron la ropa y las manos.

Lara se indignó. Rápidamente desenvainó el sable y se quedó luego sin saber qué hacer.

— ¡Ese asqueroso francés! — exclamó ella —. ¡Que se muera!

COMENZABA EL CREPÚSCULO

Decidimos llevar el cadáver de Martín sobre un caballo.

Volvimos á montar. Comenzaba el crepúsculo y aumentaba nuestra tristeza.

Ibamos marchando hacia Hontoria, cansados, embebidos en nuestros pensamientos, cuando nos soltaron una descarga y vimos que el Brigante se inclinaba en su caballo.

Lara y dos guerrilléros que estaban cerca de él fueron á socorrerle y le sujetaron en sus brazos.

— Son los nuestros—dijo el Tobalos.

— ¡A ellos!—exclamé yo—. ¡A pasarlos á cuchillo!

Con un pelotón de cincuenta hombres me lancé al galope hacia los matorrales de donde habían partido los tiros. Vimos varias sombras que corrían á lo lejos en la obscuridad.

A uno de ellos, el Tobalos, Ganisch y yo le perseguimos hasta acorralarlo. Yo le alcancé y le di un sablazo en la cabeza. Estaba el hombre vacilando, cuando el Tobalos le soltó un trabucazo á boca de jarro que le hizo caer inmediatamente al suelo.

Ya satisfecha nuestra venganza, volvimos hacia el lugar donde había sido herido el Brigante.

Al acercarnos comprendimos que había muerto. Estaba su cuerpo tendido sobre la hierba, y Lara, descubierto, le contemplaba.

Al acercarme á él, Lara me estrechó la mano y dijo:

— Ha preguntado por ti. Ha dicho que le digamos á ella que ha muerto pronunciando su nombre.

Lara tenía lágrimas en los ojos. Yo sentía no ser tan sensible como él.

Decidimos colocar el cadáver en un caballo y llevarlo á Hontoria.

Fué una expedición lúgubre. Había obscurecido; sólo quedaba una ligera claridad en el cielo. Los cuervos iban posándose silenciosamente en la tierra; se oían sus graznidos. Algunos hombres y mujeres sospechosos andaban por el campo escondiéndose entre los matorrales. Los perros hambrientos de los contornos se acercaban al olor de la sangre. Era una gran fiesta para todos los animales necrófagos: cuervos, cornejas, buitres, gusanos, perros hambrientos y demás comensales de la Muerte.

Marchábamos mudos por el campo obscuro, sembrado de cadáveres.

En algunas partes habían encendido hogueras con ramas de pino, donde quemaban los cuerpos de los hombres y de los caballos y el viento jugaba con e humo acre, trayéndolo á veces á la garganta.

AL LLEGAR Á HONTORIA

Cuando llegamos á Hontoria nos encontramos un espectáculo lamentable. Los guerrilleros habían cogido al sargento español afrancesado que servía de guía y de intérprete á los imperiales, le habían montado en un burro atado los pies por debajo del vientre del animal y los brazos en los codos, y lo llevaban así.

Una nube de viejas horribles desarrapadas, de mujeres, de chiquillos que habían sabido quién era, se acercaban al sargento á insultarle, á arañarle, á tirarle piedras.

Ya no quedaba nada de su uniforme, desgarrado á jirones, y su cara estaba negra de humo, de pólvora y de sangre.

Perdimos de vista este horrible espectáculo y nos acercamos á la casa del Padre Eterno. Llevamos el cadáver del Brigante desde el portal á la sala.

Un chico fué á avisar á doña Mariquita, y ella y Jimena, ambas deshechas en lágrimas, acudieron solícitas á la casa.

Entre las dos mujeres y la mujer del Padre Eterno limpiaron el cadáver del Brigante de sangre, de barro y de humo, y lo colocaron en una mesa, entre cuatro velas.

Pusieron, además, un paño negro en el suelo y un crucifijo en la pared blanca del cuarto.

Fermina la Navarra fué á casa de Martinillo; pues, á pesar de que nunca había tenido gran simpatía, ni por él ni por la Teodosia, quiso ir porque la viuda de nuestro corneta estaba para dar á luz, y Fermina tenía miedo de que alguna comadre le soltara como un escopetazo la noticia de que su marido había muerto.

Yo me ocupé de nuestros prisioneros, les hice cambiar de traje y les recomendé al alemán Müller, que se encargó de ellos.

Volvimos Lara y yo al cuarto en donde estaba el Brigante muerto, y las mujeres nos dijeron que nos fuéramos á dormir. Ellas velarían el cadáver.

—Bueno, vamos á ver si encontramos algún rincón donde echarnos—le dije yo á Lara.

—Antes, lávate—me advirtió él—; hueles á sangre que apestas.

Realmente, tenía el uniforme lleno de sangre y de trozos de cerebro que me habían saltado, y mi sable parecía la cuchilla ensangrentada de un carnicero.

Me lavé en una fuente y fuimos Lara y yo á buscar alojamiento.

Había mucho herido; casi todas las casas del pueblo estaban ocupadas por ellos; se oían gritos, lamentos. Los cuervos en el campo, los cirujanos y los curas en la aldea, iban á tener mucho trabajo.

EN LA IGLESIA

Dimos la vuelta al pueblo, y como no encontramos sitio donde guarecernos, nos metimos en la iglesia. Estaban allí alojados unos cuantos peseteros. Entramos, y, á pesar de las protestas de algunos, yo cogí un saco de paja, me tendí en él, y quedé dormido como muerto.

A las cuatro ó cinco horas me despertó la voz dolorida de Lara.

—¿Todavía duermes, Echegaray?—me dijo.

—Sí. ¿Qué pasa?

—Yo no he podido dormir en toda la noche.

—¿Pues qué te ocurre?

—Estoy pensando en las barbaridades que se han hecho. ¡Dios mío! ¡Qué horror! ¡Qué horror!

—Pero eso es la guerra, Lara; ¿qué quieres hacerle?

—Y esa mujer, esa Fermina, ¡eso es un monstruo!

—Mira, Lara—dije yo—, duerme; si no, mañana no vas á poder tenerte en pie.

—No puedo dormir. ¡El pobre Martinillo, muerto! ¡Y el Brigante! Al Brigante le han matado los nuestros.

—¡Cállate, Lara; te puedes comprometer!

Al cabo de poco tiempo me dijo:

—¿Sabes, de todo, lo que más me ha entusiasmado?

—¿Qué?

—La canción de los franceses.

—¿La Marsellesa?

—Sí.

—¿La sabes tú, Echegaray?

—Sí.

—La tienes que cantar.

—Bueno; pero no ahora.

—¿Y el comandante francés? ¡Qué valiente! Yo le veía con la cabeza descubierta y con los ojos mirando al cielo y cantando. Me hubiera gustado acercarme á él, darle la mano y decirle: No; tú no debes defender á un tirano egoísta y martirizador de los pueblos como Napoleón; tú debes pensar en defender el bien, la Humanidad...

—¡Mira, Lara, no seas tonto! Duerme.

—A ese francés le recordaré toda la vida. Ahora mismo lo estoy viendo como lo hemos dejado allí en la hoya. Me parece que me mira y me dice: A pesar de que me habéis matado, somos amigos.

—¡Calla, hombre, calla!—exclamé—. Mira que hay ahí un cura que nos oye y nos espía.

—Peor para él, si es un hombre ruin y mezquino y no comprende nuestros sentimientos.

Como Lara no era persona á quien se pudiese inculcar prudencia, me incorporé en el suelo, me levanté y con él salí de la iglesia.

Algunas nubes vagamente rojizas, precursoras del alba, aparecieron en el cielo.

SE FUSILA

Echamos á andar Lara y yo hacia la casa del Padre Eterno, y vimos una patrulla de veinte hombres. Nos acercamos á ellos á ver qué pasaba.

Iban á fusilar al sargento afrancesado cogido la tarde anterior y á dos guerrilleros.

A uno de los guerrilleros le habían encontrado haciendo un agujero en el suelo de una tenada Era el Manquico. Al verle escarbar un oficial le había preguntado:

—¿Qué guardas ahí?

—Un paquete de balas.

El oficial, sospechando algo, había removido una hora después en el suelo de la tenada y encontrado una bolsa llena de oro. El otro guerrillero del Jabalí había sacado al dueño de una serrería cincuenta duros amenazadoramente, diciendo que eran para Merino. Los dos guerrilleros y el sargento afrancesado acababan de ser juzgados en juicio sumarísimo.

A los tres los sacaron de una casa donde estaban presos. El guerrillero del Jabalí se hallaba herido y tuvieron que llevarlo en un banco al lugar del suplicio.

El sargento afrancesado, ya limpio, tenía buen aspecto.

Era un joven de mirada viva, de pelo rubio; sin duda algún muchacho ambicioso que había pensado hacer una rápida carrera con los franceses.

Marchaba al suplicio con una firmeza audaz y desdeñosa:

Como la luz del alba no alumbraba bastante y no querían perder tiempo, habian puesto dos hachones de tea encendidos, y á la luz de sus llamas iban á fusilar á los tres hombres.

VIII

PERSECUCIÓN DEL CORONEL

Presenciábamos tan horribles preparativos, cuando de una casa próxima salió Merino. Iba á emprender su ronda de la mañana. Señaló el cura al capitán de la compañía el sitio para fusilar á los tres hombres y luego se acercó á mí.

— ¡Echegaray!

— A la orden, mi coronel.

— Así me gusta á mí la gente. Sin pereza. Lara tiene malas trazas. ¿Has dormido mal?

— No; muy bien, mi coronel.

— Bueno; vais á salir los dos en persecución del coronel francés herido. Ha pernoctado en Huerta del Rey; parece que se dirige á Aranda. Lleva unos veinticinco hombres. Si no se han dado mucha prisa, podéis alcanzarlos en Peñaranda de Duero.

— ¿Iremos con todo el escuadrón?—pregunté yo.

— Sí.

—¿Quién mandará, Lara ó yo?

— Tú.

— Si no podemos alcanzarlos, ¿qué hacemos?

— Marchar á Quemada y esperar allá.

— A la orden, mi coronel.

— A ver si de ésta te hago capitán, Echegaray.

Saludamos. Entre Lara y yo no podía haber rivalidades.

Cuando llegamos á casa del Padre Eterno, donde estaba el cuerpo del Brigante, sonaban las descargas que quitaban la vida al afrancesado y á los ladrones.

Desperté á Ganisch y al Tobalos, avisamos á los del escuadrón, se tocó llamada, se almorzó, y poco después nos dirigíamos hacia Huerta del Rey al trote.

HUERTA DEL REY

Huerta es un pueblo bastante grande, formado por casas torcidas y alabeadas, de las cuales ninguna tiene el capricho de conservar la alineación.

No hay allí edificios con el aire naturalmente inmóvil de toda obra de arquitectura; por el contrario, la generalidad parecen moverse y prepararse para una loca zarabanda.

Casonas y casuchas, unas se adelantan á invitar á la contradanza á las vecinas, otras se apartan finamente para dejar el paso libre, algunas se inclinan saludando con reverencia, y hay tres ó cuatro que se retiran como con despecho, bajando el tejado, que hace de sombrero, sobre sus ventanas, que son sus ojos.

Estos movimientos de las casas de Huerta se deben á que las construcciones no son de mármol Penthélico, ni siquiera de Carrara, sino de estacas y adobes de poca consistencia.

Entramos con el escuadrón en aquel pueblo, y por una calle empinada y sucia desembocamos en la plaza. Paramos en el Ayuntamiento y avisamos al alcalde.

Este tardó bastante en venir.

Nos dió noticias del coronel francés. Había llegado el día anterior á media tarde, dejado la mitad de sus hombres en el pinar, y después de cuatro ó cinco horas de descanso pidió un guía y emprendió de nuevo la marcha.

Me pareció imposible alcanzarle.

EL CORONEL BREMOND EN LA VID

El coronel Bremond estaba á media tarde en Peñaranda, y después de dar un refrigerio á los hombres y un pienso á los caballos emprendió la marcha por San Juan del Monte y llegó al monasterio de la Vid á prima noche.

El coronel, á pesar de hallarse gravemente herido y febril, antes de entrar en el convento inspeccionó sus alrededores.

Vió el puente de sillería sobre el Duero; puente largo de doce ojos, estrecho, fácil de defender.

Mandó á sus soldados rendidos, hiciesen un

parapeto con carros, vigas y piedras, y puso allí dos hombres de centinela.

El convento quedaba oculto por una cortina de chopos, y ordenó á los granjeros de la Vid cortaran en seguida las ramas de los árboles más próximos al puente.

En las ventanas del monasterio quedarían cuatro centinelas.

Dadas sus disposiciones, se decidió á entrar en el convento.

Los frailes le apearon de la yegua y le acostaron en la cama del abad don Pedro de Sanjuanena. El abad era natural de un pueblo de Navarra, y, cosa rara en un fraile de la época, un tanto liberal y afrancesado

Mientras un lego algo práctico en cirugía menor hacía la primera cura al coronel, éste dictaba un parte á uno de sus veteranos herido en el brazo izquierdo.

El parte de Bremond iba dirigido al comandante militar del cantón de Aranda. Le participaba lo ocurrido y le pedía enviara la fuerza disponible, pues se hallaba expuesto á un sitio donde podían perecer todos.

El abad despachó á un criado del convento con el parte.

Al amanecer del día siguiente llegaron al monasterio, aspeados, llenos de barro, un sargento primero con veinte gendarmes que lograron escapar de la matanza de Hontoria. Casi todos ellos eran de los exploradores que habían marchado por las crestas del desfiladero.

Pocas horas después, á las seis ó siete de la misma mañana, el comandante del cantón de Aranda se presentó en el monasterio con doscientos soldados de infantería y cincuenta caballos. Le acompañaba un cirujano de la ciudad, don Juan Perote.

Perote reconoció la herida del coronel; según dijo, no se podía extraer la bala sin practicar una operación cruenta. Respecto á trasladar el coronel á Aranda, de hacerlo, había que tomar grandes precauciones, pues la herida se hallaba muy inflamada y el paciente tenía una calentura terrible.

El comandante de Aranda determinó continuar en el monasterio un par de días para dar tiempo de descanso á los dragones y gendarmes de Bremond y ver si llegaba algún nuevo fugitivo de Hontoria.

DELANTE DEL MONASTERIO

Mientras tanto, nuestro escuadrón llegaba por la noche á Peñaranda. Dejamos parte de la fuerza allí, y yo, con cincuenta hombres de los más decididos, avancé por la cuesta de San Juan del Monte hasta aproximarnos á la Vid.

El monasterio tenía en la obscuridad un aire fantástico.

Apenas se le divisaba oculto por una masa de altos y negros chopos.

Se adivinaba, más que se veía, el cauce del río

como una barranca hundida y los grupos de árboles de las orillas.

A la derecha del monasterio se columbraba la
cabeza del puente. Arriba en el cielo palpitaban
las estrellas.

No me pareció prudente atacar el convento sin
tener idea de sus medios de defensa, y esperamos
al amanecer.

Dormimos un rato y al alba estábamos de nuevo á caballo.

La mañana comenzó á sonreir en el cielo.

Se iba destacando entre la obscuridad y la
bruma el poblado de la Vid, una manzana de casas blancas unidas al convento.

Lara y yo, á pie, ocultándonos entre las matas,
nos acercamos á un tiro de fusil.

Con el anteojo pude ver la barricada del puente
y los soldados llegados de Aranda patrullando por
los alrededores.

No éramos bastantes para atacar el monasterio,
y, siguiendo las órdenes del cura, atravesamos el
Duero y nos instalamos en Quemada del Monte.

Preparamos el alojamiento, y yo di una vuelta
al pueblo en compañía de Lara.

— Amigo Lara—le dije cuando nos vimos solos—, ¿tú crees que podríamos contar con nuestra
gente?

— Según para qué.

— Para marcharnos hacia la Alcarria á reunirnos con el Empecinado.

— ¿Dejando á Merino?

— Sí.

— Suponía que estabas tramando algo.

— Bien; ¿y qué opinas?

— Que no contamos con la gente para eso.

— Crees tú.

— Seguro. El Brigante mismo no lo hubiera podido conseguir. A nosotros Merino nos molesta y á ti te repugna. A ellos les entusiasma.

— Bueno—contesté yo—; será así, pero te advierto que si Merino nos deja dos ó tres días aquí, yo con la gente que quiera, hablándoles claramente ó engañándolos, me voy hacia la Alcarria á juntarme con el Empecinado.

— Yo voy contigo.

Hablamos al Tobalos. El Tobalos nos escuchó, miró al suelo y no dijo nada.

— ¿Usted vendría?—le pregunté.

— Sí, advirtiéndoselo antes á Merino.

— ¿Y los demás?

— No sé.

No había que pedir más al laconismo de aquel hombre; pero se podía comprender que él pensaba que los demás no querrían marchar hacia la llanura dejando la sierra.

La mayoría de los guerrilleros sentían un localismo tan exagerado, que consideraban que del Duero para abajo y del Ebro para arriba acababa España.

ME LLAMA EL CURA

Por la noche supimos que el cura venía avanzando con el grueso de su partida á Hontoria de Valdearados, y á la mañana siguiente me mandó un recado para que me avistara con él.

Supuse yo si su objeto sería instalarse en Zazuar y en Fresnillo de las Dueñas, con lo cual podía dejar dividida la guarnición francesa de Aranda en dos partes: doscientos cincuenta hombres en el convento de la Vid, aislados y sitiados, y trescientos en la ciudad. No era difícil, seguramente, atacarlos sucesivamente y vencerlos.

En el caso de que se decidiera á esto, yo abandonaria mi proyecto de deserción, al menos por entonces.

Me adelanté á Hontoria de Valdearados, dejando á Lara en el mando.

Merino no pensaba en sitiar la Vid ni Aranda; no se atrevía á un ataque tan en grande.

— ¿Tú qué harias si estuvieras en mi lugar?—me preguntó.

— Yo, sitiar el convento y atacarlo.

Merino no contestó, y luego, no sé si para intimidarme, me preguntó si sería capaz de ir á Aranda y enterarme de si el pueblo nos secundaría.

Le dije que sí y marché disfrazado en el carro de un carbonero á esta villa.

Iba dirigido á don Juan Antonio Moreno, administrador del convento de Sancti-Spiritus, que vivía en la calle de la Miel, cerca de la plaza del Trigo.

El carbonero me dijo que á don Juan Antonio y á don Lucas Moreno les llamaban los franceses y los afrancesados los Brigantes.

Don Juan Antonio Moreno me recibió muy bien. El y su hermano don Lucas eran los depositarios del Empecinado, y á ellos les enviaba el guerrillero todas las sumas que recogía.

Hablamos mucho del Empecinado y de la politica del tiempo.

Estuve muy bien tratado en los dos días que paré allí; luego, en el mismo carro en donde había ido, salí de Aranda y volví á mi escuadrón. Claro que mis informes no sirvieron de nada, porque el cura no había pensado en atacar Aranda.

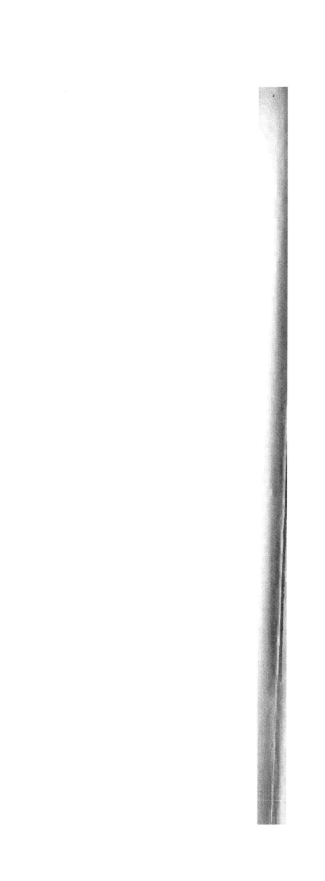

IX

EL PARTE DE ARANDA

Los franceses, mientras tanto, estaban inquietos. Al día siguiente de llegar el comandante de Aranda á la Vid, á las diez de la noche recibió un parte de su segundo, redactado así:

«Al comandante Bontemps.

Comandante: En este momento acabo de recibir aviso de la llegada del cura Merino con una numerosa partida al pueblo de Hontoria de Valdearados. Una avanzada de caballería enemiga se ha estacionado en el lugar de Quemada, á tres cuartos de legua de Aranda. Su objeto, indudablemente, es cortar la retirada á las tropas de usted para cuando intenten volver á esta ciudad.

Prepárese usted en seguida para un posible sitio.

Por ahora no puedo enviar más fuerza.

Como sabe usted, aquí dispongo de trescientos hombres que no me bastan. Tengo cien para defender el puente, la casa del Ayuntamiento y el Juzgado. Estoy dispuesto á perder la vida antes de que entren los brigantes en Aranda. No puedo tampoco enviar víveres, porque la comunicación está cortada y no los tengo. He pedido socorros.

El comandante interino del cantón de Aranda.—*Courtois.* »

DISPOSICIONES DE BONTEMPS

El parte alarmó extraordinariamente á Bontemps. Temía ser cortado y atacado en el monasterio. Al instante hizo fortificar el parapeto mandado construir á su llegada por Bremond y formar otro en el extremo del puente próximo al monasterio. Colocó cincuenta soldados de infantería para defender estos dos puntos.

Suponía que, ayudados por los fuegos de las ventanas del convento, podrían resistir largo tiempo en caso de asalto. Pocos hombres en este sitio bastaban para contener á Merino si se presentaba.

Luego montó á caballo, corrió á Vadocondes con una escolta de diez húsares, decomisó los carros que pudo y cerró también allí la cabeza del puente.

Había hecho de antemano salir del monasterio cincuenta soldados de infantería y mandado le siguieran.

Cuando llegaron éstos, la barricada del puente de Vadocondes se hallaba concluída.

Volvió después Bontemps á la Vid y envió un

pelotón de húsares y de gendarmes á patrullar por el camino de legua y media que va del puente de la Vid al de Vadoconds. Consideraba imposible el paso de los españoles por El Duero; el río venía muy crecido por las lluvias.

Como todavía le quedaba gente disponible, ordenó á una partida de húsares rondase San Juan del Monte, en observación del camino de Aranda, por la derecha del río y las avenidas del monasterio.

Mientras tanto, Merino, poco decidido á probar fortuna, ó no queriendo deslucir la jornada de Hontoria, después de alarmar los contornos nos ordenó la vuelta á la sierra.

El comandante Bontemps, al pasar dos días y no verse atacado, exploró él mismo el camino de Aranda y lo vió, con sorpresa, sin enemigos

Temía una emboscada; pero como le iban faltando los víveres, decidió partir al día siguiente con todas las tropas y con el coronel herido.

El abad don Pedro de Sanjuanena le prestó cincuenta hombres de las granjas de Guma y de Zuzones, colonos del convento.

Remudándose á cortos trechos, llevarían al coronel herido hasta Aranda.

Bontemps pensaba marchar con toda la velocidad posible y recorrer en cinco ó seis horas las tres leguas y media que hay desde la Vid á Aranda de Duero.

Hechos los preparativos, al anochecer se retiraron los húsares de la avanzada de San Juan del Monte y se unieron con los expedicionarios.

Colocaron en la camilla un jergón, dos colcho-
nes y varias almohadas, para que el coronel Bremond fuese sentado. El comandante Bontemps
envió un propio á los soldados del puente de Vadocondes avisándoles que por la noche se reuniría
con ellos. El convoy se puso en marcha rápidamente.

Cincuenta húsares marchaban á vanguardia;
después cien infantes; en medio de ellos el coronel en su camilla, y á retaguardia los gendarmes y dragones salvados del desastre de Hontoria.

El cirujano don Juan Perote iba á caballo al
lado del herido.

Llegó la columna á Vadocondes y se le reunieron los cincuenta soldados de infantería que guardaban el puente

Aseguraron éstos no había novedad por los
contornos; se dió un refrigerio de pan y vino á
los granjeros y á la tropa, y se dispuso seguir
adelante.

El comandante del convoy ordenó á un pelotón
de húsares, al mando de un sargento, se adelan-
tara hasta Fresnillo de las Dueñas y se enteraran
de si el camino estaba libre.

Pronto volvieron dos jinetes á decir que no se
advertía nada sospechoso.

Siguió el convoy á Fresnillo, y desde aquí mandó Bontemps un parte á Courtois preguntándole
si pasaba algo.

Courtois contestó diciendo: «No hay novedad en
la villa; se ignora el paradero de Merino; han

desaparecido las avanzadas enemigas de Quemada y Zazuar. Podéis avanzar».

En vista de estas noticias, continuó el convoy su
marcha, y al amanecer llegaban los franceses á
las puertas de Aranda. Courtois les esperaba en la
cabeza del puente con parte de la guarnición.

Entraron las fuerzas en la villa, llevaron al herido á casa de don Gabino Verdugo, una de las
personas más importantes de la población, y le
subieron en la camilla al cuarto dispuesto para él.

Bremond mandó se repartiese su dinero entre
los granjeros que le habían llevado. Bontemps y
los soldados fueron á sus respectivos cuarteles.

Al día siguiente el cirujano Perote, acompañado
de un médico francés de regimiento, visitó al coronel, sondaron entre los dos la herida y extraje-
ron la bala.

Los facultativos aseguraron que antes de un
mes el coronel se hallaría completamente bien y
podría montar á caballo.

LIBRO QUINTO

NUEVAS EMPRESAS

I

LA PARTIDA CRECE

Por aquella acción del Portillo de Hontoria Merino ascendió á brigadier; otros pasaron de tenientes á capitanes y de capitanes á comandantes.

Ni Lara ni yo ascendimos. El escuadrón del Brigante desapareció, y nosotros fuimos incorporados al regimiento de caballería de Burgos.

Después de la célebre emboscada, Merino aumentó considerablemente en calidad y en número sus tropas que organizaron los comandantes Blanco y Angulo El primero fué el jefe del regimiento de caballería de Burgos, compuesto de ochocientas plazas, y el segundo, del regimiento de infantería de Arlanza, con dos mil soldados. A fines de 1810, la división de Merino era de cinco mil hombres.

En este mismo año tuvimos una acción desgra-

ciada en el puente de Almazán, donde murió uno
de los hermanos de Merino, apodado el Majo. Siete horas duró el combate. Nuestra partida estaba
apoyada por el segundo batallón de Numantinos, compuesto de reclutas, que se batieron admirablemente.

Los franceses eran mil quinientos. Unas dos-
cientas bajas, entre muertos y heridos, nos costó
aquella acción. Los Numantinos fueron los más
castigados.

Unos días más tarde, en unión de la partida de
Salazar, nos apoderamos de Covarrubias y tuvimos varias escaramuzas en Villalón y Santa María
del Monte.

En otoño de este año se apresaron cinco mil
carneros que los franceses enviaban á Aranda de
Duero, y unos días después, en una venta cerca
de Burgos, se quemaron cuarenta carros de galle-
tas que iban dirigidos al ejército de Massena.

Al año siguiente, por la primavera, estuvimos á punto de pagar nuestra emboscada de Hontoria del Pinar.

Había vuelto la guarnición francesa á ocupar
Covarrubias, y Merino pensó sorprenderla y pa-
sarla á cuchillo, como había hecho el año anterior.

Estábamos dos escuadrones de caballería en la
sierra de Mamblas, con unos quinientos á seiscientos caballos.

Merino envió cincuenta hombres del Jabalí á
que se acercaran al pueblo y avanzaran por el
puente. Poco después salieron á su encuentro

cien infantes y cincuenta caballos de la guarnición francesa.

Merino, que creyó que los imperiales no tenían más fuerza que aquélla, dispuso que sus quinientos hombres atacaran el pueblo. Efectivamente; hicimos retroceder á los franceses y nos metimos en Covarrubias; pero no habíamos hecho mas que entrar, cuando nos vimos envueltos en una lluvia de balas.

Hubo que salir más que al paso fuera del pueblo.

Llegamos en la retirada al puente, y allí pudimos defendernos un momento, resistir el choque de los franceses y dar tiempo á que los nuestros tomaran posiciones.

Los franceses nos atacaban con una furia terrible. Eran unos seiscientos infantes y más de doscientos caballos.

Ya á campo abierto, la retirada nuestra se efectuó con gran orden, por compañías y grupos, y al llegar al monte nos dimos por salvados.

En las tres horas de persecución que tuvimos perdimos poca gente para lo que se hubiera podido calcular.

La partida se batió con una pericia y una serenidad asombrosas.

De Covarrubias, pasando por cerca de Santo Domingo de Silos, llegamos de noche á Arauzo de Miel, donde nos detuvimos á descansar, considerándonos seguros.

No habíamos hecho mas que repartirnos en las casas, disponer la guardia y echarnos á dormir, cuando nos encontramos cercados por los franceses.

La ronda de caballería pudo distraer al enemigo algún tiempo; salimos luego todos á romper el cerco, y ya fuera, se volvió á efectuar la retirada por el monte y á obscuras, sin grandes quebrantos, hasta penetrar en los pinares de Huerta del Rey y quedar en seguridad.

Este mismo año de 1811 peleamos juntamente con la partida de Borbón, y después, en unión de la de Padilla, contra una columna francesa que había salido de Segovia y á la que atacamos en Zamarramala.

Más tarde, la división de Merino, con cinco mil hombres, unida á las partidas de Padilla y Borbón, que tenían mil cada una, formaron una línea desde el Duero hasta Lerma, situándose Borbón en Roa, Padilla en Gumiel de Izán, y el cura en Lerma.

En esto, en Marzo de 1812, los franceses cogieron prisioneros en Grado á los que componían la Junta Superior de Burgos, los llevaron á Soria y los fusilaron.

A la cabeza de los escuadrones franceses venía un comisario de policía español afrancesado, llamado Moreno. Este fué el que preparó la sorpresa donde se aprisionó á los españoles de la Junta.

El cura Merino determinó tomar terribles represalias, y ahorcó y luego quemó ochenta franceses, veinte por cada español fusilado. Todo por la mayor gloria de Dios.

Pasada esta racha de furia, Merino se dedicó á

darse tono, á echárselas de general y á hablar con las autoridades.

Lara y yo dependíamos directamente del coronel Blanco y apenas teniamos que vernos con el cura.

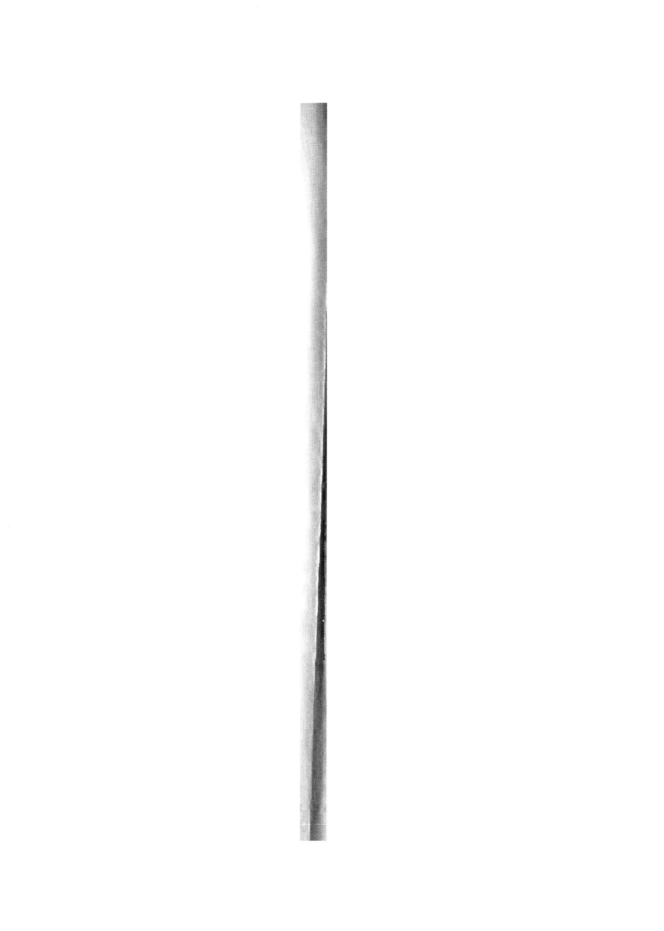

II

LA MUJER DE MARTINILLO

Una noticia que nos produjo á Lara y á mí gran efecto al llegar á Hontoria fué la de que la mujer de Martinillo, al saber su viudedad, había muerto.

La Teodosia acababa de tener una niña. Debilitada por el puerperio y triste por estar separada de su marido, no se restablecía rápidamente.

Fermina la Navarra le había dicho que Martinillo estaba en la Vid.

La Teodosia se resignaba á no ver á su marido á su lado, cuando entraron una mañana en su cuarto unas comadres, y por sus reservas y la compasión que le manifestaron, comenzó la enferma á tener vehementes sospechas de una desgracia.

La Teodosia pidió á gritos que le dijeran lo que pasaba, y al saber la muerte de su marido le dió un síncope y quedó muerta.

Le avisaron á Fermina, y ésta, furiosa, no se

contentó con menos que con echar á latigazos de
la casa á las dos viejas comadres que por su estupidez habían producido aquella desgracia. A
los guerrilleros todos les pareció muy bien el
arrebato de Fermina.

Fermina la Navarra, que era una buena mujer,
á pesar de su barbarie y de su crueldad con el
enemigo, decidió adoptar á la niña, á quien se
bautizó y se llamó Teodosia, como su madre.

Fermina decidió llevar á la niña á una nodriza
de Huerta del Rey, y con frecuencia Lara y yo
solíamos ir á ver á la chica, á quien considerába-
mos como hija adoptiva...

Estuvimos casi completamente en paz unos meses, sin tener grandes encuentros. La guerra de
partidas se iba haciendo más regular á medida
que los núcleos crecían y se uniformaban.

III

EL DIRECTOR, DENUNCIADO

En esto supimos que el director había sido acusado en Burgos por los franceses de espía de los guerrilleros y metido en la cárcel.

Al saber la noticia le dije á mi compañero Lara, y luego al coronel Blanco, que creía no debíamos ver indiferentes la prisión del director.

Blanco habló á Merino, el cual no pareció muy alarmado; no le importaba la cosa, ó consideraba imposible remediarla. Volví á insistir con el coronel Blanco, y éste dijo:

— Si creen ustedes que pueden hacer algo por el director, yo les daré á usted y á Lara licencia ilimitada para que vayan á Burgos, si quieren, solos ó con los asistentes.

—Bueno, iremos—contesté yo.

—Pues, nada; cuenten ustedes con la licencia.

Como Ganisch y yo no conocíamos la gente de Burgos y podían hacernos alguna pregunta comprometedora en el camino, cambiamos de escu-

dero: Lara fué con Ganisch, y yo con el asistente
de mi amigo y antiguo criado suyo, un tal García.

Quedamos de acuerdo en reunirnos en el camino entre Hortigüela y Cuevas.

Salimos. Los pueblos del trayecto se encontraban en un estado lamentable. Por todas partes no
se veían mas que ruinas, casas incendiadas y
abandonadas. Nadie trabajaba en el campo, y por
las callejuelas de las aldeas únicamente había viejos, mujeres y chicos astrosos. Nos encontramos
Lara y yo, como habíamos previsto, antes de llegar á Cuevas, y entramos en Burgos. Fuimos á
hospedarnos á casa de un primo de Lara, y al día
siguiente me dediqué yo á enterarme de lo que
había pasado con el director. Llegué á averiguar
la génesis de su acusación y prisión. Era ésta.

LAS SOSPECHAS DE BREMOND

Ocho días después de la llegada del coronel
Bremond á Aranda de Duero, el prefecto de la
provincia de Burgos por el rey José, don Domingo Blanco de Salcedo, fué llamado á presencia del general conde de Dorsenne.

—Mi querido don Domingo—le dijo Dorsenne—, he recibido un pliego del coronel Bremond,
comandante de la columna de caballería que ha
sido aniquilada en la sierra de Soria por el cura
Merino.

—¿Se ha salvado el coronel?

—Sí, se ha salvado. Bremond me dice que tie

ne vehementes sospechas de que un señor don Fernando, en cuya casa estuvo de huésped, y que vive en la calle de la Calera, en unión del administrador de rentas de Barbadillo del Mercado y de su mujer, están de acuerdo con Merino.

—¿Es posible?—preguntó con sorpresa Salcedo.

—El coronel Bremond declara, bajo palabra de honor, que estas personas le indujeron con sus informes á apresurar la malhadada expedición que tantas vidas francesas ha costado.

—¿Y este coronel sigue así las indicaciones de cualquiera?—preguntó Blanco de Salcedo.

—Sí; realmente es una torpeza suya el confesarlo. Bremond no brilla por su inteligencia. Yo no quiero cometer una arbitrariedad. ¿Usted qué opina como prefecto y como abogado?

—Yo, por ahora, mi general, no puedo tener opinión. La acusación es demasiado vaga para tenerla en cuenta.

—¿No cree usted que valdría la pena de llamar al acusado y de interrogarle?

—¿Prendiéndole?

—Sí.

—No me parece prudente. Yo, en su caso, escribiría al coronel diciéndole que puntualizara los cargos. No vayan á tomar esa prisión como una venganza por la derrota sufrida por la columna. Ese don Fernando es persona bien relacionada en Burgos, y si se le prendiera sólo por sospechas, habría un escándalo en el pueblo, cosa que no conviene.

Dorsenne se dió por convencido; recomendó á

Blanco de Salcedo que no dijera nada á nadie, y
escribió á Bremond pidiéndole más datos. Como
don Fernando era persona de respetabilidad y de
arraigo en el pueblo, Dorsenne quiso mostrarse
lleno de cordura y de moderación, porque por
mucho menos que lo atribuído al director solía
fusilar ó colgar por el cuello ó por los pulgares á
los sospechosos, según su capricho.

Dorsenne sabía que había llegado hasta los mi-
nistros del rey José la noticia de sus crueldades,
y quería tener un motivo inapelable para castigar
al director.

A la carta del conde, Bremond, poco amigo de
explicarse por escrito, contestó diciendo que en
cuanto se restableciera iría á Burgos y daría los
informes minuciosos y categóricos que necesitaba
el general.

EL PREFECTO DE BURGOS

El mismo día en que el conde de Dorsenne escribía á Bremond, el prefecto Blanco de Salcedo
citaba al director en la catedral, y en la obscuridad, detrás de una columna, le contaba lo ocurrido y le recomendaba tomase sus medidas.

Don Domingo Blanco de Salcedo, á pesar de su
cargo en el gobierno de José, se sentía patriota.

Don Domingo era, antes de la guerra, abogado
en Palencia; luego, por no poder vivir con la abo-
gacía en aquellas circunstancias calamitosas, no
tener fortuna y sí mucha familia, aceptó la pre-
fectura de Burgos.

Blanco de Salcedo era una excelente persona, muy querido por españoles y franceses. El
general Thiebault, el más inteligente de los generales de Napoleón que había pasado por Burgos, le estimaba mucho.

Blanco de Salcedo se alegraba íntimamente de
los triunfos de los españoles y sentía sus derrotas;
pero no traicionaba al gobierno que le daba de
comer.

Claro que, si podía favorecer individualmente á
los españoles, lo hacía.

OTRO DENUNCIADOR

Al mes de esta entrevista celebrada en la catedral llegó á Burgos un abogado de la villa de Ce-
nicero, don Tomás de la Barra

El tal individuo, venía de Sevilla, donde había
estado trabajando en las oficinas de la Junta Central en el despacho de los asuntos políticos de
Castilla la Vieja.

Don Tomás, hasta entonces, se manifestó buen
patriota, persona inteligente y discreta. Era, además, hombre de toda confianza de don Martín
Garay.

En esta época, la Junta Central comenzaba á
perder crédito; se la acusaba de grandes fracasos,
y á sus individuos de traidores á la patria y de
dilapidadores de los fondos públicos

Al frente del movimiento contra la Junta Central se colocaron Montijo, Eguía, la Romana y
tanta mala fama tenían los *centrales*, que la Re-

gencia decidió prender á muchos, y mandó registrar sus maletas á otros.

Debió de haber en aquella maniobra una conjuración reaccionaria en contra de la Junta Central, probablemente, porque ésta se manifestaba muy dada á las reformas.

El abogado don Tomás tenía, sin duda, grandes motivos de queja y de venganza contra la Regencia que sustituyó en el mando á la Junta Central, porque abandonó Sevilla y comenzó á sentir por los patriotas un odio profundo.

Don Tomás, con intenciones aviesas, inmediamente que llegó á Burgos se presentó al conde de Dorsenne.

— Mi general—le dijo—, he sabido que su excelencia está haciendo indagaciones para averiguar el origen del desastre de la columna francesa enviada á Hontoria.

— Cierto. ¿Usted sabe algo de eso?

— Sí.

— ¿Cómo ha podido usted enterarse y adquirir datos, si yo no me he podido enterar?—preguntó el conde.

— Por una razón fácil de comprender.

— ¿Y es?

— Que he sido empleado en la secretaria de la Junta Central de Sevilla y encargado del despacho de los asuntos políticos de Castilla la Vieja.

— ¿De verdad?

— Sí, señor.

— Siéntese usted. Ahora cuénteme usted lo que sepa de ese asunto.

El abogado don Tomás explicó al general cómo recibían en Sevilla las comunicaciones de don Fernando el director; añadió que éste era el verdadero organizador de las guerrillas, y que todas las principales operaciones llevadas á cabo por Merino habían sido preparadas desde Burgos.

— ¿Usted tendría inconveniente en ponerme esos datos en un escrito con su firma? — preguntó Dorsenne.

— Ninguno.

— Lo malo es que nos van á faltar pruebas terminantes. Las declaraciones de Bremond son indicios; las de usted serían terribles si hubiera algo que las comprobara.

— Yo creo que si se registran los papeles de don Fernando se han de encontrar pruebas.

— Pues se registrarán. ¿Usted es abogado?

— Sí, mi general.

—¿ No tiene usted destino por ahora?

— Ninguno, mi general.

— ¿Qué clase de destino querría usted?

— Yo, en la judicatura... ó en la hacienda de su majestad católica José Napoleón.

— Está bien. Se le tendrá á usted en cuenta, y si los hechos se comprueban, se le dará un buen premio.

LA PRISIÓN DEL DIRECTOR

El mismo día el abogado llevó la delación escrita y firmada, é inmediatamente el conde de Dorsenne mandó que un pelotón de gendarmes,

en unión de tres oficiales y de un comisario de
policía español, fueran á la calle de la Calera, á
cas ı de don Fernando García y Zamora, á arres-
t rle.

Después de arrestado é incomunicado en un
cuarto de su casa, los oficiales y el comisario de
policía sellaron todos los papeles, quedando los
gendarmes custodiando al preso.

Al día siguiente se presentó en la casa, con los
oficiales y el comisario de policía, un auditor de
guerra y un farmacéutico militar. Levantaron los
sellos y comenzaron el examen de los papeles,
sometiéndolos á la acción del calor y de reactivos
químicos por si alguno se hallaba escrito con tinta simpática.

Como había cartas cuyas palabras se prestaban
á diversas interpretaciones, el auditor ordenó se-
pararlas para que figuraran en el proceso.

Luego hicieron entrar al director en un coche
que esperaba á la puerta y, echadas las persianas
y escoltado por el pelotón de gendarmes, le con-
dujeron á la cárcel pública, encerrándolo en un
cuarto con dos guardias á la vista.

Pocos días después el conde de Dorsenne envió
una columna de mil infantes y de doscientos caballos á Barbadillo del Mercado. Llevaban la orden de prender al administrador de Rentas y á su
mujer, cosa que no pudieron realizar; pero, en
cambio, se vengaron de la derrota de Hontoria,
saqueando, violando, matando y pegando fuego á
todo lo que vieron por delante.

IV

EL JUICIO

Conocidos estos detalles, Lara y yo nos pusimos en campaña y proyectamos una serie de planes para libertar al director.

Muchos creían que los tribunales militares lo absolverían por falta de pruebas.

Se había comenzado la instrucción del proceso. Se hallaba encargado de esto un capitán de infantería italiano, llamado Butti, doctor en leyes y hombre muy inteligente.

El proceso fué corto. El fiscal no tenía interés en condenar al director, y con propósito deliberado de no perjudicarle, tomó muy pocas declaraciones.

Las conclusiones de la acusación fueron muy favorables para el presunto reo. Se consideraba en ellas las sospechas del coronel Bremond como indicios, y respecto á la denuncia del abogado don Tomás de la Barra, se la diputaba abrumadora para el acusado si hubiera habido el menor documento, la más ligera prueba de su autenticidad.

Pasada la instrucción del proceso, el director fué puesto en comunicación, y todo Burgos fué á visitarle á la cárcel. Lara y yo nos agregamos á un grupo de comerciantes.

El director, al verme, me recibió con gran ansiedad; me dijo que sólo de nosotros esperaba algo. No pudimos hablarle reservadamente porque estaba muy vigilado.

En los días posteriores, el cabildo, los caballeros y la gente del comercio comenzaron á trabajar cerca de los jefes franceses para·conseguir la libertad del preso. No había español patriota que no supiera que don Fernando era el director de la campaña en la Sierra; pero de tanto hablar de su inocencia se llegó á creer en ella como en un artículo de fe.

La Junta y el prefecto Blanco de Salcedo hicieron grandes esfuerzos para conseguir un veredicto de inculpabilidad.

LOS ENEMIGOS DE DORSENNE

Todos ellos sabían la hostilidad existente entre los generales Thiebault, Solignac y Darmagnac, y que los tres eran enemigos de Dorsenne. Bastaba que el general en jefe se propusiera algo para que los otros se·opusieran.

Esta hostilidad tenía sus motivos.

Thiebault, hombre inteligente, sereno, culto, se veía postergado por un fantoche cruel y fanfarrón como el conde. Thiebault se oponía á las crueldades de Dorsenne, considerándolas como contraproducentes.

Thiebault entonces era hombre de unos cuarenta años, amable, de buen aspecto.

Había sido gobernador militar de Burgos y vivido en casa del propietario y comerciante en lanas merinas don Miguel de Pedrorena, donde se distinguió por su amabilidad y simpatía. A pesar del odio que había contra los franceses, por debajo de la cortesía forzada de los españoles, Thiebault llegó á conquistar el afecto de la familia de su huésped.

Su historia como general era brillante.

Había estado en Austerlitz y comenzado su vida militar á las órdenes de Pichegru.

Conocía toda Europa. Hombre culto, aficionado á las lenguas muertas, había obtenido en Salamanca el título honorífico de doctor.

El otro general hostil á Dorsenne era Solignac. Solignac había sustituído á Thiebault en el mando de la plaza de Burgos.

Era un soldadote cerril y caprichoso. Se distinguía por su barbarie y su despotismo; pero su enemistad con Dorsenne, muchas veces servía para contrarrestar las arbitrariedades y la violencia de su enemigo.

El tercer general enemigo de Dorsenne era Darmagnac, que por entonces se encontraba también en Burgos no sé en qué concepto. El buen Darmagnac era un tolosano cuco y avaro, que no pensaba mas que en enriquecerse. Como casi todos los meridionales franceses, tenía la virtud del ahorro.

Darmagnac creía que un país conquistado debía enriquecer á sus conquistadores con sus alhajas, cuadros, estatuas, etc.

En último término, la moral de Darmagnac era la moral de la guerra, de antes, de ahora y de siempre.

La guerra es una reina que lleva como séquito el hambre, la peste, la rapiña, la violación, el incendio, el engaño y el fraude.

Todos estos furores la guerra los sabe cubrir con el manto de la gloria. Para el militar, soldado es sinónimo de noble, de esforzado, de glorioso; para el campesino que sufre las tropelías, soldado es sinónimo de ladrón.

Darmagnac era un buen discípulo de Marte y de Caco

Darmagnac fué el que tomó la ciudadela de Pamplona, al principio de la guerra, con un rasgo de ingenio.

Había llegado á la capital navarra, con la brigada 32, un día de frío y de nieve.

Como españoles y franceses se consideraban amigos, los españoles abrieron las puertas á sus aliados y quedaron guardando las fortificaciones, y principalmente la ciudadela.

La fuerza española tenía orden de no abandonar sus puestos, y las tropas de la brigada 32 se encargaron galantemente de llevar vituallas á los españoles.

Entonces Darmagnac preparó su plan.

Comprendió que la posición principal era la ciudadela y se decidió á apoderarse de ella.

Darmagnac hizo que los furrieles suyos que iban con sacos de pan á llevar la ración á los españoles de guardia fuesen seguidos por varios soldados con fusiles y sables escondidos debajo de los capotes.

Los veteranos de Darmagnac, al entrar en la plaza de armas de la ciudadela, comenzaron, entre bromas y risas, á tirarse pelotas de nieve. A los gritos y voces de los franceses, los españoles salieron de las garitas á contemplar la lucha.

— ¡Qué gente más divertida son estos franceses! — debían decir los españoles.

Y cuando estaban más entretenidos contemplando la lucha, vieron con asombro que los franceses subían á los baluartes, entraban en las garitas, echaban fuera á los asombrados españoles, cerraban las puertas y amenazaban con pegar un tiro al que se acercara. Así aquel Ulises tolosano se apoderó de Pamplona.

En todos sus actos, Darmagnac se manifestaba astuto y tortuoso.

Ni Darmagnac, ni Thiebault, ni Solignac podían soportar la petulancia y el aire de príncipe asiático que adoptaba Dorsenne.

Los tres generales estaban interesados en que el director saliese libre.

EL CONSEJO DE GUERRA

Se reunió el Consejo de Guerra, al que asistieron casi todos los oficiales franceses que había en Burgos y gran parte del vecindario.

El director nombró para su defensa al teniente coronel Ernesto Fajols, militar muy instruído, paisano de Darmagnac y secretario del mariscal Bessières, duque de Istria.

Fajols se encontraba accidentalmente en Burgos. Poco afecto á Dorsenne y muy amigo del director, pondría todos los medios para conseguir su libertad.

El Consejo de Guerra nombró como intérprete á don Miguel de Pedrorena, el amigo y huésped de Thiebault, que conocía perfectamente el francés.

El fiscal leyó su escrito, reconociendo que no había pruebas. Después el teniente coronel Fajols elogió la respetabilidad y el talento del director.

Se preguntó á don Fernando si tenía algo que alegar, y habló el director defendiéndose, con la maestría que le caracterizaba, una hora entera.

—Cierto. Está bien, muy bien—dijo varias veces el general Thiebault.

Se mandó retirar al reo á una salita separada con su defensor y su intérprete, se evacuó de público el estrado, y los jueces se reunieron para dictar la sentencia.

Al cabo de una hora se hizo público el veredicto de inculpabilidad del acusado.

Dentro de las leyes, el director debía ser puesto en libertad; pero antes de que el coronel presidente del Consejo de Guerra dictara esta providencia, recibió una comunicación del conde de Dorsenne en la cual se le prevenía que, en el caso de que recayese sentencia absolutoria sobre el director, debía volver á la prisión.

Este acto de arbitrariedad levantó protestas entre los generales poco amigos de Dorsenne, y Tiebault no se recató en decir que con injusticias como aquella se desacreditaba y se hacía imposible en España el gobierno de José Bonaparte.

V

EN EL DESFILADERO DE PANCORBO

La razón de la orden de Dorsenne estaba justificada. Dorsenne, desde su punto de vista, creía, y con motivo, en la culpabilidad del director.

Lo consideraba hombre hábil y peligroso, y á pesar de tratarse de un reo absuelto, mandó le vigilaran estrechamente por si sus amigos fraguaban alguna emboscada para libertarle.

Al día siguiente llevaron una berlina á la puerta de la cárcel, sacaron al director, le metieron en el coche acompañado de un comisario de policía y un agente, y escoltados por un pelotón de gendarmes tomaron la calzada de Francia.

Nosotros, Lara y yo, enviamos una carta al coronel Blanco.

Le contábamos en ella lo ocurrido, le explicábamos la dirección que iba á llevar el coche, y le proponíamos atacar al convoy enemigo en el desfiladero de Pancorbo.

Lara y yo, en compañía de Ganisch y de Gar-

cía, adelantamos pronto al coche y á la escolta.
Nuestros asistentes se quedaron en Briviesca, y
nosotros nos instalamos en Pancorbo en una venta que llamaban del tío Veneno.

El desfiladero de Pancorbo es una estrecha
hendidura que corta los montes Obarenes. Tiene
un aire imponente y trágico.

Yo conocía bastante bien este romántico desfiladero, con sus enormes y fantásticas rocas que
parece que van á desplomarse sobre el viajero.

Se comprende que la garganta de Pancorbo
se haya considerado como punto de cita inter-
nacional de ladrones, de gitanos y de compra-
chicos.

En algunos puntos, alejándose del pueblo hacia Miranda, el desfiladero se estrecha hasta tal
punto, que no deja lugar mas que para la corriente de agua de un riachuelo que se llama el Oron-
cillo y para la calzada.

Próximamente en medio de la garganta había,
y creo que seguirá habiendo, una capilla pequeña
empotrada en la roca, con un altar y una imagen
de la Virgen.

La Virgen es Nuestra Señora del Camino, protectora de los viandantes.

En la cumbre del desfiladero, en el alto de
Foncea, había un castillo rodeado de fortificaciones hechas por los españoles con motivo de la
campaña contra la República Francesa, en 1795, y
después ampliadas por los imperiales al comienzo
de la guerra de la Independencia.

Este castillo lo destruyeron definitivamente

los franceses cuando la entrada de los cien mil hijos de San Luis.

Contando con gente, yo consideraba fácil atacar la escolta y detenerla en un camino tan estrecho. Bastaba con apostar sigilosamente unos cuantos hombres cerca de la ermita y detrás de algunas piedras, apoderarse del coche, tomar el camino de Miranda de Ebro y dispersarse, al salir del desfiladero, hacia la aldea que se llama Ameyugo. Los de la escolta, seguramente, avisarían á los de los fuertes, si éstos no bajaban en seguida al ruido de los tiros; pero lo más probable es que, valiéndose de la sorpresa, hubiera tiempo para huir.

Esperamos un día y una noche en la venta del tío Veneno por si Merino ó el coronel Blanco nos daban órdenes ó enviaban auxilios.

Yo creía que con pocos hombres, con veinte ó treinta, nos bastaban para detener á los gendarmes de la escolta.

Al día siguiente supimos por un arriero que el director, en su coche, había parado en el mesón del Segoviano, de Briviesca, conocido por Ganisch y por mí por haber estado en él al salir de Irún con Fermina la Navarra y la Riojana.

El dueño de la posada de Briviesca, el señor Ramón el de Pancorbo, muy amigo del director, le dió á éste una ropa de abrigo, una gorra, una buena capa y algunas onzas de oro.

Al día siguiente, por la tarde, Lara y yo vimos pasar el coche del director, con un pelotón de escolta por delante de nosotros.

Yo me coloqué de manera que el director me
viese, y comprendí por su mirada que me había reconocido.

De Merino no había que esperar nada. El cura
no se ocupaba de sus amigos caídos en desgracia.

VI

LAS NUECES

Lara y yo, dispuestos á hacer el último esfuerzo, seguimos detrás del convoy hasta salir del desfiladero de Pancorbo, y luego, marchando á campo traviesa, llegamos antes que el coche á Miranda de Ebro.

Dejamos los caballos en el parador del Espíritu Santo, á la entrada del pueblo, y esperamos á que llegara el convoy francés.

Cuando el coche y la escolta entraron en el pueblo nos acercamos entre un grupo de curiosos.

No llevaron al director á la cárcel, sino á una posada próxima al puente, la posada del Riojano.

Al ver dónde entraban, yo me metí en el zaguán me dirigí al posadero y le dije que pusieran cena para un amigo y para mí.

El posadero me miró con atención y me dijo:

— Está bien. Se les pondrá la cena.

El director nos había visto entre el grupo de curiosos y debía estar anhelante.

Salí yo del zaguán, me reuní con Lara y le dije
que él se quedara en la calle, frente á la casa, y yo
iría por la parte de atrás de la posada.

Mi objeto era ver si por la luz podíamos com
prender en qué cuarto alojaban al director.

Yo di un rodeo grande para colocarme en la
parte de atrás de la posada del Riojano. Daba ésta
á una huerta y tenía dos galerías, una encima de
otra, con una magnífica parra.

Esperé un cuarto de hora largo. Estaba obscu-
reciendo. A las dos galerías daban varias ventanas y una puerta.

Todas estab in cerradas. De pronto una de ellas,
del piso segundo, se abrió y, proyectándose en la
luz, vi la silueta del director. Al momento volvió
á cerrarse la madera.

Sin duda, el prisionero estaba en aquel cuarto. Era el correspondiente á la tercera ventana que daba á la galería, comenzando por la izquierda.

Volví á la calle, me reuní con Lara y pensamos
lo que había que hacer.

El único proyecto posible que se me ocurrió
fué que uno de nosotros saltara á la huerta, su-
biera por el tronco de la parra á la segunda galería, llamara en la ventana y saliera por allí con el
director.

—Me parece una cosa muy difícil de realizar;
pero por mí no quedará—dijo Lara.

— La cuestión sería advertirle al director para
que esté despierto y preparado—agregué yo.

—Veremos á ver si se nos ocurre algún medio.

Entramos en la posada del Riojano y nos acomodamos en la cocina como si fuéramos parroquianos de la casa.

La cocina estaba en el piso bajo, y el director se hallaba encerrado en el segundo. La escalera la guardaban varias parejas de gendarmes.

Por más que pensamos Lara y yo procedimientos para comunicarnos con el director, no encontramos ninguno.

El posadero, á quien hablamos aparte excitando su patriotismo, dijo que era imposible llevar ningún recado al preso.

El, al menos, no se comprometía. Ahora, si nosotros encontrábamos un procedimiento de hacerle pasar el aviso sin que él apareciera complicado, se callaría sin denunciarlo.

¿Qué procedimiento se podría emplear?

Salimos Lara y yo á la calle. Yo puse en prensa mi cerebro. En esto, al pasar por una tienda de frutas vi en un canasto unas nueces muy gordas y compré media docena.

—¿Para qué las quieres?—me dijo Lara.

—Vamos á ver si dentro de una de éstas le mandamos al director el aviso de que esté preparado por la noche.

Fuimos al parador del Espíritu Santo, donde habíamos dejado los caballos, y yo le pregunté al amo si tenía cola para pegar.

Me trajo un puchero con ella. Lara y yo abrimos dos nueces y metimos ¡dentro, de cada una un papel que decía: «Espere usted preparado esta noche». Después pegamos las cáscaras de nuez, y con ellas en el bolsillo nos fuimos á cenar en la posada próxima al puente.

Estuvimos atentos á las idas y venidas del posadero, y en el instante en que éste ponía en una bandeja unos racimos de uvas, yo saqué las dos nueces del bolsillo y las dejé encima. El hombre me hizo un guiño, como diciendo: «Está entendido», y subió al cuarto del preso. Lara y yo pagamos nuestro gasto y salimos á la calle.

VII

MAC-BEN-AC

Fuimos Lara y yo dando la vuelta hasta colocarnos en la parte de atrás de la posada del Riojano.

Yo hubiera querido que Lara quedase al lado de la tapia de la huerta con nuestros dos caballos; pero era imposible, porque de cuando en cuando pasaban patrullas de caballería francesa que rondaban los alrededores Dimos vuelta á toda la tapia de la huerta y encontramos que tenía una puertecilla.

— Vamos á ver una cosa—le dije á Lara.

— ¿Qué?

— Voy á ver si se puede abrir por dentro esta puertecilla de la huerta

Apoyándome en las manos juntas de Lara, y luego en sus hombros, escalé la tapia de la huerta y bajé, agarrándome á las ramas de un árbol frutal, al suelo. La puertecilla de la huerta tenía una llave un poco mohosa, pero pude abrirla.

20

—¿Vas?—me dijo Lara.

—Sí.

—¿Yo me quedo aquí de guardia?

—No, vale más que vayas al parador y esperes allí con los caballos preparados.

Lara se fué; yo cerré la puerta sujetándola ligeramente con una piedra y avancé hacia la casa.

La subida no fué difícil. El tronco de la parra era grueso y retorcido, y las galerías estaban próximas una de otra. Lo único malo que ocurría era que al trepar las ramas de la parra chocaban contra las maderas y metían ruido.

De pronto oí pasos en la galería, sobre mi cabeza. Me agazapé y estuve quieto, agarrándome al tronco. El gendarme, cuyas pisadas parecía iban á hundir las tablas del suelo del balcón, se asomó á la barandilla, pero no me vió.

Pensé un momento en volverme atrás; pero olvidé esta idea y seguí adelante. Subí más arriba; llegué á la segunda galería y salté sobre ella despacio, porque al poner el pie crujían las maderas. Me acerqué á la ventana del director.

Di dos golpecitos en el cristal de la ventana. Nada.

—¡Este hombre es un imbécil!—pensé incomodado—. ¿No habrá visto el aviso?

Volví á dar otros dos golpes y se abrió la ventana y apareció en el cristal la cabeza asombrada del director.

—¿Es usted?—me dijo temblando.

—Sí. ¿No ha visto usted mi aviso?

—No.

— Yo creí que estaría usted preparado.

El director se hallaba perplejo, aturdido. Se puso una chaqueta y acercó una silla á la ventana para saltarla.

— Vamos, vamos—le decía yo.

En esto dos manos de hierro cayeron sobre mis hombros y entraron varios gendarmes en el cuarto del director.

— ¡Ah, brigand!—me dijo uno.

Yo me libré como pude de sus zarpas y, saltando el barandado de la galería, me agarré al tronco de la parra y fuí bajando hasta el jardín.

Lo crucé á largas zancadas y me acerqué á la puerta. Estaba cerrada. Intenté escapar subiendo por el tronco de un árbol, pero en la obscuridad no encontré ninguno.

En tanto, los gendarmes habían entrado en el jardín con la bayoneta calada. No tuve más remedio que rendirme. Me cogieron, me ataron y me reconocieron como el comensal de la tarde anterior.

Me dirigieron una porción de bromas acerca de mi suerte, y decidieron llevarme á presencia del comandante jefe de la escolta, que estaba alojado en una casa de enfrente.

Rodeado de cuatro gendarmes y un cabo cruzamos la calle y entramos en el portal de una casa próxima. Subimos al primer piso y llamaron á una puerta.

Se abrió ésta y vimos tres oficiales sentados alrededor de una mesa: uno el comandante, hombre fuerte, de alguna edad; los otros dos, jovencitos.

—¿Qué pasa, cabo?—preguntó el comandante.

El cabo contó lo ocurrido y me hicieron avanzar en el cuarto.

—¿Qué, es un ladrón?

—No, no; es un bandido que venía á libertar al preso.

—¡Ah, diablo! ¡Es audaz el joven!—dijo un oficial.

Di unos pasos hasta acercarme á la mesa.

—Me han atado como un fardo, mi comandante—dije yo en francés—; creo que podían dejarme respirar un poco.

—Sabe francés el picaro—exclamó riendo uno de los oficiales jóvenes—. Desatadlo. No se escapará.

Me desataron. Los tres oficiales me miraban sonriendo, pero, á pesar de esto, mi suerte me parecía muy poco halagüeña. En aquel momento tuve la inspiración de acordarme de la masonería.

Ya con los brazos libres, hice el signo masónico de gran peligro, lo que llaman los franceses señal de *détresse*.

El comandante me miró atentamente y habló luego con los oficiales que se despidieron.

—Podéis iros—dijo después á los gendarmes.

El comandante y yo quedamos solos.

De pronto se volvió á mí y me preguntó:

—¿Cuál es tu palabra masónica?

—Mac-Ben-Ac—contesté yo.

Esta era nuestra contraseña en la logia de Bayona.

El comandante pareció quedar satisfecho de mi contestación.

Yo empecé á explicar lo que había hecho; por qué intenté libertar al preso; dije cómo éste había sido absuelto por un tribunal militar...

— No necesito explicaciones, hermano—replicó el comandante, con asombro mío—. Vamos, ven conmigo.

¿Adónde me llevará este hombre?—pensé yo.

Salimos á la calle, pasamos el puente y llegamos cerca del parador del Espíritu Santo.

— No intentes nada—me dijo el oficial—. Sería inútil. Se va á aumentar la escolta del preso y á redoblar la vigilancia.

— No pienso intentar nada—repliqué yo.

— Adiós, hermano—me dijo después; y me estrechó entre sus brazos.

Al verme solo, en medio de la obscuridad de la noche, me quedé asombrado de mi suerte; agité los brazos alegremente, castañeteé los dedos y eché á correr al parador.

Pocos momentos después, Lara y yo marchábamos á caballo camino de Pancorbo.

Ya no era posible seguir la empresa.

Por lo que supimos después, el coche del director marchó desde Miranda con una escolta de mil quinientos hombres de infantería, y no permitieron que nadie se acercara á él.

El director siguió hasta Irún, y luego á Bayona, donde fué encerrado en el castillo Viejo en compañía del guerrillero ex capuchino don Juan Delica, del gobernador y defensor de Ciudad Rodri-

go, Pérez de Herrazti, y del brigadier Perona, que
llevaba en la antigua fortaleza mucho tiempo.

Yo ya no le volví á ver más al director; y sólo
años después supe que, llegado de la deportación,
achacoso y triste, había muerto en Aranda de
Duero, á raíz de terminar la guerra.

LIBRO SEXTO

NOTICIAS DEL MUNDO

I

ENCUENTRO CON DOS DAMAS

Al volver Lara y yo pasamos por Pancorbo y en la venta del tío Veneno nos entregaron un parte del coronel Blanco.

Nos participaba que le era imposible hacer algo por el director, y nos recomendaba trabajáramos por nuestra cuenta como pudiéramos.

Al llegar á Briviesca nos encontramos con que Ganisch y García se habían marchado.

Adelantamos hasta Burgos para reunirnos con nuestros asistentes; pero tampoco los encontramos en esta ciudad.

— ¿Sabes lo que debíamos hacer?—le dije á Lara.

— ¿Qué?

— Irnos á Madrid. Tenemos dinero, licencia ilimitada. Ya inventaremos un pretexto.

— Pues, nada, vamos.

Nos detuvimos un día en Burgos para descansar, y nos pusimos en marcha hacia Madrid

Acertamos á encontrar en el camino un hidalgo vendedor de granos, natural de Roa, quien, según dijo, conocía al Empecinado, y nos contó sus hazañas, y en conversación con él marchamos agradablemente.

Descansamos para comer, y llevaríamos después dos ó tres horas caminadas, cuando nos topamos con una columna de soldados imperiales escoltando el correo.

Un capitán joven nos hizo algunas preguntas en mal castellano. Contestamos diciendo éramos co merciantes de Burgos que íbamos de paso para Madrid.

El capitán no tuvo sospecha alguna; creyó lo que le decíamos y se puso á charlar con nosotros. Al ver que yo entendía su idioma, me tomó por su cuenta y me habló de sus campañas y de su vida.

Era de París; más bien monárquico que bonapartista.

Me dijo que llevaban escoltadas á dos señoras francesas hasta Valladolid y me habló de las dos.

Una de ellas se llamaba madame Michel. Su marido estuvo condenado á muerte por asesino y se escapó desde el mismo patíbulo.

La otra dama era una marquesa, sobrina de Talleyrand y de apellido Lauraguais.

El capitán, viendo que yo celebraba sus frases, narró varias anécdotas escandalosas de las dos.

— Estos Talleyrand son terribles—añadí yo. Y conté que se decía que la mujer de Talleyrand había querido seducir á Fernando VII en Valencey, y que, no pudiendo con el amo, conquistó al criado, al duque de San Carlos, y de esta manera pudo proporcionar datos á Napoleón de lo que tramaban los Borbones.

El parisiense me escuchó con gran curiosidad. Sin duda, para él, estos detalles de chismografía constituían algo trascendental en la vida.

El oficial me dijo que madame Michel había sido la querida del gran duque de Berg. La Michel y la de Lauraguais eran muy amigas; constantemente se las veía juntas.

Habían pasado ocho días en Burgos alojadas en la misma casa donde estaba Thiebault.

El capitán francés, después de una hora larga de conversación, nos dejó porque tenía que dar órdenes. Por no infundir sospechas, no intentamos Lara y yo alejarnos de la columna.

De noche, al llegar á Lerma, el capitán se nos acercó de nuevo para decirnos que había hablado de nosotros á las señoras francesas y que deseaban conocernos.

Nos lavamos y nos arreglamos un poco y nos presentamos en la posada del Gallo, donde estaban alojadas las dos.

Atendían á las damas varias doncellas y una media docena de oficiales, que no se desdeñaban en servir de ayuda de cámara á dos mujeres bonitas.

La Michel y la Lauraguais todo lo encontraban

malo, pobre, absurdo, y hablaban con voz irónica, irritada y agria, de su habitación de Lerma.

El capitán nos presentó á ellas, y de pronto las dos, como si fueran cómicas que entran en el escenario, cambiaron de tono y se manifestaron amabilísimas, risueñas, encantadoras.

Madame Michel hablaba algo el castellano, y le dijo á Lara de una manera insinuante que no comprendía cómo los españoles no nos rendíamos viendo mujeres como ellas.

— No lo dirá usted por mí — replicó Lara en tono sentimental.

— ¿Por qué no?

— Porque yo estoy completamente rendido.

El aire caballeresco de mi compañero hizo efecto en las damas.

Uno de los oficiales franceses sacó una caja de música, de ésas que hacen en Suiza, en Sainte-Croix, á la que dió cuerda y tocó la canción de *Triste Chactas* y algunas otras del tiempo.

Madame Lauraguais me preguntó qué opinión teníamos en España de las obras de Chateaubriand *Atala* y *René*, á lo cual dije que yo, por mi parte, no las había leído, lo que le chocó sobremanera.

Mi ignorancia debió disgustar á la madama, y en vista de esto dejé mi lugar á un oficial que era el preferido.

Se habló un momento de la *bigoterie espagnole,* que á las damas les parecía ridícula, y luego se enfrascaron todos en una conversación acerca de París, del emperador, de los trajes de madame

Minette, de Talma, y de los últimos estrenos de teatro.

El capitán, viéndome ya apartado del grupo y aburrido, llamándome *mon cher*, me invitó á dar una vuelta por las calles de Lerma.

LAS FAVORITAS DEL REY JOSÉ

Salimos. El parisiense me contó en el paseo nocturno una porción de historias de aquellas dos damas y de otras generalas y mariscalas entre risas y exclamaciones.

La preocupación de madame Michel y Lauraguais era desbancar á las dos favoritas del rey José: madame Lucotte y la marquesa de Monte Hermoso.

¡La marquesa de Monte Hermoso! Su nombre sólo bastaba para turbarme.

— ¿Luego van á reñir las dos por quién va á ser la favorecida?—dije yo dominando mi impresión.

— No, no—replicó el francés—; las dos quieren sustituir á las otras dos. El rey José es un poco sultán.

Yo me quedé algo asombrado de este contubernio, y el parisiense, muy satisfecho de mi sorpresa, dijo que, indudablemente, la vida de los franceses para un español severo y huraño debía ser muy *drôle*.

El parisiense siguió contándome historias.

El rey José era un conquistador. Antes de la Lucotte y la de Monte Hermoso, había tenido amores con una cubana en Madrid, la condesa de Jaruco.

La Lucotte estaba muy enamorada del rey, pero la de Monte Hermoso, no.

Madame Lucotte era la mujer de un ayudante de José, á quien, para consolarlo de su situación desairada, habían hecho marqués de Sopetrán. Lucotte aceptó el ser Sopetrán con la frescura que aceptan estas cosas los buenos monárquicos cuando el regalo viene de un rey.

La de Monte Hermoso, mujer muy guapa y orgullosa, aunque ya vieja, hubiera dejado al momento á Bonaparte, si el general Thiebault se hubiera mostrado amable; pero el general no era hombre de aventuras.

Según el parisiense, la de Monte Hermoso era mujer de buenas tragaderas.

Se contaba que José la había conocido en Vitoria de un modo que no honraba mucho las costumbres de las damas afrancesadas.

Al parecer, José había visto en Vitoria á una criada muy guapa y, entusiasmado, encargó á su ayudante que le sirviera de Celestina. El militar averiguó que la criada estaba en casa del marqués de Monte Hermoso, y considerando que cumplía una digna misión real, entró en el palacio del marqués é hizo la proposición.

La de Monte Hermoso se indignó de que José, pudiendo dirigirse á ella, se dirigiera á su criada, y convenció al ayudante de que ella iría á ver al rey.

La marquesa era una mujer inflamable y ambiciosa; por ambición llegó al cuarto del rey, y por ese ardor que se desarrolla en algunas mujeres cuando están entre la segunda y la tercera juventud, se enamoró de Thiebault.

La de Monte Hermoso había perseguido á Thiebault, en Vitoria, hasta la alcoba.

Ultimamente, la de Monte Hermoso se detuvo en Burgos, con el pretexto de que á su coche se le había roto el eje, pero, en realidad, para ver á Thiebault y deslumbrarle con su lujo y su belleza. El general, que se dedicaba á hacer el amor á las musas, miró con indiferencia la ostentación de la favorita del rey, que se fué despechada é iracunda.

No sabía el militar francés, al contarme esto, el daño que me estaba haciendo.

Mi ídolo se desmoronaba. Sobre todo, esto de decir que la marquesa era algo vieja, me pareció una monstruosidad.

Me despedí del parisiense muy entrada la noche, y al volver al mesón donde Lara y yo nos alojábamos, me encontré con mi compañero, que á la luz del candil estaba escribiendo, agarrándose á la frente.

Tan ensimismado se hallaba, que no me vió.

—Estaba aquí poniendo unas notas—me dijo al verme.

—¡Bah!—le repliqué yo—. Estabas haciendo un madrigal á madame Michel.

Lara se quedó asombrado de mi penetración y no replicó.

—Bueno, bueno; por mí, puedes seguir—le

dije—y envolviéndome en la manta me eché sobre un montón de paja y me quedé dormido pensando en la bella marquesa de Monte Hermoso.

LOS ESPLENDORES DEL
MARISCAL MARMONT

Pocos días después l'egamos á Valladolid, donde pudimos presenciar el tren de lujo que gastaba el mariscal Marmont, duque de Ragusa.

Difícilmente puede formarse idea de algo tan rico y tan aparatoso. El cuartel general del duque era digno de un rey. Casi todos los días se celebraban en su palacio recepciones, bailes, cenas. Los vallisoletanos no podían quejarse del Carnaval divertidísimo con que les obsequiaba Marmont.

La servidumbre del mariscal era brillante. Había en el palacio doscientos lacayos de librea roja con galones de oro, zapato bajo, media blanca y peluca; un número en proporción de camareros, doce oficiales que formaban el cuarto militar del duque, tres intendentes y, á manera de chambelán un gigante traído de Dalmacia, con la librea cubierta de bordados y de galones y una cadena de oro en el cuello de un dedo de gruesa.

Este dalmata era el asombro de todo Valladolid por su estatura y por su voz. Cuando el duque de Ragusa quería lucir las facultades de su criado, hacía cerrar los balcones y mandaba al gigante dar voces; y era tal el estruendo que salía de su pecho, que rompía con las vibraciones del aire uno ó dos cristales.

Como al mariscal Marmont le habían hablado de lo muy celosos que eran los españoles, dispuso que en los días de baile se diesen en su palacio dos cenas, una para las señoras y otra para los hombres.

El duque de Ragusa parecía un virrey español de América rodeado de oficiales, de intendentes, de contratistas y hasta de frailes.

En Valladolid, mi amigo Lara experimentó el sentimiento de ver á madame Michel inclinarse definitivamente por un oficial polaco muy elegante y muy rubio, y yo tuve que consolar á mi compañero diciéndole lo que me había contado el capitán francés de las costumbres de aquellas damas.

Mi relato, en vez de consolarle, le puso más melancólico, y entonces ya le conté la primera y única página de mi amor con la marquesa de Monte Hermoso y quedamos melancólicos los dos.

II

EN MADRID

Una semana después, Lara y yo estábamos en Madrid. Nos alojamos los dos en mi casa.

En el tiempo que yo faltaba de Madrid habían ocurrido novedades: mi madre comenzaba á tener el pelo blanco; una de mis hermanas iba á casarse; muchas personas conocidas habían muerto ó no se sabía de ellas.

Contamos Lara y yo las peripecias de nuestra vida de guerrilleros en casa. Lara fué simpático á mi familia.

Al día siguiente me lancé yo á la calle á saber noticias. Entré en el café de la Fontana, de la Carrera de San Jerónimo, y con el primero con quien me encontré fué con Eguía y Lazcano.

Charlamos. Eguía acababa de reñir con los josefinos y habló pestes de Minaño, del ex fraile Estala, de García Suelto y de otros afrancesados amigos de Urquijo, del marqués de Almenara y del rey José.

También se burló de las inclinaciones lacayunas de la aristocracia española, que sentía un amor por llevar el vaso de noche del rey, fuera Borbón ó fuera Bonaparte, verdaderamente extraordinario.

Estaba convencido de que era necesario acabar con la Monarquía.

La guerra le parecía un bien. Así se podía denigrar á Narizotas en nombre de Pepe Botellas, y al rey de Copas en nombre de Narices.

Una lluvia de folletos, hojas insultantes y caricaturas, durante algún tiempo, desacreditarían la Monarquía.

—¿Ya José le parece á usted tan malo como Fernando? — le pregunté yo.

—Políticamente, los dos son una calamidad. Fernando es un miserable, un cobarde, un canalla digno de esa raza de idiotas que lleva por apellido Borbón. José nos está resultando un farsantuelo que quiere echárselas también de rey de verdad y se llama á sí mismo Majestad Católica de España y príncipe francés. Tiene la vanidad de todos los zapateros encumbrados.

—¿De manera que no sabemos por cuál decidirnos? — dije yo en broma.

—No lo sabemos — agregó él —, y es una preocupación. El que debe estar en un gran compromiso debe ser Dios.

—¿Por?

—¡Hombre, porque ha bendecido por un cura suyo las banderas de los fernandinos y de los josefinos! ¿Qué hace ahora? ¿Por quién se decide? No puede desear decentemente el triunfo de los unos ni de los otros.

—Debe estar perplejo —dije yo, siguiendo la broma.

—De todas maneras, ganen unos ó ganen los otros, siempre habrá misas, *Te Deum* y acciones de gracias en Madrid ó en Cádiz, y los bolsillos de los obispos se llenarán. Para el Ser Supremo, unas cuantas leguas de distancia debe ser poca cosa; y como el buen señor está tan viejo, es posible que no distinga las funciones religiosas de los unos de las de los otros.

MARCHENA

El que dijo esto era un enano extravagante que se acercó á la mesa, apoyando las manos en ella.

Eguía le saludó con efusión.

Yo miré con curiosidad á aquel tipo raro.

Era un viejo canoso, flaco, jorobado, el cuerpo contrahecho, la cara de sátiro, de color cetrino, picada de viruelas; la nariz larga y roja, los ojos de miope y los pelos alborotados y duros. Parecía un trasgo, un monstruo cómico de fealdad; hablaba el enanillo con una mezcla de acento andaluz y extranjero, y por su sonrisa burlona y por su aire imperioso y sarcástico se veía que se consideraba hombre importante.

Me miró varias veces como preguntándose quién sería yo. Yo también tenía curiosidad de saber quién era él, y cuando el extravagante enano se apartó para ir á otra mesa á saludar á uno, le pregunté á Eguía:

— ¿Quién es este tipo?

— Este es el abate Marchena.

— ¡Hombre! ¡Este es!

— Sí.

— ¿Qué, tenía usted curiosidad por conocerle?

—Sí; me gustaría hablar con él.

— Pues le presentaré á usted.

Cuando volvió Marchena, Eguía me presentó al abate, que me recibió afablemente.

Me preguntó de dónde era, y al decirle que me tenía como de Irún, me aseguró que sentía gran cariño por las Provincias Vascongadas, á las que consideraba, ¡oh mudanza de los tiempos!, como más propicias que las otras españolas para aceptar las ideas revolucionarias.

Luego me habló de sus amigos vascos, del alavés Santibáñez, catedrático de Humanidades en Vergara; de Samaniego, Peñaflorida, Altuna, Xérica y otros.

También recordamos á Basterreche y algunas personas de Bayona, entre ellas á mi tío Etchepare, á quien Marchena estimaba como hombre de gran carácter.

Luego hablamos de política.

Marchena creía que la Revolución Francesa era como un molde definitivo y único, y que no se podía pasar de lo que habían dicho Rousseau, Voltaire, d'Alembert y los demás.

Yo empezaba á creer que no, que la Revolución Francesa era un ensayo de vida colectiva nueva, y que estos ensayos se irían repitiendo en años y en siglos hasta llegar á equilibrios mejores y más justos de todos los intereses y de todas las fuerzas de un país.

Como los franceses habían hecho su revolución, yo creía que nosotros haríamos la nuestra, á nuestro modo; claro que con más resistencia en el campo y menos acometividad en las ciudades, por ser éstas menores y de poca densidad.

Marchena no quería suponer esta posible originalidad española, y mucho menos pensar que el patriotismo de los de la Junta Central fuera el comienzo de la transformación.

Para él, los patriotas partidarios de Fernando defendían la vida antigua, el absolutismo contra la libertad.

Yo argüí que para los patriotas liberales Fernando era lo de menos, que lo principal eran las Cortes. Y añadí:

— Si las Cortes de Cádiz hacen una Constitución, como parece, tendrán ustedes que abandonar la causa del rey José. Desde ese momento, el ser afrancesado ya no tendrá objeto.

Marchena dijo que no y que no; que los de Cádiz eran unos charlatanes, que en España no había filosofía, y que nuestra literatura era confusa, desarreglada é inmoral.

El entusiasmo por la Revolución, y, sobre todo, por la literatura francesa, le impedía al abate comprender su país.

Fué necesario que viniera otra generación inspirada en las Cortes de Cádiz, para tener como cosa posible la libertad dentro de la patria.

Antes de despedirme de Marchena y de Eguía le pregunté á éste si seguía siendo masón; me dijo que sí, aunque ya el masonismo le parecía una broma. Añadió que si quería afiliarme debía ir á la logia de la Estrella, establecida en la calle de las Tres Cruces, y que dirigía el barón de Tinán.

III

VAN-HALEN Y LAS LOGIAS

Un muchacho con quien me relacioné en los días que estuve en Madrid fué Juan Van-Halen, que en este tiempo era oficial de la guardia del rey José.

Van-Halen era de mi edad, de familia belga, nacido en la isla de León.

Era alto, buen mozo, rubio, bastante jactancioso, tipo intermedio entre flamenco y andaluz.

Van-Halen sufría los desdenes de los franceses con quienes convivía, y por ser muy susceptible y en el fondo patriota, reñía constantemente con sus compañeros.

Estas disputas le ocasionaron un duelo con un hermano del general Sebastiani y otro desafío muy grave con el coronel Montleger, famoso espadachín, el cual dijo á Van-Halen, con la fatuidad de un francés: «¡Tengo sobre usted el derecho de conquista!»

En este duelo Montleger hirió á Van-Halen y lo dejó á la muerte.

Fuí con Van-Halen á la logia Estrella y me enteré de lo que pasaba en los centros de la masonería.

Había entonces en España cuatro grupos masónicos. Y, cosa extraña, en todos ellos quedaba un rastro del revolucionario granadino Andrés María de Guzmán, á pesar de ser Guzmán completamente ignorado, porque en aquella época se conocía la Revolución Francesa en España, solo muy en bloque, y más por el conjunto de ideas que por detalles.

Este rastro de Guzmán demuestra cómo, en el fondo, no queda nada perdido.

De los cuatro grupos masónicos de Madrid, dos eran patriotas y dos afrancesados.

De los patriotas, el primero y más antiguo era la Gran Logia, fundada por el conde de Aranda.

LAS LOGIAS PATRIÓTICAS

A esta Gran Logia, instalada en el palacio de los duques de Híjar, en la Carrera de San Jerónimo, habían pertenecido los hombres más ilustres del partido reformista en tiempo de Carlos III y Carlos IV.

Lo dirigía en este tiempo el conde del Montijo, pariente de Guzmán.

El conde del Montijo era el famoso tío Pedro del motín de Aranjuez, hombre ambicioso, y botarate, masón, y al mismo tiempo denunciador de liberales. Como muchas personas del tiempo,

Montijo aparecía con dos caras, ahora que él mismo no sabía cuál era la suya propia.

La segunda logia patriótica, más política en
tiempo de la guerra de la Independencia que la
anterior y afiliada á la masonería escocesa, se llamaba Gran Oriente de España y estaba fundada
por el conde de Tilly, á quien se conocía en las
logias por su apellido á secas: Guzmán. Tilly parece que era hermano de Andrés María de Guzmán, el amigo de Marat.

Don Francisco Pérez de Guzmán, conde de
Tilly, tenía esa ambigua personalidad de muchos
hombres de la época. Unos afirmaban que era
extremeño, otros que nacido fuera de España.

Lo que era indudable es que había vivido mucho tiempo en París, probablemente con su hermano Andrés, y aparecido en Sevilla antes de la
guerra de la Independencia. Debía de tener el
aprendizaje de un hombre que había presenciado
la Revolución Francesa.

Se decía de Tilly que era jugador y que estuvo
complicado en Madrid en un robo de alhajas.

En política, Tilly quiso seguir las huellas de su
hermano y fundó la primera logia escocesa en
Aranjuez. Estuvo allí á punto de ser muerto por
la plebe, por sospechoso, el día en que se supo la
rendición de Madrid, y se salvó tirando á la gente
puñados de dinero.

Luego fué individuo de la Junta Central, como
representante del reino de Sevilla, miembro de la
sección de Guerra, y aunque se decía liberal, se
manifestó enemigo de la reunión de Cortes. Des-

pués intentó escaparse á Gibraltar y se aseguró que había concertado, en unión del duque de Alburquerque, un plan de pasar á Méjico con cinco mil hombres á sublevar el país contra España, con la ayuda de los ingleses, ofreciendo á éstos, en cambio, la plaza de Ceuta.

Se le redujo á prisión en el castillo de Santa Catalina, de Cádiz, por orden del general Castaños, y allí murió.

Luego se dijo que Tilly era inocente de lo que se le acusaba.

Años después oí hablar de otro conde de Tilly en París, que venía de Jersey, donde habitaba su familia. Me chocó, porque al mismo tiempo había otros condes de Tilly en Madrid. En esta familia todo era confuso.

Muerto don Francisco Pérez de Guzmán, conde de Tilly, le sustituyó en la dirección de la masonería escocesa en España un extranjero, el barón de Tinán. Tinán organizó el Gran Oriente y la logia Estrella, que celebraba sus tenidas en la calle de las Tres Cruces.

Este Oriente fué en España el foco del partido liberal avanzado.

Casi ninguno de los que pertenecieron á él conocía su historia ni sabían que era una cría de la Revolución Francesa, engendrada por un grande de España maratista, miembro del Club del Obispado, guillotinado en París, y aclimatada en la Península por un hermano suyo, general muerto en presidio.

Como no había mas que divisiones y subdivisiones en todos los campos, en el Oriente escocés, futuro foco del partido liberal, se marcaron dos tendencias contrarias: la de los anglofilos, que consideraban necesaria la protección de Inglaterra para acabar la guerra y para afirmar las instituciones liberales, y la de los patriotas puros, que repudiaban toda influencia extraña.

Los anglofilos no querían mas que la lucha regular de los grandes ejércitos; en cambio, los patriotas eran más partidarios de los guerrilleros.

Andando el tiempo, los anglofilos, en su mayoría, se hicieron moderados, y los patriotas exaltados, progresistas.

LAS LOGIAS AFRANCESADAS

De las dos logias afrancesadas, una, la principal, era la Santa Julia, fundada por Murat y constituída principalmente por militares franceses y por españoles josefinos.

Se hallaba establecida esta logia en la calle de Isabel la Católica, en el edificio de la abolida Inquisición, y tenía mucha importancia.

La segunda logia afrancesada era el Gran Oriente de España y de sus Indias, cuya fundación se debía al conde de Grasse Tilly, al decir de algunos, también pariente de Tilly.

El Gran Oriente de España y de sus Indias seguía las inspiraciones del Consejo Supremo de Francia, y en esta época, por renuncia de Grasse Tilly, era venerable el navarro Azanza.

Por mi iniciación de aprendiz en la logia de

Bayona, yo me encontraba afiliado á este Gran Oriente; pero por ser de tendencia afrancesada, decidí dejarlo é ingresar en la logia de la Estrella, punto de reunión de los patriotas y liberales que seguían las inspiraciones de la masonería escocesa.

En la logia de Bayona teníamos como contraseña la palabra *Mac-Benac,* que me había servido para salvarme en Miranda.

En la de Tinán, nuestra palabra era

OTEROBA

Estas siete letras eran, al decir de los hermanos, las iniciales de otras siete palabras: *Occide tirannum, et recupera omnia bona antiqua,* que no se necesita saber mucho latín para comprender que significa: Mata al tirano, y recobra todos los bienes antiguos.

Siempre que asistí á reuniones masónicas protesté de que se perdiera el tiempo hablando del Gran Arquitecto del Universo, del templo de Salomón, de Abiram y de otros simbolismos ridículos y trasnochados sacados de la Biblia; pero había ciudadano Experto, Venerable ó Escogido capaz de desenvainar su espada de hoja de lata y atacar con ella al impío que despreciara las mojigangas de la sublime albañilería.

Si el misticismo judaico de los masones me parecía grotesco y sin interés, en cambio me interesaba la posición política respectiva de las logias. En ellas se inició la política de los partidos españoles de la primera mitad del siglo XIX.

De las dos patrióticas, la primera, la Gran Logia, seguía la tendencia enciclopedista, sin mezclarse apenas en política; la segunda, el Oriente Español, afiliado á la masonería escocesa, era partidario de la Constitución que iban á decretar las Cortes. Uno de los masones escoceses, Lorenzo Calbo de Rozas, miembro de la Junta Central y luego diputado por Aragón, había sido realmente el instigador de las Cortes con las exposiciones que presentó á la Junta Central insistiendo en el pensamiento iniciado antes por Jovellanos.

Calbo de Rozas era un vizcaíno terco, soberbio, que, á pesar de haber sido el alma de la defensa de Zaragoza, era entusiasta de la Revolución Francesa y soñaba con una dictadura terrorista ejercida á la usanza de la Convención.

Calbo de Rozas consiguió sus propósitos de reunir las Cortes, aunque él no se lució gran cosa en ellas.

De las logias afrancesadas, la de Santa Julia era imperialista; aspiraba á un imperio de varias naciones, dirigido por Bonaparte y con la capital en París, y la logia del Supremo Consejo de España é Indias, presidida por Azanza, quería considerar la guerra de la Independencia como una guerra civil.

Decían estos masones que desde el momento en que el rey José había subido al trono de España, haciéndose independiente de Napoleón, el conflicto no era una lucha de España contra Francia, sino de españoles josefinos contra fernandinos, de Bonapartes contra Borbones, una guerra semejante á la de Sucesión.

Claro que, mirando la cuestión friamente, se podía reducir la guerra de la Independencia á una lucha dinástica; pero tantas cosas arrastraba esta lucha, tanta divergencia suponía el tomar parte por una ú otra bandera, que, de poder contemplar el problema con frialdad, no hubiera habido problema.

Estas logias, á poco de fundarse, se odiaban á muerte y se ridiculizaban por sus símbolos y atributos. En la Estrella se hablaba en burla de los masones afrancesados de la calle de Isabel la Católica, y se les apodaba los de la berenjena, porque se llamaba así en burla una gran Orden fundada por el rey José. En cambio, en la Santa Julia se acusaba de clericales á los de la Estrella.

Todas estas luchas eran síntoma de la fermentación que comenzaba á obrar enérgicamente en la sociedad española.

Hoy, mirándolo á distancia, se comprende que así debía ser; pero, de cerca, aquel desbarajuste era desagradable.

En la logia Estrella se discutieron varios proyectos para después de aprobada la Constitución.

El mío—yo también presenté el mío—consistía en comprometer á todos los generales afectos á la Constitución y en influir para destinarlos á Andalucía; y en el caso de que se acabara la guerra con la victoria de España, como era lo más probable, llevarlos á Cádiz con sus tropas, convertir las Cortes en una Convención y, si Fernando se mostraba hostil á ella, proclamar la República.

Mi proyecto, que á mí me parecía magnífico, se encontró irrealizable.

En vista de que no se podía hacer mas que hablar, decidí marcharme.

Me despedí de los hermanos masones y les dí mis señas en la partida de Merino.

Van-Halen me expresó su deseo de abandonar á los franceses; yo le dije que viniera con nosotros; pero la perspectiva de entrar en una partida de fanáticos, capitaneada por un cura, no le parecía, por lo que me dijo, muy halagüeña.

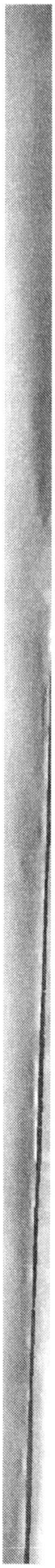

IV

DE VUELTA

A los pocos días de estancia en Madrid, Lara y yo, cansados de hablar, discutir y perorar, nos hallábamos deseosos de marcharnos. Un desorden y un desbarajuste tan grandes como el que se notaba en Madrid, nos causaba más impresión por la costumbre de vivir disciplinados.

Antes de transcurrida una quincena, Lara y yo estábamos en marcha.

Como había tanta tropa francesa por el camino de Francia y podíamos toparnos con gente más desconfiada que el oficial francés á quien encontramos cerca de Burgos, decidimos ir en galera por Guadalajara á coger Sigüenza, después Almazán é internarnos en Soria.

Yo llevaba una carta del barón de Tinán para el Empecinado.

Llegamos á Guadalajara con pasaportes del rey José, y al salir de esta ciudad rompimos los papeles y nos dirigimos á una villa próxima, Gas-

22

cueña ó Caspueña, pues de las dos maneras se le llama.

Ibamos marchando á pie, cuando nos dieron el alto cuatro guerrilleros de á caballo.

Les explicamos quiénes éramos y que llevábamos una carta para el Empecinado.

Uno de ellos nos dijo:

— A ver la carta.

— No se la puedo enseñar mas que á él—contesté yo.

Con este motivo nos enzarzamos en una disputa que, afortunadamente, vino á cortar un teniente muy joven, pues no tendría arriba de diez y seis años.

Era Antonio Martín, el hermano del Empecinado.

EL EMPECINADO

Antonio Martín, al oir nuestras explicaciones, nos dijo que nos llevaría á presencia de su hermano.

Fuimos á una casa baja de Caspueña y entramos en un cuarto encalado que tenía en medio una mesa de pino con unas sillas de paja y en las paredes planos de las provincias de Guadalajara, Soria y Valladolid.

En este cuarto había un grupo de hombres, y entre ellos estaba el célebre guerrillero don Juan Martín con varios jefes de su partida.

Yo le entregué la carta de la logia Estrella. El Empecinado leyó la carta despacio, como hombre que no tiene gran costumbre de la lectura.

Mientras él leía, Lara y yo le estuvimos contemplando. Era un hombre todavía joven, fornido, de pelo negro y color atezado, tipo de cavador de viña, los labios gruesos, el bigote á la rusa, unido á las patillas, la cara de hombre tosco y bravío, con la mandíbula acusada y una raya profunda que le dividía el mentón.

Vestía un uniforme amarillo con vueltas rojas, fajín rojo, cordones de plata en el pecho y un cinturón con una chapa con las letras C.ª L.ª (Caballería Ligera).

Lo que más llamaba la atención en el Empecinado eran los ojos, ojos fijos, brillantes, huraños, y las manos, por lo cuadradas y por lo terriblemente fuertes.

—¿Qué piensan ustedes hacer?—nos dijo el Empecinado bruscamente.

— Vamos á reunirnos con Merino. Somos oficiales suyos.

— ¡Qué raro que estén ustedes con Merino y tongan ooos amigoo en Madridl

— Sí, es una extraña casualidad.

El Empecinado, llevándome á un rincón, me dijo:

— En la carta que ha traído usted me preguntan qué es lo que haré si se proclama la Constitución. Voy á contestar ahora mismo que la juraré al frente de mis tropas con la mayor solemnidad.

— Veremos lo que hacen los demás—dije yo.

— Merino, probablemente, no jurará.

—Creo que no; por lo menos, no será de los primeros.

El Empecinado nos preguntó cuándo íbamos á reunirnos con nuestro escuadrón, y contestándole que no teníamos prisa, nos dijo que nos daría una carta para Merino, nos prestaría dos caballos y, escoltados por una patrulla de su gente, llegaríamos hasta Almazán.

ABUÍN EL MANCO

Al día siguiente, por la mañana, nos encontramos con el grueso de la partida de Saturnino Abuín, el Manco, y unidos á ella tuvimos una escaramuza con las tropas de Roquet entre Torija y Valdenoches. Don Saturnino, el Manco de Tordesillas nos recibió muy amablemente.

Abuín, á quien todo el mundo llamaba Albuín por esa tendencia que hay á corregir los apellidos que parecen incompletos, era entonces un hombre de unos treinta años. Era manco del brazo izquierdo. Herido en un combate que tuvieron españoles y franceses en el Casar de Talamanca, en la provincia de Guadalajara, hubo que cortarle el antebrazo por el tercio superior.

Abuín era hombre seco, cenceño, de frente despejada, ojos pequeños é inteligentes, bigote corto, nariz fuerte, algo torcida. A mí me fué muy simpático.

El comienzo de Abuín era parecido al de todos los guerrilleros. Había salido de su pueblo con ocho ó nueve muchachos mal armados. Abuín llevaba los primeros días de su campaña una daga corta y antigua que había sacado de su casa. Los demás iban armados de garrotes con pinchos.

Al pasar por cerca de Cuéllar la partida vió á un grupo de seis dragones que pasó por las inmediaciones de esta villa.

Abuín se arrojó sobre ellos, y el que hacía de jefe de los dragones entregó la espada al guerrillero, quien la tomó y la conservó durante toda su vida.

Don Saturnino se unió al Empecinado y peleó durante mucho tiempo con él. Luego, pocos meses después de encontrarle Lara y yo, creyéndose postergado, abandonó á don Juan Martín en el Rebollar de Sigüenza y se pasó con su partida á los franceses. Fué un mal momento el suyo.

Durante toda su vida, don Saturnino el Manco tuvo una fama deplorable. El estigma de traidor le debía pesar en el ánimo de una manera terrible. Varias veces le vi en París, en 1819, triste, cabizbajo, y más tarde le he vuelto á ver en Madrid, igualmente meditabundo.

Después de la escaramuza entre Torija y Valdenoches, volvimos á Caspueña.

Por la tarde nos despedimos del Empecinado, que nos dió la carta para Merino y un pasaporte. Este pasaporte lo he conservado como recuerdo hasta hace poco.

Era una hoja impresa con un grabado que representaba un guerrero montado á caballo con el sable en alto, atacando y derribando á los franceses. Junto á él había una matrona, que debía ser

España, y cerca un león estrujando entre sus garras un águila.

CAMINO DE ALMAZÁN

Salimos, como he dicho, por la tarde de Caspueña, en compañía de Antonio Martín y de una escolta de veinticinco hombres. camino de Sigüenza.

Antonio nos hizo preguntas á Lara y á mí acerca de la vida en la corte, y yo hablé de las discusiones y controversias madrileñas en cafés, tertulias y logias, y aunque era una imprudencia confesé que era masón.

Antonio se quedó asombradísimo de que un masón estuviese en las guerrillas de Merino, y me dijo que él también deseaba ser presentado en una logia.

Pasamos por delante de Sigüenza y fuimos hacia Almazán atravesando los altos de Barahona y la llanura llamada Campo de las Brujas.

Nos despedimos, antes de entrar en Almazán, de Antonio Martín, ya muy amigo nuestro, y seguimos hasta Calatañazor, donde encontramos nuestras fuerzas.

Contamos á Merino lo que había pasado con el director; le dijimos que una columna francesa nos había conducido á Madrid, y le entregamos la carta del Empecinado.

. . . .

Después, pasado algún tiempo, comenzaron las buenas noticias para los españoles. Napoleón había declarado la guerra á Rusia y tenía que sacar tropas de España. El rey José no se veía seguro en Madrid; los mariscales del Imperio no le hacían caso.

Desde esta época, con mucha frecuencia nos leían partes diciendo que aquí ó allí se había ganado una batalla por el ejército aliado.

Nosotros ya no operábamos como guerrilleros libremente, sino que seguíamos un plan superior, casi siempre en combinación con las partidas de Borbón y Padilla y la brigada del Empecinado.

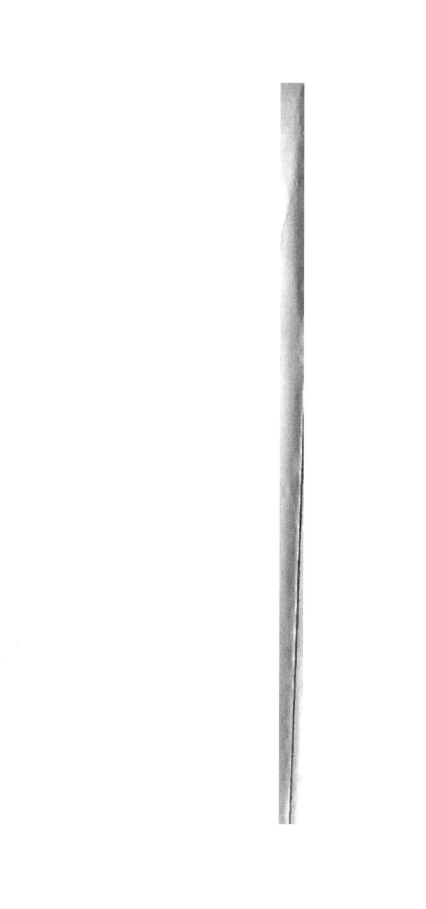

V

LA NIÑA

Fué una época para nosotros excepcional por lo apacible y poco inquieta.

Como he dicho antes, Fermina había recogido la hija de Martinillo y se marchó á vivir con ella y la nodriza á Huerta del Rey.

Lara y yo íbamos con frecuencia á ver á la criatura y á Fermina, transformada, de guerrillera, en mujer de su casa y madre amorosa.

La niña era un vínculo que nos unía á Lara, á Fermina y á mí.

El coronel Blanco nos dejaba marchar casi todas las semanas á visitar á la hija adoptada por nuestro extinguido escuadrón.

Se operaba poco en esta época. Las partidas de guerrilleros no eran buenas para movimientos en gran escala. Por otra parte, Merino se encontraba con que las fuerzas que tenía á sus órdenes sobrepasaban su capacidad y sus conocimientos, y como no estaba dispuesto á dar acciones, apenas se movía, de miedo á un fracaso grande.

Cuando nos daban licencia, Lara y yo montábamos á caballo y nos largábamos trotando y galopando hasta Huerta.

Un perro que yo tenía por entonces nos seguía ladrando y dando brincos.

Se llamaba «Murat», «Murat I», porque tuve después dos más con este nombre.

«Murat» era un perro inteligentísimo. Todo el mundo decía que no le faltaba mas que hablar.

Llegábamos Lara y yo á Huerta é íbamos á casa.

Estos pueblos, en la guerra de la Independencia, eran de una miseria horrible, mayor aún en el comienzo del año 12, que fué el auténtico año del hambre.

Yo tenía fresco el dinero que me habían dado en casa, no mucho, pero entonces, y para aquellos sitios, casi un capital.

Cuando nos acercábamos á Huerta y entrábamos en la plaza, donde solía haber un mayo, á mí me parecía el pueblo bonito, á pesar de su desolación y de sus calles torcidas.

Íbamos en seguida á casa de Fermina. Ella solía estar en la ventana con la niña.

Comíamos juntos, y muchas veces, si hacía buen tiempo, Fermina, la nodriza, á quien llamábamos Mencigüela, y la chica solíamos ir á tomar el sol á una azotea que hay alrededor de la iglesia.

Yo lucía á «Murat», que tenía todas las habilidades de un perro de regimiento, y le insultaba cuando no hacía algo bien. Le llamaba canalla, asesino, granuja.

—¡No le insultes al pobre!—me decían Fermina y Lara.

«Murat» ya sabía que aquello era broma.

Cuando se cansaba de jugar se subía sobre el banco y ponía su cabeza en mis piernas.

Yo sacaba mi anteojo para mirar á lo lejos.

Desde aquella azotea de la iglesia se divisaba una gran hondonada, un valle cerrado por unas lomas rojizas, y por encima, en el fondo, Somosierra, como una muralla azul; á un lado brillaban las praderas verdes de Arauzo de Miel.

Mirando hacia el pueblo no se veía una casa alineada ni derecha; todas torcidas, alabeadas, con los tejados hundidos.

¡Qué silencio solía reinar allí! Piaban los pájaros, cacareaban las gallinas, subía en el aire la ligera columna de humo azul que brotaba de una casa.

Lara me hacía fijarme en la poesía de estas cosas, en el sonido de una esquila, en el toque de la campana, en el rebaño de cabras que se esparcía por un pedregal.

Mientras tanto, Fermina paseaba con la niña.

Menciguela le enseñaba las cigüeñas y la canción que se les canta, que es ésta:

> Cigüeña barreña,
> La casa te se quema,
> Los hijos te se van;
> Machácales los ajos,
> Que ellos volverán.

Cosa que, según la nodriza, hacía rabiar á las cigüeñas.

¡Qué vida primitiva, qué vida más estática la
de aquel pueblo!

A media tarde volvíamos á casa á merendar.
Me asombraba cómo Fermina no se aburría allí.

Recuerdo la salita de la casa como si la estuviera viendo. Había una mesa, un armario, un
reloj alto de pared y un cuadro de cañamazo en
que estaban bordados un ciervo, que tenía un aspecto mixto de conejo y de ardilla, unas flores y
este letrero: Aquilina Ciruelos, lo hizo en 1803.

Yo me entretenía bastante describiendo en voz
alta el cuadro, cosa que á Fermina no le gustaba.

— Seguramente, en su casa hay algún bordado
igual hecho por ella—pensaba yo.

Además de la mesa había una cómoda pesada y
ventruda, y sobre ella un Niño Jesús metido en
un fanal, y un espejo donde se reflejaban las imá-
genes completamente deformadas.

El mobiliario se completaba con un baúl enorme con aplicaciones de latón y un arca.

Todo lo que tuviera colorines, á Fermina se le
antojaba muy bonito; en cambio, á mí me parecía
muy feo.

Era una mujer rara la tal Fermina. Tenía un
amor por el orden, por el arreglo, completamente
extraño. Cuidaba la ropa blanca como algo religioso.

Se comprendía, al verla en una casa, el odio
que experimentaba por todo lo nuevo y lo revolucionario. La enemiga terrible que guardaba
contra los franceses provenía, más que nada, de
que no respetaban costumbres antiguas.

—¿Por qué se ha de hacer esto?—preguntaba yo alguna vez.

— Así se ha hecho siempre.

— Esa no es razón.

— ¿Por qué se ha de hacer de otra manera si así se ha hecho siempre?

Hay piedras que parece que están fijas, sujetas en la tierra sin que puedan desplazarse nunca. De estas piedras era Fermina.

Yo no; yo me sentía como el canto rodado, que al menor impulso corre por los taludes al fondo de los barrancos.

En la naturaleza de Fermina estaba la inmovilidad. Era lógico en ella que al volver á una vida metódica, encarrilada, no quisiera moverse.

Algunos días jugábamos á la pelota en el pueblo Lara, Ganisch y yo con los mozos del pueblo Los castellanos son torpes para esto. Parece que el vascongado es el más diestro, el mejor constituído para tal juego.

Así es que Ganisch ó yo ganábamos siempre.

A media tarde emprendíamos la vuelta hacia Salas, en donde estábamos de guarnición

El pinar, como decía Lara, parecía una catedral; por entre sus troncos, que dejaban anchas sombras, pasaban las fajas luminosas del sol

Lara y yo solíamos marchar por en medio del bosque en silencio. El viento arrancaba un murmullo misterioso de los pinos, y nuestras sombras se alargaban en el suelo con la luz dorada del crepúsculo.

En algunos puntos parecía reconcentrado el olor de la resina y del tomillo.

Cuando pasábamos los pinares comenzaba á obscurecer; cruzábamos por prados verdes sembrados de margaritas, y por regatos llenos de agua que reflejaban las estrellas.

. . . .

No sé qué giro hubiese tomado mi vida á seguir así. Lara y yo comenzábamos á hacer proyectos de vivir en el campo.

Un domingo, al ir á Huerta del Rey, nos encontramos á Fermina desesperada, bañada en lágrimas. La niña acababa de morir.

La noticia me produjo un verdadero dolor, y desde entonces comencé á sentir deseo de marcharme de allí.

. . . .

Aquí se interrumpe el manuscrito de Aviraneta.

LIBRO SÉPTIMO

Á SALTO DE MATA

ACOTACIÓN

Ahora—dice don Pedro de Leguía y Gaztelumendi en sus papeles—, para completar la historia
de Aviraneta en su época de guerrillero con el
cura Merino, tengo que recurrir á lo que me contó
el cabo de chapelgorris, Juan Larrumbide, llamado Ganisch, en la taberna del Globulillo, en la
calle del Puerto, de San Sebastián, una tarde de
otoño del año 1839.

Al saber que conocía la vida de Aviraneta,
Ganisch me preguntó con gran interés si le había
contado algo de él.

Yo contesté que sí, é indiqué lo que me había
dicho.

—¿Conque Eugenio le dijo á usted que yo me
arreglé con la Riojana?—me preguntó Ganisch
algo incomodado.

— Sí.

—¿Y no habló nada de sus enredos?

— No.

— ¡Qué gracioso! Pues él también estuvo viviendo con una mujer y á punto de casarse con
ella Una tal Fermina.

— ¿Fermina la Navarra?

— Sí. ¿Qué le contó á usted más Eugenio?

— Que usted había conquistado á la Riojana
por su manera de hablar enrevesada; que usted
no hacía mas que comer...

— ¡Qué canalla! ¡Ese bizco tiene más mala intención!... ¿Ya le dijo á usted que á él le llamaban
el Pisaverde?

— Si.

Había notado que entre Ganisch y Aviraneta
existía, así como por debajo de su amistad, un
fondo de envidia y de odio, y escarbando en él
conseguí que Ganisch contara todo cuanto sabía.

Me hubiera gustado mucho poder trasladar fiel-
mente las palabras de Ganisch y sus impresiones
personales acerca de su vida y de la de Aviraneta
en las guerrillas de Merino. Pero ¿quién sería capaz de transcribir con exactitud aquella serie de
rases defectuosas, aquella serie de concordan-
cias extrañas en donde se confundían el castellano, el francés y el vascuence?

Es imposible reproducir su relato como él me
lo contó; relato que, ciertamente, no tenía orden
gramatical, pero sí mucha gracia.

Al dar yo una forma lógica, aunque no literaria,
le quito seguramente, todo carácter á esta narración, que hizo Ganisch en la taberna del Globulillo, de la calle del Puerto, en San Sebastián, una
tarde de otoño del año 1839.

I

FERMINA Y LA RIOJANA

Ganisch comenzó de este modo:

«Cuando *entremos* en la partida yo y Eugenio, como *la* cura Merino, ¡así ojalá se muera de repente!, era hombre que se fijaba mucho en *estos* cuestiones, Eugenio, que es un *endredador*, inventó que la Riojana era mi mujer y Fermina la suya. *La* cura Merino...»

Pero no; es imposible seguir á Ganisch en su relato, y prescindiendo de lo pintoresco de su estilo, hay que hacerle hablar como todo el mundo.

El cura Merino no se preocupaba de estas cosas por virtud, sino porque era celoso y lujurioso como un mico.

La Riojana era una buena chica; eso sí, le gustaba la miel como á todas las mujeres, y cuando se le ponía algo en la cabeza, era un poco bestia.

La Fermina se las echaba de señorita. Siempre estaba de mal humor, dispuesta á dar gritos y á subirse á la parra por cualquier cosa.

La Riojana y yo —siguió diciendo Ganisch —
nos entendimos pronto, porque, como yo hablaba
poco el castellano, me iba pronto al bulto.

Como la Fermina y Eugenio no llevaban camino
de arreglarse, la Riojana le decía á su compañera:

—¡Pues no eres poco melindrosa, hija! En la
guerra como en la guerra. ¡Qué demoño!

Fermina era de un pueblo de la ribera de Navarra, y su padre un rico hacendado. Había tenido
Fermina un novio que con engaños — así dicen
siempre las mujeres—la sacó de casa; el padre
juró que si volvía la despezaba, y, claro, ella no
quiso volver.

Tenía Fermina muchas ínfulas aristocráticas;
yo no sé si mentía, es muy probable; pero, min-
tiendo ó diciendo la verdad, aseguraba que se hallaba emparentada con las familias más linajudas
de Navarra.

—Los Echegaray no sé de dónde procedemos
—le replicaba Eugenio, que se hacía llamar por
su tercer apellido—; no sé si venimos del cogo-
llo ó de las hojas, de las últimas capas ó de
los primeros manteos; pero no me preocupa gran
cosa.

—Tienes risa de condenado—le decía ella.

Y esto le daba á él más ganas de reir.

No sé qué idea tenía la Fermina de Eugenio y
de mí, pero creo que nos consideraba como dos
herejes á los que no les faltaba el canto de un
duro para entrar en el infierno.

Yo le aconsejaba á Eugenio que cogiera á
aquella mujer y la dejara perdida en algún monte

donde no pudiera volver, como á los perros que molestan.

Fermina la Navarra decía brutalidades sin notarlo; pero si alguien le echaba un piropo se sofocaba y le brillaban los ojos. Entonces sí estaba guapa.

Fermina, la Riojana y otras mujeres que había allí se decidieron, cuando comenzaron á organizarse las guerrillas, á gastar pantalones y á montar á caballo como los hombres.

Aviraneta, que siempre ha sido hablador, llamaba á Fermina la Monja Alférez.

— Este alférez ¡eh! Ganisch — me solía decir Eugenio guiñando los ojos—está verdaderamente bonito.

—¡Condenado! Te gusta avergonzarme—contestaba ella.

— Ya que eres la Monja Alférez—contestaba él echándoselas de galante—, sé monja para mí y alférez para los demás.

Al poco tiempo de estar en el campo, á Eugenio le hicieron teniente, no porque hubiera peleado más que yo ó que los demás, sino porque tenía más escuela.

Eso de saber manejar la pluma es cosa de mucha importancia.

Como Eugenio nunca ha sido fuerte, á los tres ó cuatro meses de estar en el campo durmiendo en el suelo y recibiendo nieves y chaparrones tuvo un ataque de reumatismo (*erreumatismo*, decía Ganisch) y le fué necesario quedarse en cama.

Yo fui á cuidarle, más que nada, por no andar de maniobras.

Tanto subir y bajar montes y mojarme me tenía aburrido.

Estaba ya soltero, porque la Riojana se me había marchado con el cura. Le pedí permiso á éste para ir á cuidar á Eugenio, y Merino me dijo:

— Sí, sí; vete.

Claro, quería tenerme lejos de la Riojana.

Luego me preguntó:

— ¿Qué le pasa á Eugenio?

— Está baldado por el reuma.

— ¡Qué gente! ¡Qué jóvenes! — murmuró —. Ese Echegaray vale poco. A mí no hay lluvia ni nieve que me haga efecto.

El cura decía la verdad. Era duro como una piedra.

Al principio de la enfermedad de Aviraneta, la Fermina le cuidó muy bien; pero cuando entró en la convalecencia, ella y él se tiraban los trastos á la cabeza.

A la Fermina le asustaba mucho pensar en el infierno, y decía á Aviraneta que tenían que confesarse y ver al cura.

— ¡A los curas! ¡A presidio los llevaría á todos! —decía Eugenio.

Ella, al principio, se incomodaba; luego le decía:

— Tú pierde tu alma si quieres; yo ya me salvaré.

— ¿Salvarte?—le contestaba él en broma—. No se cómo: has matado, has dicho mentiras, dejarías de ser mujer si no las hubieras dicho; amores has tenido, iracunda eres como pocas, golosa también, envidiosa ídem; conque si no te metes monja después de la guerra y te azotas, no se cómo te las vas á arreglar con tu alma.

— ¡Ese Eugenio—añadió Ganisch—tiene unas ocurrencias...!

—Y ella ¿qué hacía al oir esto?—pregunté yo.

—Ella se ponía como una fiera y le decía: ¡Canalla! ¡Bizco! ¡Quisiera que te murieras de repente!

—Ya lo sé—contestaba él.

Luego hacían las paces. La Fermina tenía un genio imposible; se mostraba dominadora, violenta, sanguinaria. Eso sí, para la gente pobre era buena.

II

LA HIJA DE MARTINILLO

—Supongo que Eugenio—siguió diciendo Ganisch—le habrá contado y ponderado los combates de la partida del cura. Es muy amigo de dar importancia á todos los sucesos donde interviene él.

—Pero la acción de Hontoria del Pinar, ¿no fué importante?—pregunté yo.

—¡Bah!—murmuró Ganisch.

—¡Cómo, bah! ¿No lucharon ustedes con un escuadrón francés numeroso?

—Sí.

—¿No hubo muchos muertos y heridos?

—Sí; creo que sí.

—Es extraño. ¿No se acuerda usted bien de esa acción?

—Sí; algo me acuerdo. Estuvimos en un pinar durmiendo en el campo, y todos los días aseguraban que venían, y luego que no venían... Bueno; pues una mañana dijeron que los fran-

ceses acababan de pasar por el camino. Yo no
les vi.

Esperamos en un punto, y luego tuvimos que
ir á otro sitio, y luego á otro. Después dimos una
carga, y como no se pudo romper la formación
francesa, comenzamos á pelear unos cuantos del
escuadrón con diez ó doce dragones de esos de
gorra de pelo; y cuando vinieron á ayudarnos los
nuestros nos dijeron que ya se había terminado
todo.

Sin duda, Ganisch no se había enterado de los
preparativos de Merino para la sorpresa del Portillo de Hontoria ni del desarrollo general de la
acción.

—Y al día siguiente, ¿fueron ustedes á la Vid?

—Sí. ¿También eso le ha contado Eugenio?

—También.

—Lo que no le habrá contado, seguramente,
será lo de la niña y lo del desafío.

—No. ¿Qué fué lo del desafío?

—Verá usted. Teníamos nosotros en la partida
un muchacho joven que se llamaba Martinillo.

—¿Un pastor?

—Eso es. En ese día de Hontoria del Pinar
murieron veinte ó treinta de nuestro escuadrón,
y entre ellos Martinillo el pastor.

Al día siguiente marchamos á la Vid y no volvimos al alojamiento hasta quince días después.
Al llegar á Hontoria, y al preguntar por la Teodosia, la viuda de Martinillo, supimos con pena
que acababa de morir de sobreparto, dejando una
niña, á la que se puso también Teodosia.

¡Y aquí se ve lo que son las mujeres de raras y de locas! Fermina la Navarra, que había tenido tanto odio por Martinillo y por la Teodosia madre, recogió á la niña y se fué á vivir con ella á una casa de Huerta del Rey. Los del escuadrón solíamos ir á verla alguna que otra vez; pero, sobre todo, Eugenio y un amigo suyo, llamado Lara.

Eugenio pensó en casarse con la Fermina y prohijar á la niña; pero como no estaba en el regimiento alistado con su nombre, era una cosa difícil.

La Fermina no pensaba mas que en la chiquilla.

Muchas veces le oí á Fermina que preguntaba á Aviraneta:

—Eugenio, si yo muero, no la abandonarás; ¿verdad?

— ¡Yo abandonar á la Teodosia! Nunca—replicaba él.

Murió la niña, y la Fermina y Eugenio, que estaban muy amartelados, riñeron en seguida. Fermina volvió á vestir de guerrillera, y todos los días le armaba un escándalo á Aviraneta.

— Estamos ofendiendo á Dios con esta vida —le decia ella—. O te casas conmigo, ó nos separamos en seguida.

— Espera que acabe esto—contestaba él—. Habiendo dicho á la gente que estamos casados, va á ser un escándalo ahora si vamos á la vicaría.

Eugenio se hubiera casado; pero al ver el genio que iba tomando la otra, se espantó.

Fermina no pensaba de nuevo mas que en luchar, matar y pegarle fuego al mundo entero.

III

EL DESAFÍO

Fermina se separó de Aviraneta y comenzó á andar, acompañada de un alemán, Müller, que era uno de los prisioneros que se quedó amigo de los españoles.

El alemán guardaba las espaldas de la guerrillera; ella le trataba con altivez, y él, á pesar de todo, le servía humildemente.

Eugenio estaba furioso; le miraba al alemán con su ojo bizco y frunciendo el ceño. Cuando Aviraneta se pone á mirar así hay que temblar, porque, con la mala sangre que tiene, es capaz de cualquier cosa.

La situación entre los dos hombres era muy violenta, y al fin vino el encuentro.

Eugenio y el alemán, por una cuestión de poca monta, se lanzaron el uno contra el otro. Eugenio quiso arrestar á Müller; pero al ver en éste una risa de desprecio, suspendió el arresto y concertaron entre los dos un desafío.

Estábamos en Hontoria.

Lara y yo fuímos los testigos de Aviraneta, y dos desertores franceses los de Müller el alemán. Se decidió que otro desertor polaco hiciera de uez de campo.

Marchamos los siete al galope al pinar, y entramos en una calvera del monte, grande como una plazoleta.

Antes de comenzar el duelo, el alemán dijo que él era un simple soldado, y mayormente extranjero; que si se sabía que se había batido con un oficial le costaría el ser fusilado, y que, por lo tanto, exigía juráramos todos guardar el secreto de lo ocurrido.

El alemán, sin duda, tenía completa confianza en su triunfo. Juramos callar.

Al momento Müller y Aviraneta se quitaron las casacas. Müller tenía un pecho de gigante y unos brazos fuertes, cubiertos de vello rojo.

Se midieron los sables y se entregó á cada uno el suyo. El alemán manejaba su arma como un juguete. Se colocaron los dos en guardia.

— Uno, dos, tres... Adelante, señores—dijo el polaco.

Los sables chocaron uno contra otro y comenzó el asalto.

Müller no tenía idea de la esgrima, pero era valiente, y tiraba unos mandobles á Eugenio que yo creí que le deshacía. Aviraneta se defendía con mucha maña y dirigía á Müller golpes á la cabeza y al brazo.

El alemán, viendo que no alcanzaba al enemigo, comenzó á dirigirle estocadas furiosas al pecho.

Hubo un descanso por orden del polaco, juez de campo.

Müller estaba congestionado y torpe; Eugenio, algo pálido, pero muy tranquilo.

—Yo intentaba desarmar á este bárbaro—nos dijo Eugenio á Lara y á mí—, y herirle levemente; pero tiene tan mala intención, que voy á tener que matarlo! si no, me va á matar él.

Siguió el duelo y vimos que, efectivamente, Eugenio cambiaba de sistema; ya, después de parar, no marcaba un golpe ligero en el brazo ó en el hombro del contrario, sino que se tiraba á fondo de una estocada. Müller hacía lo mismo con una furia terrible. Eugenio estaba cada vez más pálido y más ceñudo; se notaba la decisión en sus ojos.

Durante un momento estuvieron los dos forcejeando casi con los puños juntos, y al separarse se vió que Aviraneta tenía un rasguño en el brazo que le manchaba de sangre.

Aquella sangre y la sonrisa de triunfo del alemán enardecieron á Aviraneta, dándole una de aquellas decisiones violentas que le caracterizaban.

El polaco hizo la señal del nuevo asalto. Aviraneta se lanzó con tanto brío, que acorraló al alemán, que tuvo que retroceder, y, dándole un sablazo en la muñeca, le hizo tirar el sable.

Creímos que aquí terminaría el lance; pero Müller protestó y volvió con más furia á la pelea.

Ya no era dueño de sí mismo; se descubría, parecía un toro más que un hombre. Se veía en él la decisión de atravesar á su contrario, aunque quedara muerto.

Aviraneta se encontraba en un aprieto grave; se iba cansando y perdiendo la serenidad.

En esto, Müller con el sable rozó la oreja de Eugenio. Aviraneta sintió la sangre que le caía y, enardecido, se lanzó sobre el enemigo, se tiró á fondo y hundió el sable en el pecho del alemán.

Müller abrió los brazos, se le cayó el arma, se tambaleó y, dando una vuelta como un peón, cayó á tierra.

Los dos testigos franceses no pudieron sostener su cuerpo fuerte y pesado.

— Lo he matado—nos dijo Aviraneta—; no he podido hacer otra cosa.

El alemán bramaba, escupiendo espumarajos de sangre.

Aviraneta, ceñudo, tomó su sable y empezó á limpiarlo en unas hierbas. Esperó un momento por si Müller le llamaba; pero el alemán estaba en las últimas convulsiones de la agonía, y poco después había muerto.

Montamos de nuevo á caballo. Los dos franceses, que tenían sangre en las manos, y Aviraneta, se lavaron en un arroyo y volvimos á Hontoria.

Todos los que presenciamos el duelo guardamos el secreto de lo ocurrido, hasta el punto de que se creyó que Müller había desertado de nuestro campo. Sin embargo, algunos sospecharon la verdad.

IV

LA DENUNCIA

Unos meses después estábamos en Peñaranda de Duero, que también se llama Peñaranda de la Perra, cuando se presentó un escuadrón del Empecinado á operar en combinación con Merino.

Eran oficiales de este escuadrón Antonio Martín, el hermano del Empecinado, y don Casimiro de Gregory Dávila, á quien llamaban Gregory el de Leganés, por su cargo de administrador de Rentas de este pueblo.

Gregory había peleado con el Empecinado á las órdenes de don Vicente Sardina, y estuvo preso en Madrid por patriota el año 9.

Luego, yo le conocí en 1822 de intendente en Pamplona.

Gregory y Martín andaban mucho con Aviraneta. Se decían muy liberales.

Un día los dos Empecinados, Aviraneta, Lara, el Tobalos y tres ó cuatro más del escuadrón del Brigante se metieron en una taberna de Peñaranda y hablaron.

Hay que advertir que Eugenio, en esta época, estaba que no se le podía aguantar.

Sus peleas con Fermina y, sobre todo, el recuerdo de la muerte del alemán le tenían rabioso.

Antonio Martín y Casimiro Gregory contaron en el grupo la entrada de los aliados en Madrid un día de Agosto.

El Empecinado, Palarea, el Abuelo y Chaleco habían desfilado por la Puerta del Sol y calle Mayor, marchando al Ayuntamiento.

Antonio Martín aseguraba con entusiasmo que los Empecinados habían sido los héroes de la jornada.

Unos días después de entrar ellos se juraba la Constitución en todas las parroquias madrileñas.

Los del Brigante escuchaban con envidia.

— Tenéis suerte—dijo Aviraneta con amargura—; nosotros aquí no hemos visto nada de eso.

E hizo un cuadro agrio y burlesco de la vida y costumbres del campamento de Merino.

Viendo que celebraban sus frases, Aviraneta se desbocó y empezó á decir barbaridades. Afirmó que Merino había ordenado la muerte del Brigante porque se sentía celoso de él.

— ¿Nosotros?—exclamó luego—. Nosotros ya no somos guerrilleros, sino unas viejas beatas que no hacen mas que rezar el rosario y persignarse para comer, para beber, para rascarse...

Gregory y Martín se reían. Luego, Eugenio habló del Estado llano, del servilismo de los fernandinos, de la libertad y de los derechos del hombre, y acabó brindando por la República.

Aviraneta pensó que nadie se enteraría; pero en la taberna había un enemigo suyo, un tal Sánchez, á quien llamaban don Perfecto.

Don Perfecto estaba resentido contra Aviraneta porque éste se burlaba de él constantemente preguntándole dónde se había escondido cuando la acción de Hontoria del Pinar.

Don Perfecto se vengó yendo con el soplo al cura, contándole toda la conversación.

A los quince días de esto volvimos á Salas de los Infantes. Ya habíamos olvidado la conversación de Peñaranda.

No hicimos mas que llegar, cuando el cura llamó á Aviraneta y á Lara y, de repente, sin incomodarse, con voz burlona y fría, les dijo:

— Oye, Echegaray. ¡Conque yo mandé asesinar al Brigante! ¡Conque nosotros no somos guerrilleros! ¡Conque somos unas viejas beatas que no hacen mas que rezar!

— Yo no he dicho eso, don Jerónimo.

—Ha habido quien te ha oído, hijo mío. Hablaste con el hermano del Empecinado y con otro en una taberna de Peñaranda. ¿De manera que eres masón y republicano? ¡Ya me figuraba yo algo! Pues tendrás la suerte de los espías y los traidores: serás fusilado por la espalda. Y tú, Lara, irás también á la cárcel. Ya veré lo que hago contigo.

Aviraneta no replicó. Un oficial le quitó su espada dragona y, rodeado de soldados, marchó á la cárcel.

. . . .

Después de este episodio, Ganisch contó otros de los guerrilleros de Merino, ya conocidos por mí, y la escapada que hicieron desde Salas á Soria Aviraneta y él; pero como esta escapada la he encontrado con más detalles en los papeles de don Eugenio, he recurrido á ellos.

V

LA EVASIÓN

Estas páginas que siguen fueron escritas, como las primeras de este libro, en la Cárcel de Corte, de Madrid, en 1834 ó 1835. Aviraneta quiso dar á su narración un aire romántico. No en balde le habían prendido al mismo tiempo que á Espronceda y á García Villalta. Don Eugenio, sin duda, pensó en imitar á los poetas; en cambio, los poetas no quisieron imitar al conspirador, pues ambos estuvieron á cual más tímidos y asustadizos, y cantaron la palinodia al momento escribiendo una solicitud á la reina María Cristiana afirmando su inocencia y pidiendo gracia.

Aviraneta habla en sus cuartillas de un pueblo S*, que he supuesto que es Salas de los Infantes; se llama á sí mismo el joven prisionero, á Fermina la transforma en Elvira, y á Ganisch en Martín.

A las pocas páginas se olvida de sus propósitos novelescos y del joven prisionero y habla de sí mismo.

Yo he sustituído los nombres falsos por los verdaderos para que no haya confusión.

LA CASA DEL DUENDE

Cuando me llevaron preso llovía, llovía monótonamente. El campo estaba triste; la carretera, llena de charcos.

Veíase entre la bruma la línea alargada de los montes, y en el fondo aparecía Salas con sus tejados rojos, chorreando agua.

Salas de los Infantes está en tierra fría, rodeado de colinas pedregosas; tiene una iglesia con su torre cuadrada en un alto y su nido de cigüeñas.

Salas es pueblo serrano, de casas bajas, con las chimeneas muy grandes, hechas con trozos de teja, formando una eminencia cónica terminada por una caperuza de cuatro tablas, que en el país llaman la contera.

Tiene Salas un castillejo en el vértice de una colina próxima al río, el castillo de Castrovido, y un palacio grande, el de los infantes de Lara. Castillo y palacio deben estar ya completamente en ruinas, si la devastación iniciada en la guerra de la Independencia ha seguido en la carlista, como ha debido de seguir, si es que no ha aumentado.

No se ve aldea alguna en derredor de la villa; entonces, durante la campaña, sus alrededores eran un desierto.

Salas tiene un punto de reunión bastante anima-
do los días de feria, que suelen ser los jueves: la
plaza Mayor.

En los soportales de esta plaza, en las bodegas
hay figones bajos de techo, ahumados, con unas
cuantas mesas de pino blancas y una fila de barri-
cas sostenidas por largueros.

A la puerta de los figones suelen ponerse los
días de mercado algunas viejas á vender callos
con guiso de pimentón en un barreño. Yo conocía
todos los figones del pueblo.

Lara y yo frecuentábamos el figón del Obispo
y el de la Mujer Muerta, donde solíamos comer los
exquisitos peces del Arlanza.

Hontoria y Salas eran para nosotros, acostumbrados á merodear por el campo, capitales importantes.

Dos barrios hay en Salas bastante separados el
uno del otro: el de Santa María, casi todo el pueblo, llamado así por hallarse alrededor de la iglesia parroquial, y el de Santa Cecilia, por estar
cerca de una ermita de este nombre levantada á
orillas del Arlanza.

Un puente que pasa por encima del río une el
camino que va de una á otra barriada.

En el barrio de Santa Cecilia había por entonces
una casa grande, de piedra berroqueña, antigua,
ennegrecida por el tiempo y por los musgos, agu-
jereada, con los aleros rotos: la Casa del Duende.

Se entraba en ella por un postigo lleno de
grandes clavos, porque la puerta principal, rota,
estaba sujeta con hierros y no podía abrirse.

Era su zaguán ancho, obscuro, con una columna de granito en medio.

A mano izquierda comenzaba la escalera, torcida, apolillada, que subía hasta el desván.

Varias veces estuvimos los del escuadrón alojados en esta casa.

Lara y yo habíamos andado por todos sus cuartos y rincones, á riesgo de caernos, porque los suelos se hallaban agujereados.

Se encontraban aún en este caserón salas hermosas con chimeneas de piedra, vigas talladas en el techo, marcos de ventanas apolillados llenos de adornos, puertas de cuarterones, cerràduras roñosas y algunos viejos cuadros desgarrados y negros.

El desván era enorme: tenía grandes solivos de los que colgaban sarmientos secos; el tejado, roto, dejaba por todas partes ver el cielo, y los días de lluvia entraba libremente el agua por sus boquetes.

En esta casa habían estado alojadas muchas veces las tropas españolas y francesas. En aquel tiempo servía de cuartel y al mismo tiempo de cárcel á Merino.

La casa tenía varios calabozos con puertas sólidas. Merino había mandado arreglarlos y ponerles rejas, y allí encerraba á los presos.

Hacia el monte, se extendía una huerta con una tapia que en otro tiempo debió de ser hermosa, pero que talada y cubierta de ortigas, de zarzas y de jaramagos, presentaba un aspecto de desolación y de tristeza.

Esta casa ruinosa, y de aire melancólico, con sus agujeros, sus chimeneas rotas, sus aleros des-trozados y sus lechuzas que chillaban de noche, hubiera influído en nuestra imaginación, si la vida activa que llevábamos nos hubiera permitido el lujo de tenerla.

No pensaba yo que en esta casa había de estar preso.

LA FRASE DE BAILLY

Aquella tarde, al anochecer, en el atrio de Santa Cecilia, me comunicaron la orden de pri-sión, me quitaron la espada y me llevaron preso.

Lara y yo, custodiados por un oficial y ocho soldados, llegamos á la Casa del Duende.

En el portal llamaron al Cojo, que hacía de alcaide.

El Cojo era un guerrillero viejo, inválido, con una pierna de palo. Vestía calzones cortos, me-dias blancas, camisa de cáñamo, chaleco de sayal con solapas vueltas, pañuelo atado á la cabeza y sombrero encima.

Llevaba en la mano cuatro ó cinco llaves, me-tidas en un alambre, que tintineaban al mover el brazo.

Subimos con el Cojo y la escolta hasta el se-gundo piso y se encerró en un cuarto á Lara y en otro, enfrente, á mí.

Mi calabozo estaba restaurado hacía poco tiem-po; tenía una puerta sólida, una ventana pequeña en el grueso muro y un banco. Hacía un frío terrible. El Cojo me advirtió que había pasado la hora del rancho y me trajo una manta raída.

Me senté en el banco; luego me tendí en él sirviéndome de la manta como de almohada.

Apenas pude dormir. Sólo un momento, al amanecer, logré cerrar los ojos.

Me desperté al oir el tintineo de las llaves del Cojo y el ruido de su pierna de palo, que golpeaba en los suelos de madera como si fuera un martillo.

Hablé con el alcaide que me traía el rancho, y pude comprender que mi situación era grave.

La segunda noche fué igualmente mala, ó peor que la anterior; el frío me tenía aterido. El viento, en los árboles lejanos, metía un ruido como de descargas cerradas. A veces me hacía la ilusión de si serían los franceses que atacaban el pueblo y entraban en él.

—¡Mala suerte ha tenido usted, don Eugenio! —me dijo el Cojo, por la tarde, al traerme la comida.

Sus palabras achicaron mi valor.

A mediodía se abrió la puerta y entró Fermina.

—Prepárate á morir cristianamente—me dijo; y me entregó un libro de misa.

Me levanté enfurecido.

—¿A qué vienes?—grité—. ¿Vienes á recrearte viéndome condenado á morir?

—No, Eugenio; quiero que salves tu alma.

—¡Mi alma! ¡ja! ¡ja! —exclamé y cogí el libro de misa y lo tiré al suelo—. Yo moriré maldiciendo de vuestras mamarrachadas, de vuestros santos y de vuestras ridiculeces. ¡Si soy liberal, revolucionario, negro, y le pegaría fuego á todas las iglesias y haría una hoguera con los altares! Sí; creo que vuestra religión es una farsa y vuestros curas unos canallas, hipócritas, miserables. Creo que vuestros frailes son unos cerdos y las monjas unas tías egoístas que yo distribuiría en los cuarteles para entretenimiento de los soldados. Creo que los religiosos sois peores que nadie. Vuestra religión no os impide ser crueles, mentirosos, sanguinarios, viciosos. Sois despreciables. Vete de ahí; no quiero verte. No quiero salvar mi alma.

Fermina, asombrada de mi exabrupto, no replicó nada, y, acercándose á la puerta, se fué.

Comprendí que había estado cruel con ella, pero esto desahogó mi furia.

Al encontrarme solo quedé más tranquilo. Realmente, no tenía miedo á la muerte. ¡Morir á los veinte años! Lo único que me molestaba era el flujo inoportuno de pensamientos.

Aquella necesidad de agotar todas las ideas, de seguirlas y de desarrollarlas no me dejaba dormir.

Si me llegan á sacar en aquel instante al cuadro, me fusilan en medio de un razonamiento.

Pensé en si este último día de mi vida valdría la pena de tener remordimiento. Me acordé del alemán Müller á quien había matado en duelo... nada.

— Después de todo, la guerra se va á acabar —pensé luego—,y la vida se va á hacer aburrida.

¿Qué pasará luego? ¿Qué será España dentro de cincuenta años, dentro de cien?

Estuve fantaseando durante largo tiempo; pero la idea de la muerte próxima interrumpía mis elucubraciones.

¡Morir! No tenía miedo. Lo único que me desagradaba era pensar si mis fuerzas se debilitarían en el supremo momento.

Siquiera en el acto hubiese gente gritaría:

— ¡Viva la libertad! ¡Viva España!

De pronto pensé en que pocas horas después estaría debajo de tierra y me estremecí con un temblor. Realmente, no sabía si era del frío del cuarto ó de la terrible idea de la muerte.

Me acordé de lo que me contó mi tío Etchepare del astrónomo Bailly, cuando éste sabio presenciaba los preparativos del verdugo en la guillotina que le tenía que cortar la cabeza, bajo la lluvia de un día invernal. Alguien le había dicho, poniéndole la mano en el hombro: «Tiemblas, Bailly»; y él contestó con sencillez: «Sí, amigo; tengo frío».

Este recuerdo me hizo reir sin saber por qué.

LA CANCION DE GANISCH

En aquel estado desvariante pasé el segundo día. Cada noche me parecía un siglo.

La tarde del tercer día, una tarde lluviosa, triste, oí desde mi cuarto varias veces el grito del mochuelo.

De pronto me asaltó la idea. ¿Sería una señal de Ganisch?

Me agarré á los hierros de la reja, asomé la cabeza y silbé suavemente.

Al poco tiempo contestó otro silbido. Era Ganisch, que andaba, sin duda, rondando la tapia de la huerta por la parte de atrás de la casa.

Se me ocurrió si sería algún lazo que me tendían. ¿Pero, para qué, si estaba ya preso? Estuve agarrado á la reja, tembloroso, haciendo esfuerzos.

De pronto, Ganisch comenzó á tararear el aire vasco de André Madalén.

¿Me tendría que decir algo? Yo así lo esperaba.

Ganisch, sin duda, se cercioró de que le oía por mis silbidos, y entonces cantó en vascuence:

> Mesaco libru burni chiqui bat
> Erdi erdiyan daucazu.
> Gau arratzian zaude leyoan
> Ni campotic errandizaitut.

(En el libro de misa tienes en medio un hierro pequeño. Hoy por la noche estate en la ventana. Te hablaré desde el campo.)

Bajé de la reja con las manos desolladas y me tendí en el banco que me servía de cama.

—¿Qué libro de misa es este?—pensé—. ¿A qué podía referirse? ¿Me estaría diciendo necedades aquel hombre?

Me levanté, y á la luz del crepúsculo vi en un rincón el libro de misa traído por Fermina.

¿Habría allí algo?

Cogí el libro con ansiedad, lo hojeé: nada. Tiré con rabia de la pasta, y vi que ocultas en el lomo había dos sierrecillas finas.

El descubrimiento me produjo una gran agitación.

Era necesario decidirse rápidamente. ¿Por dónde se podía intentar la fuga? Por la reja me pareció difícil. Tenía cinco barrotes verticales y tres horizontales. Hubiera sido preciso limar el espesor de diez y seis hierros. Pretender doblarlos era imposible.

Estudié la puerta. A la altura de un hombre tenía un ventanillo, de poco más de un palmo, con dos barrotes en cruz; las junturas de la puerta no dejaban resquicio para limar el cerrojo ó la lengüeta de la llave.

Calculé que si cortaba los dos barrotes del ventanillo, sacando el brazo, por el agujero, podría desde dentro dar vuelta á la llave, que estaba bastante alta, pero no llegar á descorrer el cerrojo, que se encontraba muy bajo.

Estuve pensando mucho tiempo qué podría hacer.

Había obscurecido. Era ya de noche, una de esas noches largas de invierno. Llovía y soplaba un viento fuerte y frío. Del vestíbulo llegaba una ligera claridad producida por el resplandor de un candil.

Hice un inventario de todos los objetos que tenía y di mil vueltas en la imaginación pensando si podría aprovecharme de alguno.

La cuestión del cerrojo era la que me preocupaba; cortarlo con la lima era imposible; llegar á él sacando el brazo desde el ventanillo, también.

Pensé en utilizar la vaina del sable que me habían dejado. No tenía resistencia bastante, pero podía dársela con los dos barrotes de hierro que pensaba sacar del ventanillo.

El Cojo, como todas las noches, fue y vino por la escalera haciendo sonar sus llaves y su pata de palo. Cuando se marchaba comenzaba yo á limar, y al volver dejaba mi trabajo.

Para las diez de la noche tenía los cuatro hierros del ventanillo lo bastante limados para poder romperlos al menor esfuerzo.

Rendido, me eché sobre el banco y estuve con el oído atento por si Ganisch me hablaba, como había dicho.

Varias veces me levanté y tuve que tenderme de nuevo. Poco después de dar las once en el reloj de la iglesia sonó á lo lejos el grito del mochuelo.

Era Ganisch. Me agarré á la reja, tembloroso.

Luego se oyó una voz que cualquiera hubiera podido tomar por un relincho.

— Ai. .zac—(Oye.)- dijo Ganisch.

Hablaba en vascuence para que no le entendieran.

— Amabiyetan (A las doce).

Pasó un largo rato.

— Iriquí atea (Abre la puerta).

— Igó gambará (Sube á la guardilla).

— Gambará... ezquerretará..., ate chiquia...

iriquiya dá (En el desván, á la izquierda, una puerta pequeña está abierta).

La idea de poder huir produjo en mí una intranquilidad cada vez mayor.

Estaba febril, impaciente.

El Cojo iba y venía, haciendo, sin duda, sus preparativos para pasar la noche. A las doce menos unos minutos se oyó su pata de palo resonar en el suelo, y después en la escalera.

Se llevó el candil del vestíbulo y quedó todo á obscuras.

Inmediatamente tiré de la cruz de hierro del ventanillo y, empujando con fuerza, la arranqué. Con ella en la mano, separé á tientas los dos barrotes y los metí, envueltos en hojas del libro de misa, en la vaina del sable. Así ésta abultaba más.

Luego llevé el banco delante de la puerta, saqué todo el brazo izquierdo por el ventanillo, agarré la llave con la mano y le dí dos vueltas.

Como soplaba tan fuerte el viento, el ruido no se notó.

Después introduje por el ventanillo la vaina del sable atacada con los dos barrotes y los papeles, y fuí balanceándola para ver si daba en el cerrojo y llegaba á descorrerlo.

A la media hora de maniobra tuve que dejarlo. Estaba inundado de sudor y á punto de caerme mareado.

Volví de nuevo á la faena. Me encontraba nervioso, convulso.

En esto llegué con un golpe casual á descorrer el cerrojo.

En aquel mismo momento se oyó ruido en la escalera. Estuve escuchando anhelante, con el corazón oprimido. Viendo que no subía nadie, empujé la puerta, que chirrió ásperamente sobre sus goznes, y de puntillas salí al vestíbulo.

EL GATO

A tientas llegué á la puerta de enfrente, donde habían encerrado á Lara.

Abrí la llave y el cerrojo.

— ¡Lara!—dije en voz baja.

—¿ Quién es?—preguntó una voz desconocida.

— ¿No estás aquí, Lara?—volví á preguntar.

— No.

— Pues, ¿quién es usted?

— ¿No sabe usted quién soy? Soy el Gato. ¿Qué me quieren? ¿Me quieren fusilar?

— No. Yo soy Echegaray, que he salido del calabozo.

El Gato no sabía quién era.

— ¿Quién? ¿Quién?—me preguntó.

—El Pisaverde que se ha escapado del calabozo.

El Gato se acercó á mí en la obscuridad.

— Vamos, vamos—exclamó con ansia.

— ¿Y Lara?—le dije yo.

—Ayer le sacaron de aquí porque estaba enfermo.

El Gato quería bajar la escalera, pero yo le indiqué debíamos subir al desván.

De puntillas llegamos arriba.

El Gato llevaba varios meses en el calabozo, y quizá por esto, ó porque era una especialidad suya, veía á obscuras, como un verdadero felino. Cierto que había una ligera claridad que entraba por los agujeros del tejado. El Gato me indicó dónde había una puertecilla.

Avanzamos los dos por el desván, tanteando, porque el suelo, de madera carcomida, tenía grandes boquetes. De no afirmar bien el pie, podía uno desaparecer como por escotillón. Se oía el batir de alas de una lechuza ó de alguna otra ave que tenía allí su escondrijo.

Llegamos á la puerta y la abrimos. Daba á una escalera ruinosa. Fuimos bajando ésta con cuidado; las maderas, apolilladas, crujían á medida que poníamos los pies en los carcomidos peldaños. Luego, los escalones estaban húmedos, resbaladizos y rotos.

Terminamos la escalera, y al final encontramos una tabla que cerraba un ventanillo. La empujamos y salimos á un estercolero. Este estercolero tenía una puerta cerrada con una tranca. El Gato se remangó los pantalones y, metiéndose en un lago de basura, llegó á la puerta y la abrió. Después me quité yo las botas y las medias y pasé también.

Salimos al huerto, abandonado y lleno de hierbajos. Me limpié las piernas con unas hojas y me calcé de nuevo. Escalamos la tapia, que no era muy alta. Estábamos libres.

No había hecho mas que saltar, cuando sentí á

«Murat», á mi perro, que me puso las patas en el pecho.

Le acaricié y le seguí. Fuimos tras él el Gato y yo, cruzando matorrales, hasta encontrarnos á Ganisch, que esperaba con dos caballos de la rienda.

—¿Cómo nos vamos á arreglar? Somos tres —exclamé yo.

Ganisch me dijo en vascuence que dejáramos al Gato; pero no me pareció prudente.

El Gato, con nosotros, podía ser un auxiliar eficacísimo; en contra de nosotros, constituía un gran peligro. Tanto como á él nos debía importar su salvación.

El Gato, viéndome indeciso, dijo:

—Llévenme ustedes una hora á caballo hasta salir y alejarnos del pueblo. Luego iré á pie.

Montamos Ganisch y yo, y el Gato en la grupa de mi caballo, agarrándose á mí. Ganisch me dió una carabina y un sable.

Salimos de la carretera y comenzamos á marchar hacia Palacios de la Sierra.

A un cuarto de legua del pueblo un centinela nos dió el alto: ¿Quién vive? gritó.

Ganisch picó espuelas, yo hice lo mismo, y los caballos se pusieron al galope.

AL URBIÓN

Llevábamos media hora de marcha; habíamos avanzado con gran rapidez. La cuestión era ganar terreno. Al principio no teníamos más idea que alejarnos. Probablemente á la madrugada se darían cuenta de nuestra fuga y comenzaría la persecución.

Desde Salas, mirando hacia Soria, se ven primero los cerros de la Campiña; detrás los montes de la Demanda y de Neila, y á la derecha el pico del Urbión.

A la media hora de marcha el Gato me dijo:

—Pare usted, don Eugenio.

Paré el caballo.

—¿Qué pasa?—pregunté.

—Voy á bajar del caballo de usted, que se está cansando, y montaré en el otro.

—Bueno.

El Gato dió un salto, se agarró á la cintura de Ganisch y seguimos nuestra marcha al trote.

Comenzaba á caer una ligera lluvia mezclada con nieve.

Serían las dos ó dos y media de la mañana, cuando el Gato me llamó:

—Don Eugenio.

—¿Qué hay?

—¿Ustedes tienen algún sitio donde guarecerse?

— No.

— ¿Qué van ustedes á hacer?

— ¡Qué vamos á hacer! Huir, meternos donde podamos.

— Si entran ustedes en un pueblo están perdidos.

— Y usted, ¿qué ha pensado?

— Yo tengo un refugio. Una cueva que no la conoce nadie.

— ¿La de Neila?

— No.

— ¿La del Abejón, quizás?

— Tampoco. Esa será la primera que registren. La mía es una cueva que está en el sitio más frío del Urbión. Como le digo á usted, nadie la conoce.

— Pues vamos á ella.

—Me ha de dar usted una palabra, don Eugenio.

— ¿Cuál?

— De que el dinero que tengo allí no me lo han de tocar, pase lo que pase.

— Le doy mi palabra.

— ¿Y su asistente?

—No lo hará tampoco. No tenga usted cuidado

— Entonces, vamos.

El Gato siguió alternando en un caballo y en otro hasta llegar á la parte más abrupta de aquellos montes. Entonces los tres seguimos á pie. Comenzó la mañana, una mañana nublada, fría, con ráfagas de viento cargadas de nieve; al mediodía llegamos á un chozo de pastores, abandonado, cubierto de ramas.

Tal era nuestra fatiga, que no pudimos comer nada. Tomamos un poco de aguardiente que llevaba Ganisch en una calabaza y nos dispusimos á seguir.

Por lo que dijo el Gato, desde el punto donde nos encontrábamos había una media hora hasta la cueva.

Ibamos á seguir adelante con los caballos, pero el Gato me hizo observar que con ellos no se podía entrar en la cueva. Era, por lo tanto, mejor dejarlos allí.

Hicimos esto y avanzamos por entre la nieve. Marchábamos con grandes dificultades por el lomo de un monte.

Al avanzar por él llegamos encima de la hondonada donde nace el Duero.

Desde el alto en donde nos encontrábamos se veían dos lagunas: la Negra y la Helada; la Helada apenas se distinguía por estar cubierta de nieve; la laguna Negra, en cambio, en medio de la hondonada, parecía una mancha redonda de tinta en un papel blanco.

Bajamos con grandes precauciones al borde de la laguna Negra. Era un embudo de piedra, en cuyo fondo parecía dormir misteriosa el agua inmóvil aparentemente negra.

LA CUEVA

Allí no se veía resquicio alguno. Yo le miré al Gato como preguntándole qué objeto podía tener al engañarnos así; pero él sacudió con su palo la nieve y nos mostró una hendidura estrecha.

— Pasen ustedes—nos dijo.

— ¿Pero se puede pasar por aquí?

— Pruebe usted.

Efectivamente, se podía pasar. Entramos Ganisch y yo; luego entró él. Quedamos en una completa obscuridad. El Gato sacó un eslabón y comenzó á golpear en el pedernal.

Saltaron las chispas alrededor de su cabeza,

hasta que encendió la yesca y vimos que al poco tiempo encendía un candil.

— Adelante, caballeros—dijo—. Están ustedes en mi casa.

La entrada de la cueva era muy angosta y en pendiente. Bajamos por una rampa resbaladiza y llena de musgo, que terminaba cortada á pico sobre un pozo. Asomándose á éste, como por un balcón, se veía á treinta ó cuarenta pies un gran espacio ancho con la forma de una caldera.

A mano derecha de aquel balcón, donde terminaba la rampa, había una escalera en parte natural y en parte arreglada. El Gato me dió la luz; bajaron Ganisch y el, y luego bajé yo.

Aquella sala profunda y casi circular daba la impresión de no tener comunicación alguna con el exterior. A pesar de estar el techo lleno de estalactitas, había poca humedad en ella; la temperatura era más bien templada, y el suelo de piedra calcárea. Dentro se oía como el retemblor de una máquina.

— ¿Qué es este ruido? le pregunté al Gato.

— Es que por aquí se vacía la laguna Negra. En esta cueva tenemos agua.

Y marchando á un rincón, levantó una tabla y puso al descubierto un agujero por donde pasaba una gran corriente de agua metiendo un ruido imponente.

Nos lavamos allí mismo.

Después, Ganisch, sacó lo que le quedaba de pan y nos lo repartimos.

El Gato nos indicó dónde había un montón de

paja; cada uno hizo su cama y nos tendimos en ella. Murat se echó á mis pies.

Aquella noche yo dormí muy mal. Sentía como la presión de todo el monte en el pecho.

Por la mañana tuvimos el gran susto; parecía que la entrada de la cueva se había cerrado.

No se filtraba ni un rayo de luz de fuera. Subimos la escalera y la rampa á obscuras, y dejamos libre la boca de la caverna. Seguía nevando.

Discutimos lo que había que hacer. Marchar adelante era exponerse á ser cogidos y fusilados; para quedarnos allí nos faltaba alimento.

Al Gato fué al primero que se le ocurrió la idea de matar á los caballos y de comerlos. Al oirlo me opuse, pero luego me convenció. Realmente, los dos animales se iban á morir de hambre y de frío.

Ganisch y el Gato hicieron de verdugos. Después de muertos los dos caballos los enterraron en la nieve, para conservar la carne, á pocos pasos de la laguna Negra.

Desde aquel día comenzamos á comer caballo; al principio con algo de pan, luego sin pan.

Entregados á la alimentación hipofágica, estuvimos ocho días aguantando la borrasca. Todas las mañanas abríamos la boca de la cueva, que se cerraba por la noche con la nieve.

Al noveno día cesó el temporal y comenzó á helar; el piso fué poniéndose duro; ya se podía andar sobre él.

Hicimos una expedición imprudente para reconocer los alrededores. Había una cornisa de piedras que partía de la entrada de la cueva, en el mismo borde de la laguna Negra, por el cual se podía avanzar y retroceder sin dejar huella en la nieve.

Por allí salimos y nos alejamos.

Encontramos cerca de un chozo, en un pino alto, unas tablas de rama á rama, y en ellas varios panes y quesos

Volvíamos satisfechos de nuestro hallazgo, cuando Murat comenzó á gruñir; le agarré yo del collar y le sujeté para que no avanzara ni ladrase.

Se oía hablar á poca distancia.

Nos escondimos en una depresión de la nieve y unos minutos después pasó un pelotón á caballo de tropas de Merino, mandadas por el Jabalí.

Sin duda iban á ver si nos habíamos refugiado en los poblados de Quintanarejo ó de Santa Inés.

Cuando cruzó el pelotón, volvimos á la cueva con nuestras provisiones, decididos á no salir de día hasta que no hubiesen pasado de vuelta los ginetes.

Ya me figuraba yo que el Cura había de hacer todo lo posible para averiguar nuestro paradero.

Al día siguiente salimos de la cueva de noche y vimos huellas recientes de la patrulla que retornaba de su expedición.

Después ya no se volvió á ver ninguna otra huella por allí mas que la de los lobos, que olfateaban la carne de caballo enterrada en la nieve, cerca de nuestra cueva.

VIDA TROGLODITA

En los días posteriores exploramos la caverna.

Había en un rincón dos sepulcros antiguos que tenían la forma de un trapecio geométrico, al cual se le uniera un círculo en el lado más largo de los dos paralelos. Yo sabía que éstos eran sepulcros, porque me habían enseñado otros iguales tallados en piedra en Duruelo, detrás de la iglesia, y en Covaleda, en un pozo que llaman de San Millán.

El Gato había abierto una de las tumbas, pero no encontró en ella más que tierra y ceniza.

En esta época de vida troglodita, el Gato y Ganisch manifestaron grandes condiciones para la vida salvaje.

Hicieron cucharas, tenedores y vasos con trozos de madera y dos cuchillos con el bocado de un caballo. Yo me arreglé una hamaca con las correas de los arneses, para no dormir en el suelo, porque comenzaba á tener nuevamente dolores reumáticos.

Decidimos esperar á que se serenara el tiempo definitivamente; mal ó bien, podíamos aguantar allí.

Todos los días salíamos de caza, y cogíamos lobos y zorros en trampas que ponía el Gato.

También llevamos en un trineo hecho con palos una gran cantidad de hierba seca que encontramos en una tenada de pastores.

POR LA NIEVE

A mediados de Enero comenzó el buen tiempo, acompañado de un frío muy grande.

Entonces decidimos la marcha. El día anterior subimos al pico del Urbión para orientarnos bien.

Desde lo alto se veía una niebla larga que seguía el cauce del Duero; en medio de la niebla azulada se destacaba el castillo de Gormaz sobre un cerro, como una isla en medio del mar.

Cerca se abrían las gargantas de Santa Inés y el Hornillo.

Hacia el lado de Aragón se erguían las masas del Moncayo y Cebollera que separan las vertientes del Ebro y del Duero, la sierra de Peñalara de Burgos, Quintanar, Duruelo y la meseta de Carazo, desnuda y pelada.

Muy vagamente al Este se divisaba la sierra de Albarracín, y con más vaguedad aún, hacia el Norte, los Pirineos.

Yo me dí cuenta bastante clara de la disposición de las montañas próximas y de los caminos, é hice un pequeño plano para orientarme.

Comimos en el pico del Urbión; por la tarde bajamos á nuestra cueva, dormimos en ella, y al día siguiente nos preparamos para la marcha.

Nos untamos las botas con grasa de caballo, y con las mantas hicimos tiras para envolvernos las piernas. Parecíamos unos esquimales.

Yo me quité parte del forro de la chaqueta, que

era de tela negra, y me lo puse como una venda en los ojos.

Recordaba haber leído en un libro de viajes que la claridad de la nieve produce oftalmías. Ganisch y el Gato se rieron al verme; pero por la noche me dieron la razón, porque tenían los dos los ojos irritados y doloridos á consecuencia del resplandor de la nieve.

Por la mañana salimos del Urbión; al mediodía cruzamos por Duruelo, sin entrar en el pueblo, y seguimos hasta Covaleda, en donde dormimos en una tenada de pastores.

Pasamos con gran rapidez al día siguiente la garganta de Covaleda, hasta llegar á Salduero.

Media hora después aparecíamos por una honda calzada en Molinos de Duero.

A un lado y á otro de Molinos asomaban casas arruinadas con viejos escudos nobiliarios. No había nadie en la aldea.

Seguimos adelante. El tiempo cambiaba; el cielo se iba poniendo triste y obscuro.

De Molinos marchamos á Vinuesa, pueblo que antiguamente se llamaba Corte de los Pinares, asentado en un valle ancho, con sus tejados rojos y su iglesia negruzca. En el camino comenzó á llover. La nieve iba deshaciéndose en el campo.

Entramos en Vinuesa, preguntamos por una posada y nos indicaron una que tenía un soportalillo en la puerta. Comimos, y al ir á pagar yo me encontré con que el dinero que tenía no me llegaba para el gasto hecho por Ganisch y por mí.

Pedí al Gato lo que me faltaba, y éste me dijo que no me daba un cuarto.

—¡Pero hombre, no sea usted así! No ve usted que si no pagamos al posadero puede mandarnos prender.

— Que haga lo que quiera; yo nó pago.

Llamé al posadero, y aunque era un tío muy bruto, se avino á razones.

Disimulé la incomodidad y el deseo de darle dos palos al Gato, y seguimos los tres la marcha.

EL GATO EN LA TRAMPA

Ganisch, el Gato y yo nos pusimos en camino hacia la Muedra. Ibamos calados por la lluvia, marchando á través de un campo llano cubierto de pinos.

Encontramos un zagal. Le preguntamos si había cerca un puente para cruzar el Duero, que traza allí una curva, rodeando el valle de Vinuesa, y nos mostró un vado.

Atravesamos el río vestidos. El camino, pasado el Duero, subía en cuesta por unos descampados; yo le veía á Ganisch con la cara fosca que ponía cuando estaba furioso y tramando algo.

Llovía cada vez más.

Llegamos á una antigua ferrería abandonada y allí nos refugiamos.

Salimos al campo á cortar estepares y matorrales. Pensábamos hacer fuego.

Estaba buscando leña, cuando me dijo Ganisch
en vascuence:

—Oye

—¡Qué!

—A éste le voy á atar yo y le vamos á quitar
el dinero.

—¡Pero, hombre!...

—No hay más remedio. Con que no te duermas.

—Bueno.

Realmente era lo mejor, porque si no el Gato
nos iba á exponer á que nos cogieran.

Volvimos á la ferrería abandonada é hicimos
fuego. No teníamos que comer. Nos echamos en
el suelo con las piernas hacia la llama.

El Gato tardó mucho en tumbarse; quizás temía ó sospechaba algo. Ganisch hacía que ron-
caba perfectamente. Por fin se tendió el Gato.
Ganisch se irguió, me miró, y lanzándose sobre
él, le tapó la boca con la gorra. Yo, inmediatamente, le sujeté los brazos, y con un pedazo de
venda que llevaba arrollada en las piernas, le até.

El Gato no resistió. Tenía un estoicismo extraño. Viendo que no le queríamos matar, quiso par-
lamentar con nosotros, pero Ganisch no aceptó.

—No, no—dijo, y con razón—. Eres capaz de
denunciarnos por unos maravedises. Llevaremos
tu dinero y te dejaremos aquí.

—No—agregué yo—. Tomaremos lo necesario,
nada más. No somos ladrones. Con dos onzas
nos bastan.

—¡Dos onzas! ¡Dios mío!—gimió el Gato.

—Eres un asqueroso avaro—le dije yo—. Te he

libertado de la cárcel, y aun así me niegas unas pesetas.

Ganisch le desató el cinturón donde guardaba su tesoro, y yo cogí dos onzas y otras monedas pequeñas.

—Bueno; ahora pónselo otra vez.

Ganisch le ató de nuevo el cinturón.

Hecho esto le dejamos al Gato bien sujeto y tendido sobre un montón de paja.

Salimos de la ferrería y pasamos por la Muedra, un lugar desierto con unos cuantos casuchos.

Seguimos andando de noche, hasta que se presentó la mañana, triste, lluviosa.

Al mediodía encontramos un carro de bueyes. Dijimos al boyero que éramos españoles prisioneros de los franceses, que habíamos logrado escapar. El boyero nos dió un poco de pan y nos dijo que debíamos seguir á Cidones.

Al anochecer de este día íbamos tan cansados, que decidimos pedir auxilio á cualquier destacamento francés que encontráramos.

El cansancio y la molestia eran enormes.

Marchábamos de noche perdidos, cuando topamos de pronto con una ermita abandonada. Se la veía á la luz de la luna con su cruz y su soportal, en cuyo fondo brillaba una lámpara de aceite iluminando á un Cristo. Adosada á la ermita había una casa pequeña con dos ventanas y una puerta. Llamamos. Salió á abrirnos un viejo ermitaño, barbudo y tembloroso, á quien yo conté lo que nos pasaba.

El viejo nos llevó al lado de la lumbre, y nos dió pan y una jarra de leche.

El ermitaño hizo algunas reflexiones acerca de la guerra y de las maldades de los hombres; pero viendo nuestro cansancio dejó de hablar y nos indicó que nos tendiéramos cerca del fuego en dos sacos de paja. Así lo hicimos mientras él quedó rezando.

A la mañana siguiente, al preguntarle al ermitaño lo que le debíamos, nos dijo que nada, y que si queríamos, podíamos quedarnos con él hasta que mejorara el tiempo.

Le dimos las gracias, pero le dijimos que nos era indispensable llegar cuanto antes á Soria.

El ermitaño nos indicó un panadero de un pueblo próximo, que alquilaba caballos; le buscamos, y con un tiempo seco y frío, salimos camino de Soria, adonde llegamos por la tarde.

Fuimos á la posadilla de la Merced, el primer parador que encontramos á mano. La moza nos hizo pasar á la cocina, grande y alta, con una plataforma con barandado de madera encima del fogón, y allí mismo nos reconfortamos con el calor de la cena y del fuego.

Trabamos conversación con dos hombres de Villaciervos que parecían pastores de nacimiento, con sus capas blancas y su capucha, y éstos nos dijeron que el cura Merino estaba en aquel momento cerca de Burgos.

Al día siguiente salimos á la calle y compré ropa para Ganisch y para mí.

La impresión que me hizo el lavarme con jabón,

el vestir ropa limpia y el acostarme en una cama, fué extraordinaria.

Me parecieron estas cosas que en la vida ordinaria no se estiman el refinamiento más exquisito y sibarítico de que puede gozar un hombre.

EPÍLOGO

Puesto que quieres saber lo que hice después de llegar á Soria — me dijo Aviraneta — te lo contaré.

Pocos días más tarde, Ganisch y yo salimos en una galera para Madrid.

Ganisch estuvo en mi casa unas semanas y luego se marchó á Irún. El granuja de él, á pesar de que no me lo dijo, se había quedado con algunas onzas del Gato.

Yo, acostumbrado á la vida de merodeador, no me hallaba en Madrid á gusto.

Tampoco tenía con quien hablar. Los afrancesados y la gente de mis ideas, huían de España. Se había despertado un entusiasmo extraordinario por el rey, y por todas partes se cantaban canciones en honor de Fernando, ¡Ay, Fernando mio! ¡Ay, dulce esperanza!

Tanto cariño por un miserable canalla como aquél, que mientras los españoles se mataban por su causa, felicitaba á Napoleón, era cosa que daba asco.

Yo, disgustado de todo, no quería ver á nadie.

Por las mañanas me acordaba de la sierra, del canto de los pájaros en el follaje, del murmullo del agua en el regato, de nuestras marchas y contramarchas...

Sentía un aburrimiento terrible, no podía vivir. Me parecía que la luz del mundo había sufrido un eclipse, y que me encontraba en una penumbra. Solía andar por los alrededores con mi perro, pensando en nuevas empresas.

No dije nada á mi familia de lo que me había pasado, y pretexté que el cura Merino se había mostrado poco propicio á reconocerme los grados.

En Madrid, por entonces, había calma.

Los dos ejércitos regulares, el aliado y el francés, se preparaban á luchar en el Norte.

Cuando en Junio se supo el éxito de la batalla de Vitoria, hubo gran satisfacción en todo el pueblo. Ya el final de la guerra se veía próximo. Comenzaba la época de los regocijos y recompensas.

Otros muchos, no con más méritos que yo, eran capitanes, comandantes, coroneles.

Yo podía haber sido capitán á los veintiún años, y no era nada.

Por el contrario, estaba expuesto á que alguien me denunciara.

Pensé varias veces en escribir al Empecinado, y ver si en sus filas podía resarcirme de alguna manera del tiempo perdido; pero por esta época las partidas de guerrilleros no tenían ocasiones de lucirse.

Me presenté á la señora de Arteaga, para ver si ella, con su influencia, podía arreglar mi asunto.

Doña Luisa, muy partidaria mía, me prometió hacer todo lo posible para conseguir mis deseos. Después, me habló de su hijo Ignacio.

Ignacio estaba enfermo en un depósito de prisioneros de Chalon-sur-Sâone, y por las cartas que escribía se encontraba mal, en un estado de tristeza y de postración lastimoso.

Doña Luisa hubiera querido enviar alguno á Chalon, para ayudar á escapar á su hijo; pero en aquel momento no tenía medios, ni persona de confianza á quien encomendarse.

— Si yo tuviera dinero...—dije.

— ¿Qué?

— Que iría sin ningún inconveniente.

— ¿De veras, Eugenio?

—Sí.

— Pues dentro de ocho días tendrás dinero.

— Pues nada, iré yo.

Recomendé á doña Luisa que no hablara del proyecto á mi familia.

Al cabo de una semana, doña Luisa me llamó y me dijo que, respecto á mi rehabilitación como oficial, no se podía conseguir nada, á no ser que Merino diera un informe favorable, cosa imposible; lo único que pudo conseguir es que libraran á mi nombre un certificado de haber servido como voluntario en las guerrillas españolas.

Esto había que darlo por terminado. Doña Lui-

sa me indicó que unos días después tendría el dinero suficiente para el viaje.

Hice mis preparativos, dije en casa que me llamaban de nuevo del escuadrón, y con la bolsa
bien repleta me puse en camino de Francia.

.

FIN DEL ESCUADRÓN DEL BRIGANTE

Madrid, Junio 1913.

ÍNDICE

LIBRO TERCERO

DEL AÑO 9 AL AÑO 10

LIBRO CUARTO

LA EMBOSCADA DE HONTORIA

LIBRO QUINTO

NUEVAS EMPRESAS

LIBRO SEXTO

NOTICIAS DEL MUNDO

LIBRO SÉPTIMO

A SALTO DE MATA

Lightning Source UK Ltd.
Milton Keynes UK
UKHW030703271119
354332UK00009B/969/P